普通高中高质量发展
——济源一中多样化特色办学的校本实践

韩玉奎 著

中原出版传媒集团
中原传媒股份公司

大象出版社
·郑州·

图书在版编目(CIP)数据

普通高中高质量发展：济源一中多样化特色办学的校本实践/韩玉奎著.—郑州：大象出版社，2022.2
 ISBN 978-7-5711-1198-4

Ⅰ.①普… Ⅱ.①韩… Ⅲ.①高中-办学经验-济源 Ⅳ.①G637

中国版本图书馆CIP数据核字(2021)第187150号

PUTONG GAOZHONG GAO ZHILIANG FAZHAN
普通高中高质量发展
——济源一中多样化特色办学的校本实践

韩玉奎 著

出 版 人	汪林中
责任编辑	郑强胜
责任校对	牛志远
书籍设计	王 敏

出版发行 大象出版社（郑州市郑东新区祥盛街27号 邮政编码450016）
　　　　　发行科 0371-63863551　总编室 0371-65597936

网　　址	www.daxiang.cn
印　　刷	河南瑞之光印刷股份有限公司
经　　销	各地新华书店经销
开　　本	720 mm×1020 mm　1/16
印　　张	21.75
字　　数	280千字
版　　次	2022年2月第1版　2022年2月第1次印刷
定　　价	59.00元

若发现印、装质量问题，影响阅读，请与承印厂联系调换。
印厂地址　武陟县产业集聚区东区(詹店镇)泰安路与昌平路交叉口
邮政编码　454950　　电话　0371-63956290

"小城市"办出"大教育",济源一中是怎样做到的?（代序）

河南有这么一所学校,德育、体育、美育、教学质量、劳动教育、后勤服务等多项指标在全省乃至全国处于领先地位,在当地有口皆碑,在全省有很高的声誉。我在多个场合,听到很多人的赞扬。这就是济源一中。

地处豫西北的济源市,人口70多万,在人口大省河南,这个数字,还赶不上人口较多的县。在历史文化底蕴深厚,几乎所有地市都重视教育、高考竞争激烈的河南,这所学校是怎样脱颖而出的呢?我一直怀着好奇,直到近几天翻阅了济源一中韩玉奎校长发来的书稿,我终于找到了答案。

这本书虽然是关于普通高中多样化特色办学的课题成果,却让我看到了更广阔的世界。可以说,这本书总结的就是一所普通高中高质量发展的经验,他们的发展路径,也同样适合大多数普通高中。

本书分四章十三节,既然是课题成果,第一章顺理成章地梳理了多样化特色办学的内涵、发展史和推进策略,即使对这一领域没怎么接触的人,看了也会一目了然。可见编者带着课题组成员做了大量功课。从浩繁的文献中提炼出清晰的理路,不是件容易的事,本书的梳理为办学者提供了简易的通路。

"普通高中多样化有校内多样化和区域多样化两种形式，一般以校内多样化为主要形式。校内多样化包括培养模式多样化、办学体制多样化、办学类型多样化、评价方式多样化、创新人才培养途径等内容。"让我对多样化办学有了更加清晰的理解。"普通高中办学多样化是世界趋势，是外国基础教育的重要特色之一。普通高中多样化发展是当前我国教育改革的一项重要议程和战略决策。"编者对多样化特色办学的历史考察令人信服，也澄清了社会上人们对多样化办学的误解。多样化办学不是瞎折腾，它是符合历史潮流的教育改革，是办人民满意的教育，是对学生负责的体现。同时，编者也总结了实现多样化特色发展的"六方联动"策略，实际可行。

整本书的体系架构科学合理。"两大核心，六大保障"，涵盖了办学的关键要素，支撑起了一所学校的"骨架"。多样化特色办学两大核心是课堂教学和课程建设，"课堂教学决定着学校教学质量，而课程建设决定着学校的形态"。这两部分全书着墨颇多。课堂教学是课程实施的主要途径，课程建设为学生发展提供多样路径。校本教研是激发课堂内涵生长的引擎，以核心素养为导向的多样化课堂模式是提升课堂教学品质的基础。论述简洁通透，关于六大保障，书中是这样论述的："校园文化是多样化特色办学的灵魂，治理结构是多样化特色办学的前提，教师发展是多样化特色办学的关键，学校评价是多样化特色办学的导向，家校共育是多样化特色办学的力量，智慧校园是多样化特色办学的保障。"六者相互关联，互相促进。其中，教师发展和评价体系是六大保障的中坚。这也是任何一所学校办学都要关注的维度。

在课堂教学上，济源一中"一课一研精准教学"通过众筹智慧来提升教学效率。在全国新课改典型校还在统一教学模式时，济源一中已认识到教学有基本模式，但不追求"多课一模、一科一模"，而是提倡关注学生学习过程，积极探索基于情景、问题导向的互动式、启发式、探究式、体验式等课堂教学，落实学生主体地位，提升学生的学科核心素养，提高课堂效率。在课程建设上，在河南省还未整体进入"选课走班"的情况下，率先架构了基础课程、拓展课程、特色课程、个性课程四大类，几十门课程可供学生选修，走在了全省的前面。济源一中的课程是基于校情、注重实际的，他们没有急于开设几百门课程，而是基于学校历史积淀，选择性开设几十门，基本满足学生需求。

无论是两大核心，还是六大保障，理论文字精准，更多的是校本展示——实施方案、课例示范、操作流程、思维导图、分类表格、方法策略、取得效果。有的高端大气上档次，有的低调务实重效果。济源一中身居小城，却开发出了全国领先的班会课程、电影课程、心理课程，高水平艺术团和高水平运动员在全国争金夺银，这些都在全国引起很大反响。

我怀着好奇心，一路探究下来，发现济源一中非常重视教师队伍建设和治理体系改革。这是济源一中成功的两大法宝。济源一中有一支敬业爱生、技能高超的教师队伍，这和学校一直以来就注重教师培养有极大关系。朱永新教授认为："所有的教育问题，里面最重要最关键的就是教师。没有教师的发展，学生成长就成为无本之木；没有教师的研发，课程就成为无源之水；没有教师的实验，课堂就成为水中之月。"济源一中已形成了独特的学科教师培养体系，全员培养，"铸师魂、练师能、强科研"，依托教研组、注重集体教研，岗前培训、青蓝工程、推门听课、同课异构、教师说教、解题大赛、优质课教案评选、参加各级各类赛课、模拟考试的诊断性反馈评价等。学术型教师培养上抓重点，实施名师工程，通过"通识培训""分科培训""个体精进""项目研究"四个项目，内容具体，路径清晰。济源一中居然有100余名教师在省优质课及教学技能大赛中获一等奖，12人获全国优质课大赛一等奖。这样一支教师队伍，何愁教学质量不高？

在班主任培养上，有一个专家型班主任的培育基地——8+1工作室。"校本展示"的《高中班主任育人关键能力培育的校本团队研修实践——8+1工作室的16年探索》，全程高能呈现了专家型班主任成长的群像。"四位一体＋四化协调"高中班主任育人关键能力培育运行机制，既是16年校本实践的产物，同时也汲取了国内外的研究成果，为全国的班主任专业成长提供了路线图。一个校本团队居然培养了十位班主任工作专家，在知名出版社出版了20多本专著，通过外出讲学和校内观摩，辐射了全国4000名成员，培训了全国30万班主任，8+1工作室不仅为济源一中培养了人才，也为全国教育发展做出了重大贡献，可喜可贺，令人振奋！

济源一中领导和老师们工作动力为什么这么足？这与学校的治理体系分不开。在组织上实行"统一领导、条块联动"的管理模式，在结构上实行扁平化方阵。所谓"统一领导"，就是要保证校党委、学校班子对学校全面工作的统一部署和领导。"条"式管理，就是将学校的整个管理层面分为行政、教学、德育、后勤4个方面，相应的职能部门分别为党政办、教务处、政教处、总务处等处室，各职能部门对各年级的相关工作进行协调、服务。"块"式管理，就是把年级当作一所"分校"，全校按年级分为三个年级部，每个年级部按照力量均衡的原则分为两个教学部进行管理。年级在学校的宏观调控下，对教师和学生、教育和教学具有全方位、多层面的管理权限。各年级可根据学校的有关管理条例，创造性地开展工作。统一领导，校领导高站位，成立了学生发展中心、教师发展中心、体艺中心、家庭教育中心、后勤服务中心等全校性专业项目组。条块管理，使年级能充分发挥动车组功能。这样，保证一所巨型学校既能统一调度，集中力量抓品牌，又能组块联动，快捷运行护底线。尤其是，济源一中持续深化法人治理结构，探索"三化（扁平化、精细化、人本化）"管理，建章立制，构建了党委领导、理事会决策、学校行政班子执行、监事会监督的"四位一体"治理体系，当地政府部门出台政策，进一步激发办学活力，持续推动学校治理能力与治理体系走向现代化。

学校也开始了诊断性评价、过程性评价的探索、智慧化校园的布局，这一切，会使济源一中保持强劲的发展态势。我郑重地向各位校长和关心教育的学者、领导、群众推荐这本好书，同时也期待济源一中更多高质量的科研成果不断涌现。

赵国祥

2021 年 6 月 16 日

目　录

第一章　普通高中多样化特色办学概述…………1

　　第一节　内涵阐释，概念理解思多样…………3

　　第二节　历史考察，中外探究寻多样…………7

　　第三节　推进策略，六方联动促多样…………11

第二章　多样化特色办学的两大核心…………17

　　第一节　课堂教学，课程实施的主要途径…………19

　　　　一、校本教研是激发课堂内涵生长的引擎…………19

　　　　二、多样化课堂模式是提升课堂教学品质的基础…………24

　　第二节　课程建设，学生发展的多样路径…………35

　　　　一、五育并举，为学生全面发展奠基…………35

　　　　二、课程框架，创造适合每个学生的教育…………38

第三章　多样化特色办学的六大保障…………209

　　第一节　校园文化，多样化特色办学的灵魂…………211

　　　　一、学校理念，多样化特色办学的指针…………212

　　　　二、"一训三风"，多样化特色办学的动力…………224

　　　　　三、校园环境，多样化特色办学的基础…………231

　　第二节　治理结构，多样化特色办学的前提…………236

　　　　　一、学校治理主体的多元化…………236

　　　　　二、后勤服务社会化…………246

　　第三节　教师发展，多样化特色办学的关键…………256

　　　　　一、学术型教师的培养途径——名师工程…………256

　　　　　二、专家型班主任的培育基地——"8+1"工作室…………269

　　第四节　学校评价，多样化特色办学的导向…………284

　　　　　一、处室部门评价，提升服务水准…………284

　　　　　二、教师、教研组评价，以诊断促进教师专业发展…………290

　　　　　三、学生评价，多元评价提升学生核心素养…………295

　　第五节　家校共育，多样化特色办学的力量…………301

　　　　　一、立德树人，树立新时代家校共育工作理念…………301

　　　　　二、家长委员会，充分发挥家长主力军作用…………303

　　　　　三、多措并举，丰富家校共育形式途径…………305

　　第六节　智慧校园，多样化特色办学的保障…………313

第四章　多样化特色办学的成果…………325

　　第一节　对外交流和承办会议…………327

　　　　　一、重要对外交流展示…………327

　　　　　二、承办重要会议…………329

　　第二节　新闻报道和荣誉奖励…………332

后　记…………335

第一章

普通高中多样化特色办学概述

普通高中教育是国民教育体系中起承上启下关键作用的一环。

高中教育阶段是学生身心发展、志趣分化和世界观、人生观、价值观形成的关键期。

高中教育不仅仅为升学、就业做准备，更要在九年义务教育的基础上进一步提升学生的核心素养，培养德、智、体、美、劳全面发展的健全公民，落实立德树人根本任务，培养学生学会选择、满足学生个性潜质发展的需求。

办好普通高中教育关系到国民素质的提高，综合国力的增强，高中教育有为国家富强奠定国民素质基础的作用。

普通高中多样化发展是新时代高质量普及高中教育的需要与体现。

第一节　内涵阐释，概念理解思多样

普通高中多样化发展，是指为适应时代巨变对人才需求多样化、人的发展差异性、社会对教育多样化诉求的需要，以人才培养模式多样化为核心，以办学体制、办学类型、评价方式的多样化为制度保障，在高中数量规模普及、教育质量提高、学校类别丰富和特色化基础上所形成的，构建纵向衔接、横向分类的服务人人、创造公平、和谐发展，以培养创新人才为指向的多样化高质量发展格局的普通高中教育。多样化是相对于"同质化""单一化"而言的。

普通高中多样化发展可以从四个层面来理解：

价值层面，从关注少数、重视升学向关注人人、重视育人转型。

政策层面，从"预科"到"育人"转型，关注学生潜能、让不同的学生获得适合其可持续发展的育人功能。

学校层面，改变"千校一面"状况，发挥学校主体性与积极性，自我定位特色发展。

学生层面，由标准、规范和基础的"万生同模"朝着"向每个人提供适合的基础教育"转型，尊重差异和个性发展。

普通高中多样化有学校内部多样化和区域多样化两种形式。

学校内部多样化，是学校结合自身条件和外部需求，为学生提供多样而有个性的教育，主要是以灵活的、丰富多彩的、可供选择的课程设置来满足学生多样化选择的需要。其贯穿学校办学理念、课程设置、管理体系、课堂教学、班级管理、教师发展、生涯教育、学生社团、学生评价等多方面的系统规划。

区域多样化，是指一个区域内设置多种类型的学校，区域内不同学校之间形成多样化组合，涉及一个地区的教育布局。要在区域内推动不同普通高中学校形成各自的发展优势，逐步从分层办学走向分类办学，实现错位发展，让更多学校成为有特色的优质高中，促进高中教育更加公平、更有质量。

普通高中多样化一般以校内多样化为主要形式，学生的自主多元发展是普通高中多样化发展的核心。普通高中多样化发展，是从大学预科为了高考升学转变为"育人"的价值转向，为了每个学生的终身发展奠基，促进学生全面而有个性的发展。普通高中多样化发展意味着育人方式的整体变革，包括教育观、学生观、教师观、课程、教学和管理等。改变传统"唯分数""唯升学"的境况，全面提高学生综合素养。

普通高中特色化发展，是指基于本校特有的办学理念，选取适合本校的发展战略和具体切入点，整合教育资源，挖掘教育内涵，拓宽办学渠道，培育特色项目，在长期办学实践中积淀下来的为社会所公认的超越常规办学成果的传统优势的学校发展。与之关联的概念是学校特色和特色学校，学校特色是指在本校刻意努力追求下，使学校某一方面工作优于其他方面，也优于其他学校的品质。特色学校是指在特有的办学理念指导下，依据本校实际，在长期办学实践中形成的独特、稳定的办学风格，并为大众公认的学校。学校特色和特色学校是同质而不同层次的两个概念。

多样化与特色化，两者既有联系又有区别。多样化不能等同于特色化。普通高中多样化发展的内涵更为丰富，包括培养模式多样化、办学体制多样化、办学类型多样化、评价方式多样化、创新人才培养途径等内容。（见下图）

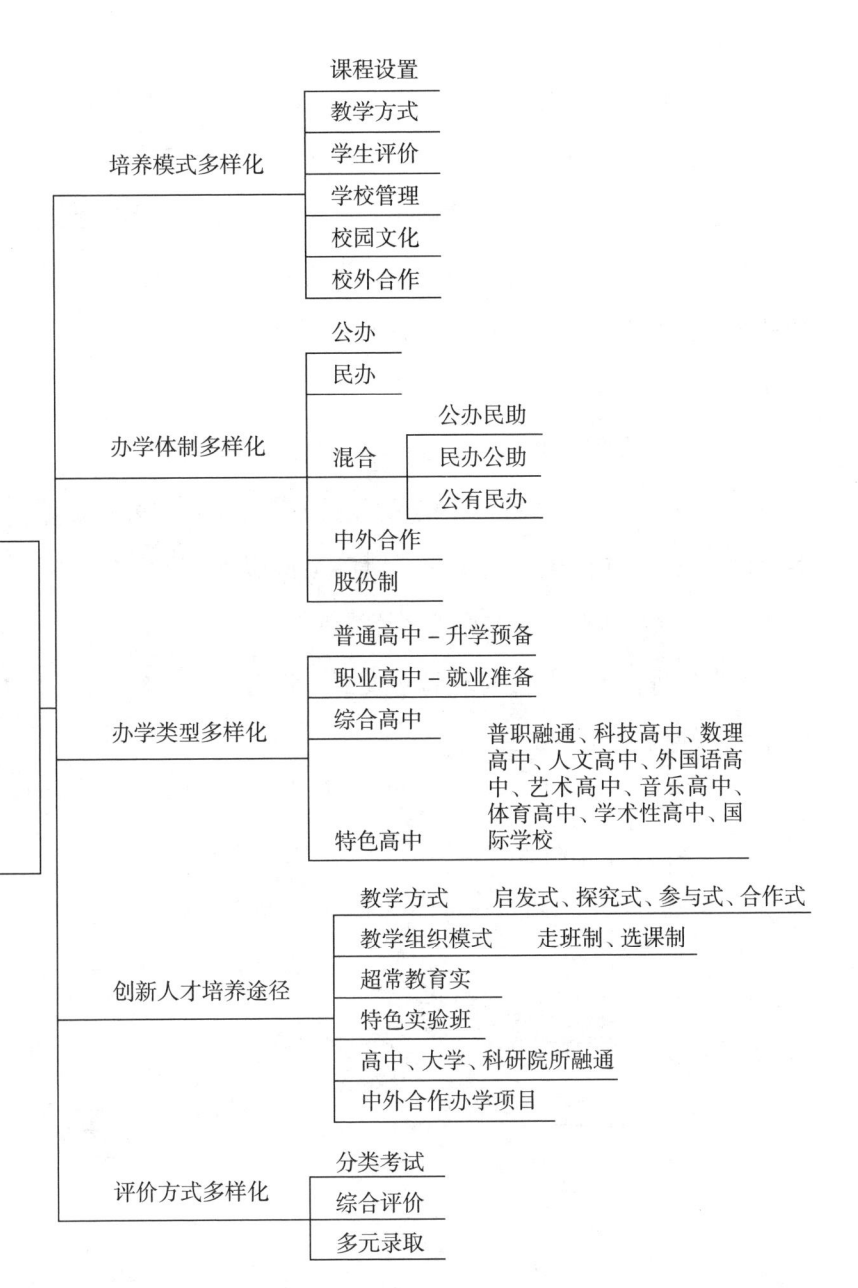

```
                                    ┌─ 课程设置
                                    ├─ 教学方式
                         培养模式多样化 ─┼─ 学生评价
                                    ├─ 学校管理
                                    ├─ 校园文化
                                    └─ 校外合作

                                    ┌─ 公办
                                    ├─ 民办          ┌─ 公办民助
                         办学体制多样化 ─┼─ 混合 ────────┼─ 民办公助
                                    │                └─ 公有民办
                                    ├─ 中外合作
                                    └─ 股份制

                                    ┌─ 普通高中－升学预备
  普通高中                           ├─ 职业高中－就业准备
  多样化发展 ──┼─ 办学类型多样化 ─────┼─ 综合高中
  的内容                             │                   ┌─ 普职融通、科技高中、数理
                                    └─ 特色高中 ─────────┤  高中、人文高中、外国语高
                                                         │  中、艺术高中、音乐高中、
                                                         │  体育高中、学术性高中、国
                                                         └  际学校

                                    ┌─ 教学方式 ─── 启发式、探究式、参与式、合作式
                                    ├─ 教学组织模式 ─── 走班制、选课制
                         创新人才培养途径 ┼─ 超常教育实
                                    ├─ 特色实验班
                                    ├─ 高中、大学、科研院所融通
                                    └─ 中外合作办学项目

                                    ┌─ 分类考试
                         评价方式多样化 ─┼─ 综合评价
                                    └─ 多元录取
```

公办、民办，普高、职高，这些分类可以叫多样，但不能叫特色。不同培养模式及其实践过程中积淀下来的学校文化，才形成了不同学校的特色。

学校特色是多样化发展的具体表现，是普通高中多样化发展的基本内容，校本课程开发和实施，是普通高中多样化发展的最基本表现。特色化的本质是多样化，没有特色就没有多样化，没有多样化也就没有特色。无论是多样化还是特色化，它们都是手段而不是目的，其目的都是为了给学生提供更多的选择，指导学生学会选择，从而为每个学生提供适合的教育，以促进学生全面而有个性的发展。

济源一中的多样化发展就是给学生提供丰富多彩的可供选择的课程，创造适合学生的教育。济源一中的特色化发展具体表现为学生德、智、体、美、劳全面发展，学校的德育、美育、体育、后勤服务、教学质量等形成多个品牌优势，为社会广为赞誉，并形成传统特色。

为了促进济源一中多样化特色发展，我们以"两大核心，六大保障"架构体系。（见下图）

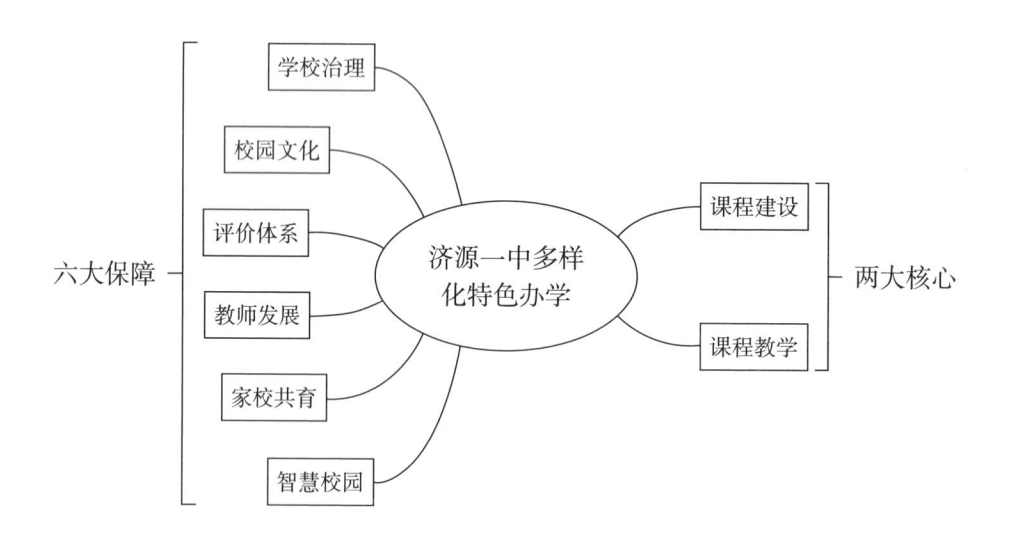

第二节 历史考察，中外探究寻多样

当前，普通高中办学多样化是世界趋势，是国外基础教育的重要特色之一。国外普通高中的学制结构、学校类型、课程设置、管理体制、高校录取等方面都存在多样化的特色。不同国家高中教育阶段学制存在差异，同一国家内部不同地区之间也存在差异。学校类型主要分为学术型高中（升学）和综合型高中（升学＋就业）。课程设置一般分为必修课和选修课等课程，门类丰富多样，适应社会发展需要。高校录取主要分为证书制、高考制、开放制三种。

世界范围内，高中教育的发展趋势是普及化、大众化，但由于国情的不同，东西方出现了截然不同的两条发展路线，即多样化发展与均衡化（同质化）发展。

20世纪初，受人文主义思潮影响，欧美国家重视个人权利保障，关注教育对个人发展的影响。在进步主义、要素主义、永恒主义等教育思潮影响下，民众教育需求日益多元化，西方国家传统高中教育结构不能适应社会发展。各国纷纷提出改革，走出了一条既能满足多样化教育需求，又能保障教育平等的高中教育发展路线。

20世纪50年代，美国高中教育大众化，90年代进入普及化。在这个过程中，不断呈现多样化、特色化的发展趋势，主要表现为：形成了"升学＋就业＋全人（普通证书教育）"的培养目标；具备了丰富多样的学校类型和择校方式；

产生了"必修＋选修＋计划"的课程设置和灵活多样的教学方法；建立了多样化、多层次的高中教育评估模式；逐渐采用市场化的管理模式。

日韩等国现代意义上的高中教育是在"二战"后才建立起来的，20世纪50、60年代走向大众化。受美国教育民主化思想影响，加之本国"崇文"的文化传统，使日韩等国走出了一条高效、快速、平等的高中教育之路，日韩等国发展高中教育的均衡化政策取得显著效果，极大地促进了国力的恢复。

但同质化严重的高中教育发展道路即均衡化发展、整齐划一的课程标准、统一的考试教育磨灭了学习者的个性和创造性，使高中学校就像工厂流水线一样，加工出了"合格的产品"。

20世纪80年代以来，日本注重高中教育改革，致力于特色高中和特色学科的建设以满足学生的不同需求，普通课程与专门课程融合、国家课程与校本课程并存，更有自主选择的各类实践性学习作为补充，在很大程度上满足了学生的多样化发展需求。20世纪90年代以来，日本普通高中教育的个性化和多样化特征更加明显。

韩国非常重视基础教育阶段的课程改革，从二战结束至今，已进行了8次课改。韩国政府从20世纪70年代中期开始施行教育多样化政策，并以学校内部推进教育课程多样化，学校外部运营多种类型学校的方式来促进高中教育改革。20世纪90年代，韩国政府"5.31教育改革""高中多样化办学300工程"等进一步推行教育多样化政策。

普通高中多样化发展是当前我国教育改革的一项重要议程和战略决策。

我国的普通高中教育走的是一条不同于欧美日韩的独特道路，我国高中教育先追求精英化，再转到均衡化然后走向多样化。殊途同归，中外高中教育追求多样化有特色过程中都强调高质量的发展。20世纪70年代以来，英美等国出现了以"有效学校""学校改进"和"学校重建"为代表的、以"提高教育质量，促进学校发展"为主旋律的优质学校改革运动。随后，全世界掀起了一场优质学校创建运动。英国的灯塔学校计划，美国的蓝带学校计划、"新型美国高中"项目等，都是优质学校创建的产物。

我国高中教育自民国时起就是精英教育。新中国成立后，百业待兴，急缺人才。1953年教育部提出《关于重点地办好一些中学与师范学校的意见》，这是我国兴办重点中学的开始。20世纪60至80年代，教育部先后发布多个文件，强调办好重点高中的重要性。优先发展"重点校"，是我国在教育资源匮乏的背景下发展普通高中教育的一种无奈的现实选择。1990年，"重点高中"的提法被明确改为"示范高中"。1994年国务院颁布了《关于"中国教育改革和发展纲要"的实施意见》，其中明确规定："每个县要面向全县重点办好一两所中学，全国重点建设1000所左右的实验性、示范性的高中。"20世纪末21世纪初，各地兴起了建设示范性高中的热潮，其初衷是"示素质教育之范"，实行中却进一步强化了重点高中的地位。"示范性高中"与"重点高中"本质相同，破坏了教育公平和教育生态。1996年，国家教委叫停了示范性高中评估活动，但各省市的示范性高中建设活动却如火如荼地开展起来。2013年，《中共中央关于全面深化改革若干重大问题的决定》明确提出"不设重点学校重点班"，这意味着以"多样化"名义在高中阶段继续维持"重点学校重点班"的做法，背离了我国高中教育改革的方向。

1999年高等教育扩招带动普通高中教育规模扩大，人们接受高中教育的需求不断增加，我国高中教育开始向均衡化发展。1998年教育部制定了《面向21世纪教育振兴行动计划》，该计划提出：到2010年，在全面实现"两基"的基础上，城市和发达地区有步骤地普及高中阶段教育。1999年国务院发布《关于深化教育改革全面推进素质教育的决定》，该决定明确提出要全面推进素质教育，扩大高中阶段教育规模。2002年党的十六大报告里也提出到2020

年要基本普及高中阶段教育。我国的高中教育在由精英化向均衡化阶段过渡时，受"应试教育"思想的影响，造成了一定程度的同质化，为了解决这一问题，我国提出要推动高中教育多样化发展。

新时代以来，随着我国社会的发展，个人的教育需求逐渐多元化，原有的高中教育结构已不能满足社会需求。2005年，全国高中毛入学率超过50%，我国普通高中教育由"精英化"转向"大众化"，高中发展面临由数量扩张向内涵提升的发展转型阶段。2010年我国颁布《国家中长期教育改革和发展规划纲要（2010—2020年）》（以下简称《纲要》），《纲要》提出推动高中教育多样化发展，以满足不同潜质学生的需要，使高中教育发展的重心由量的增长转变为质的提升。我国普通高中由"重点发展"战略转向"多样化特色发展"战略。其间涌现出了一批典型代表，如北京十一学校"选课走班"的育人模式创新、江苏锡山高中学校课程体系的整体构建等等。2019年《中国教育现代化2035》提出："鼓励普通高中多样化有特色发展""发展中国特色世界先进水平的优质教育"；同年，国务院办公厅《关于新时代推进普通高中育人方式改革的指导意见》提出，到2022年"普通高中多样化有特色发展的格局基本形成"。2021年3月《中华人民共和国国民经济和社会发展第十四个五年规划和2035年远景目标纲要》提出："建设高质量教育体系"；"巩固提升高中阶段教育普及水平，鼓励高中阶段学校多样化发展，高中阶段教育毛入学率提高到92%以上"。我国普通高中教育由多样化有特色发展逐渐进入高质量建设阶段。

教育改革的滞后性是普遍的世界问题，教育改革成效的显现是一个长期过程。目前，普通高中教育"量的扩张"依然有必要，多样化有特色发展的"质的提高"为人们迫切期待。"行政规定"的完成期限与事实状态会有巨大落差，多样化有特色发展向更高质量发展提升需要时间积淀。

第三节　推进策略，六方联动促多样

推动普通高中多样化发展是一项复杂系统工程，需要多方力量联动，方能收到实效。

政府推动。政府是推动普通高中多样化的主导力量，政府通过出台法律、法规，发布文件，宏观引导高中多样化发展。政府单一供给无法满足广大群众对优质高中的需求，政府要敢于放手，鼓励多元办学，配套政策规范办学。创新管理理念，创造支持多样发展的条件，丰富评估指标体系，测量学校特色成果。

鉴于我国幅员辽阔、发展程度差异巨大、区情复杂等现实情况，实施"区域规划，分类指导，以点带面，逐步推进"的方针。在人事管理、资源配置、课程设置等方面给基层和学校更多办学自主权，权力下放，尊重基层学校发展方向上的选择权。

政府加强对师范院校的建设评估指导，使师范院校在教师培养上更能适应时代需要，适应基层学校需要，培养研究型和实践型等基层学校迫切需要的人才，推动师范院校在人才培养方式上的改革力度。改革用人标准，从各类院校选择综合型、复合型人才，改变单一从师范院校选才，实现教师队伍来源多元化。非师范院校本科学生，经考核拥有二级乙等普通话等级考试证书，学过心理学、教育学等相关课程，按程序考取教师资格证，具备到高中任教资格。

教育行政部门组织高层次普通高中多样化办学论坛、讲座、会议，推广多种类型、不同层次的典型成果，供不同需求的学校借鉴学习。

政府多方筹措经费，以多样化特色发展项目申报评估的方式提供经费，支持普通高中的多样化办学。

政府要加大对普通高中评价体系的改革力度，使"破五唯"不是停留在文件上，而是落实在实际上。地方政府在对学校评价上，要改变唯成绩论的传统评价方式，实施多元评价。中央教育部门要加强治理地方唯成绩带来的乱象。政府在升学招生考试方面做了大量探索，使高校招生形式与考生升学路径逐渐走向多样化，逐渐适应学生多样化发展需求。

高校招生形式与考生升学路径

类型 / 路径	形式	批次	条件
全国统考	普通高考	普通批次	高三学生
特培考生	保送生	提前批次之前	奥赛国家集训队 部分外国语中学
学科专长	强基计划	自招批次 / 普通批次	
	综合评价	提前批次	
才艺特长	艺术类招生	提前批次 / 普通批次	艺术天赋
	高水平艺术团	自招批次	艺术特长
	体育类招生	提前批次 / 普通批次	体育天赋
	高水平运动队	提前批次	艺术特长
特殊部门	军事类招生	提前批次	
	公安政法类招生	提前批次	
	招飞 空军招飞	提前批次	
	海军招飞	提前批次	
	民航招飞	提前批次	

续表

类型/路径	形式	批次	条件
特殊专业	航海类	提前批次	
	小语种	提前批次	
	其他（护理、试验班等）	提前批次	
港澳中外	香港高校	提前批次	
	澳门高校	不限	
	中外合作院校	提前批次/普通批次	
	中外合作专业	普通批次	
特殊计划	公费师范生	提前批次	
	公费农科生	提前批次	
	公费医学生	提前批次	
	专项计划（国家、地方、高校）	提前批次	
	专业对口招生	提前批次	
	高职单独招生	提前	
	民族班和民族预科	普通批次	少数民族生降80分
	边防子女预科	普通批次	边防军人子女降80分
	非西藏生源定向	普通批次	
	其他定向	普通批次	
境外学习	美国、澳大利亚、加拿大、英国、新加坡、法国、新西兰、德国、中国香港、荷兰、韩国、日本、马来西亚、瑞士、意大利、西班牙、芬兰、爱尔兰、瑞典、丹麦、挪威、中国澳门		

政府要继续加大招生录取改革力度，优化考试内容和方式，加大综合素质评价的比重，发挥政府强大的主导作用，使只靠刷题的学校升学率下降，不得不走多样化发展之路。

政府要保持政策的连贯性，在普通高中多样化特色发展没有真正见到广泛成效时，不可轻易改变政策走向，使多样化特色发展成为一个阶段性的"走秀"。

学校主动。学校是推动普通高中多样化的主体力量，学校应主动结合本校传统、生源状况、区域环境等梳理本校的办学理念，确立本校多样化特色发展方向，来满足当地群众对优质高中教育的需求。学校领导要转变传统的单一升学、刷题抓分的办学理念，积极学习国家政策文件，顺应时代大势，以人为本，面向全体学生，不让一个学生成为陪读生，注重学生全面而有个性的发展。

没有教师的发展，就没有学校多样化办学的成功。学校领导要注重教师招聘工作，教师不仅要有扎实的学科专业知识，还要有良好的师德，把好教师入口关，尤其要在教师培养上下功夫。由于区域环境的差异，有的地区难以招到优秀教师，要基于校情搭建平台，加大投入，加强培养，分类培养，使教师发展多样化，以适应学校对研究型教师和实践型教师的需求。

学校要积极探索人才培养模式的多样化。北京大学、清华大学的升学人数满足的是极少数家庭的需要，而且未必是学生本人的需要。学校要开设生涯教育课，帮助每一个学生发现自己的潜质，探索自己的兴趣和优势，帮助学生发现自己，使每一个学生都出彩。学校要开发分类、分层的多元、开放性课程体系，为每一个学生提供可供选择的适恰性课程。

学校要加强与高校、企业、实践基地的联系，为学生提供在高中阶段学习的广阔平台。学校要举办丰富多彩的活动、成立各种类型的社团，给学生留出活动时间，本着为学生计长远，为国家培养真人才的初心办学。

大学牵动。大学到底要招什么样的人？是招状元，还是招人格健全、优势突出、特长明显的人？衡量一所大学办学水平的核心要素到底是什么？随着国家招生权力的下放，大学有了越来越多的招生自主权，大学的招生方式牵动着高中学校的人才培养模式。

大学不要沦为优秀生提前高考和生源争夺战的替代工具，大学只有破除"分数执念"，才能招到创新型人才，才会办出有特色的高水平大学。世界各国的名牌大学，各有特色，招生要求别具一格。研究显示，状元群体的后来发展，并非如人们所期待的那样，各行各业的领军人物，当年的状元并不多见，这与高中与大学人才培养的"过度开采"有关。

大学多样化牵动着普通高中多样化，大学要主动适应时代需求，办出特色。大学与高中建立联动人才培养机制，通过合办研究性课程选拔特殊人才，这是我国人口大国变为人才强国的必由之路。

教师心动。很多高中教师认同教育GDP，认为到了高中，学生应该摒弃一切杂念，专注高考目标，"一心只读圣贤书"，只要考上好大学，一切都解决了。殊不知，即使考上清华、北大，退学重选的尚有人在。据相关研究数据表明，高中学生进入大学后，大多数不满意所学专业。

新时代的教师，要积极学习先进的教育理念，学习生涯规划知识，树立正确的学生观、教育观、人才观。教师的职责是帮助学生找到自己，助力学生发挥自己的潜能，这样人人都会成才。

新时代的教师要主动迎接新课改、新考改的挑战，主动改革教学方式，让课堂成为提升学生核心素养、激发学生热爱学习的生命场，通过启发、自主、合作、探究的教学方式让学生体验学习的快乐，从而获得素养的提升。

新时代的教师要有强烈的生命自觉、职业自觉意识，只有教师心里认同学生多样发展，才会有所行动，思想观念的变革是教师最深刻的进步。

社会互动。一再受到美国打压的华为，其创始人兼首席执行官任正非表示，只有提高教师地位和待遇，教育才能得到较大的发展。要让优秀的人才愿意去当老师，让优秀的孩子愿意读师范专业，这样就可以实现"用优秀的人培养更优秀的人"。

像华为和任正非一样不守"本分"多管闲事，关心着基础教育的公司企业、社会名人多起来，我们的教育环境才会越来越好。社会各行各业要给孩子们提供社会实践的平台，社会舆论环境要鼓励孩子们走出教室，摆脱"刷题"式基础教育的束缚，让孩子全面而有个性地发展。

家庭行动。孩子是千差万别的，家长到底要培养一个什么样的孩子，是由孩子的条件决定的，而不是由家长的意愿决定的。家长的任务是从小帮助孩子找到自己，让孩子充分发挥自己的优势，最终寻找到自己理想的职业，过上一种幸福完整的生活，而不是一味地迎合世俗社会的标准，这需要千千万万家长的觉醒与成长。家长们要与时俱进，加强自我学习，提升亲子技巧，关注孩子心灵成长，营造良好的家庭氛围，创设孩子全面发展的家庭环境。

第二章
多样化特色办学的两大核心

培养德智体美劳全面发展的社会主义建设者和接班人，课堂教学与课程建设无疑是最关键的两个环节，它们是学校育人目标、办学理念的载体。从某种意义上来讲，课堂教学决定着学校教学质量，而课程决定着学校的形态。

济源一中学生来源多样化。从来源地可分为：山区学生和城区学生；从录取方式可分为：普通学生、体育特长生、艺术特长生和国际部学生。由于录取政策的原因，学生学习层次分化非常严重，这为济源一中实行多样化的课堂教学模式和多样化课程建设提供了前提条件，也对学校的育人目标提出了更高的要求。

教育部 2017 年颁布了《普通高中课程方案》，后又颁布了《普通高中课程方案》（2020 修订版），其中确定了课程内容应遵循思想性、时代性、基础性、选择性和关联性。济源一中围绕多样化的课堂教学模式和多样化的课程建设两大核心，把握时代脉搏，突出基础性，增加选择性，为培养德智体美劳全面发展的社会主义建设者和接班人，走出了一条自己的道路。

第一节 课堂教学，课程实施的主要途径

课堂教学是教师依托教材等对学生进行学科知识、关键能力和必备品格等核心素养培育的主阵地，是国家课程实施的主渠道。课堂教学质量的高低将决定着课程实施的效果，而校本教研是激发课堂内涵生长的引擎，集体备课所聚焦的教学理念、教学方式、教学目标、教学环节、教学情境等因素直接决定着课堂教学的效果。

一、校本教研是激发课堂内涵生长的引擎

教育部基础教育司副司长朱慕菊指出，以校为本的教研，是将教学研究的重心下移到学校，以课程实施过程中教师所面对的各种具体问题为对象，以教师为研究主体，理论和专业人员共同参与。强调理论指导下的实践性研究，既注重解决实际问题，又注重经验的总结、理论的提升、规律的探索和教师的专业发展，是保证新课程改革实验向纵深发展的推进策略。校本教研是基于校级教研活动的制度化规范，其基本特征是以校为本，强调围绕学校自身遇到的问题开展研究。学校是教学研究的基地，教师是教学研究的主体，促进师生共同发展是教学研究的直接目的。

概括地说，校本教研就是为了改进学校的教育教学，提高学校的教育教学质量，从学校的实际出发，依托学校自身的资源优势和特色进行的教育教学研究。

有关专家认为，所谓校本教研，具体来说就是教师为了改进自己的教学，在自己的教室里发现某个教学问题，并在自己的教学过程中以追踪或汲取他人的经验解决问题。也有人称之为"为了教学""在教学中""通过教学"。

"为了教学"，是指校本教研的主要目的不在于验证某个教学理论，而在于"改进"、解决教学中的实际问题，提升教学效率，实现教学的价值。"在教学中"，是指校本教研主要是研究教学之内的问题而不是教学之外的问题，是研究自己教室里发生的教学问题而不是别人的问题，是研究现实的教学问题而不是某种教学理论假设。"通过教学"，是指在日常教学过程中发现和解决问题，而不是让教师将自己的日常教学工作放在一边，到另外的地方做研究。

基于校情特别是学科和班级实情，教师采取集体教研的形式，发挥集体教育智慧解决现实存在的问题，提升学科教学效果，达到共研成长的目的。当然每个学校具体的教研方式会因校情不同而有所差异。

下面以济源一中开展"一课一研精准教学"活动的实施方案为例，展示集体备课的具体要求和做法。

【校本展示】

济源一中关于开展"一课一研精准教学"活动的实施方案

为了进一步提高教学质量，促进教学方式转变，提升教师专业化水平和全面推进育人方式改革，济源一中决定深入开展"一课一研精准教学"活动，充分发挥学科教师的集体智慧，扎实开展教学研究，打造实效教研，特制定如下实施方案。

一、指导思想

以《国务院办公厅关于新时代推进普通高中育人方式改革的指导意见》为指导，结合我校实际，全面提升教育教学质量，积极探索适合学校实际的"一课一研精准教学"模式，以高效的教研和高质量的教学成绩助力我校第三次腾飞。

二、"一课一研精准教学"年度规划

（一）学校层面：思想引领，理念认同

1. 2021年学校教代会工作报告对"一课一研精准教学"提出宏观要求。

2. "一课一研精准教学"启动仪式暨聚焦集体备课的教研教学论坛。

3. 举行2021年新学期济源一中第四届教研教学规划论坛。

4. 专家讲座引领：邀请教研教学集体备课方面的专家到校讲学。

5. 继续推行年级和学校例会教研教学论坛活动。

（二）年级层面：展示评比，交流学习

1. 年级各学科"一课一研精准教学"集体备课范式提炼展示评比（1次/学期）。

2. 年级举行同课异构（生本高效课堂）优质课比赛（展示"一课一研"效果）。

3. 深化领导分包学科集体备课和"一课一研"跨学科观摩活动（1—2次/学期）。

4. 根据市教研室安排5月份举行学科优秀课例评选活动。

5. 期中后、期末前借助督导活动举行学科文本导学案和限时练评比活动（展示"一课一研精准教学"成果）（1次/学期）。

（三）学科层面：校本教研，成果落地

1. 各教研室进行"一课一研精准教学"范式凝练、展示与交流。

2.各个年级之间进行学科精品资源传承。

3.结合校情学情,各教研室汇聚全组智慧精编学科实用校本教材。

4.推行"小、实、新""一课一研"序列问题教研,针对性解决教学实际问题。

5.倡导各教研室打造精品课,形成学科教学特色。

三、"一课一研精准教学"的内容

对标核心素养,把握高考导向,聚焦教学重难点,选择恰当教法学法,科学设计限时训练,把握学生学情,提升教学的精准度,不断完善教学设计。

四、"一课一研精准教学"的流程

1.制定计划。学期初制定教学规划和进度行政历,提前一周分课时落实集体备课计划,确定每天主备人,保证主备人集中精力备好指定内容。

2.个人钻研。主备人在集体备课前要深入钻研新课标,确定教学目标、重点难点、突破方法、课时分配、作业与练习等,并认真撰写教学设计,制作教学课件等。其他教师也必须研读教材,理清知识体系,梳理出重点难点并进行分析和研究,书面列出自己的困惑和疑问,人人做好发言准备。年轻教师必须写出详案,从学习目标到教学流程,再到练习反馈和板书都要求认真准备。

3.集体共研。集体共研时,主备人提前将电子教案打印出来,提前半天发至组内每位教师手中(其他教师要提前预览思考),主备人对所授内容的教学整体框架、教学实施过程等进行详细说明。在说明过程中,要特别关注学习目标的达成、练习检测的有效性及小组合作学习的开展。其他教师展开讨论、补充、完善备课内容。有经验的教师对授课的重难点、学情分析、教学方法等多指导、多建议,形成人人参与、人人发言的良好教研氛围。

4.打磨共案。集体研讨后,由主备人综合集体的意见和智慧,对个人初备教学设计进行修改完善,形成共案,共享给每位任课教师。

5. 个性设计。拿到集体备课的共案后，任课教师要结合自己的特长、学生的特点和教学实际，适当"增、删、调、换"，形成适合班级学情和自己风格的教案。

6. 一课一思。要养成教后反思的习惯，要及时对课堂上的得失、感受、发现做好记录，对现象背后的本质规律和思想理念进行分析研究。建立教学反思定期交流机制，每学期至少有1篇教学反思上交组长，学期末年级集中收缴教务处存档。

7. 汇编存档。编制以生为本（学生思考、交流、展示、练习）的文本导学案，体现课堂教学的主要环节。每学期各学科整理汇编一套系统的《导学案》，针对课堂讲授内容科学编印限时精选题，纸质稿和电子稿上交教务处存档，学校将根据各科上交材料的质量和数量进行奖励。

五、"一课一研精准教学"的要求

1. 明确责任。教学处主任为本年级"一课一研"第一责任人，教研组长和备课组长为集体备课直接责任人，年级领导要分包到组，深入备课组参加集体备课活动，教学处要适时开展"一课一研"跨学科观摩评比活动。

2. 保证时间。每天15:50—16:30所有教师都必须按时到指定地点参加"一课一研"，不准迟到、旷备，有事要向教学处主任请假。

3. 加强督导。教学处要对集体备课情况进行专项督查，并对迟到、早退和缺席人员在教学简报上进行通报。每月统计结果上报年级主管领导和教务处，每学期迟到、请假、无故旷备累计5次以上的教师不得评为优秀教师，分包领导督查集体备课发现支差应付的教研组要对组长诫勉谈话，仍不改进的，取消该教研组所有评优评先资格。

4. 教研纪律。一课一研时，无关人员不得随意进出办公室。参加"一课一研"的教师要认真履行职责，各抒己见，不做与集体备课无关的事情，保证集体备课的质量。

5.做好记录。教研组长必须安排专人认真填写《一课一研精准教学记录表》并上交教学处存档。

6.资源收集。(1)规范的文本导学案;(2)完整的PPT课件;(3)每月教学反思;(4)限时训练题;(5)相关的教学资源(图片、文档、视频、音频等)。每学期集中上交教务处,以此作为奖励的依据,由教研室负责资源整理。

为了进行有效教研,提高学科教师的参与交流程度,济源一中按照方案扎实开展"一课一研精准教学"活动,不仅提高了课堂效率,而且促进了教师的成长。"一课一研精准教学"活动,在学校强有力的组织和督导下,各教研组由教研组长牵头,各组员积极参与讨论,认真组织本学科的"一课一研"活动,针对每一节课以一位主讲教师为中心,其他教师共同研讨补充,如何有效地上好这一节课,集思广益,共同备课,精准教研。

陶行知说:"行是知之始,知是行之成。"一个老师应该十分重视教育科学研究,并能成为学校教育科研工作出色的实施者。学生在老师的课堂上,表现出浓厚的学习兴趣,课堂表现积极活跃,在快乐的学习氛围中得到了新知识。实践证明,"一课一研精准教学"活动是学校有效的教研活动,更是提升教学质量的有力抓手。当前,各学科正一如既往地、积极有效地开展"一课一研精准教学"活动,为更好地提高教学成绩打下坚实的基础。

二、多样化课堂模式是提升课堂教学品质的基础

课程改革有着相对统一的模式,对学校来讲,需要充分地理解和强力的执行;教学改革存在着无数种可能,对学校来讲,需要的是勇敢的尝试和科学的创新。在课程改革进入深水区的今天,教学改革的成败与否,既决定着

课堂教学效率的高低，更决定着课程改革是否在课堂中能够生根发芽。新课程理念为教学改革创设了良好的大环境，其中教学观、学习观、学生观的转变又是新课程改革中的重要环节。

十余年来，为深化课堂改革，济源一中遵循教育内在规律和学科特点，在实践中不断探索、优化，不断创新教学模式。教学有基本模式，但不追求"多课一模、一科一模"；提倡关注学生学习过程，积极探索基于情景、问题导向的互动式、启发式、探究式、体验式等课堂教学；落实学生主体地位，提升学生的学科核心素养，提高课堂效率。各教研组深入调研、总结、提炼，根据学科特点和学生状况实施了"灵动、减负、增效"的以核心素养为导向的个性化教学，课堂教学呈现出百花齐放的局面。经过多年的探索实践，济源一中各学科课堂教学模式初步形成，日趋成熟，彰显出独特的课堂魅力。

济源一中各学科多样化课堂模式

学科	多样化课堂模式
语文	"N+1"课堂模式
数学	情景化探究式教学
英语	"N+1"课堂模式
物理	模型教学
化学	"问题－情境－探究"三步教学法
生物	"复习－探究－实践"三步教学
政治	五步教学法
历史	结构式体系教学
地理	情境教学
信息技术	项目式教学
心理	结构化体验式教学
音乐	大单元教学
美术	"文化理解＋学科融合"探究模式
体育	项目模块教学

在新的课堂教学过程中，教师更加注重运用生活化的情境知识激励学生，关注教学目标的达成，关注学科核心素养的培育，学生的学习热情被进一步激发，学生自信心、思维品质、学习能力得以全面提升，课堂效果不断提高。

下面展示的是济源一中语文组的"N+1"课堂模式，可窥一斑而知全貌。

【校本展示1】

济源一中"N+1"语文课堂教学模式

语文教研组经过长期实践，形成了四种行之有效的"N+1"教学模式。其中"N"根据授课内容灵活变换，"1检测"强调必须落实、一成不变。教师快速转变教育观念，解放思想，从知识的传授者向学生学习的促进者和引导者转变，在教学中既要强调基础知识和基本技能，更要强调过程和方法。相信学生的能力，相信学生比老师有更好的创新思维。把课堂交给学生，培养学生的能力，使每个学生的个性和特长都能得到发挥，避免学生丰富的创造力和想象力受到遏制。

一、新授课："五字"教学模式·课本教学

内容：5本必修+1本选修。

原则：课本教学渗透考点知识。

模式：借鉴精英中学的6十1模式，结合语文学科特点，形成"导、思、展、评、检"五字教学模式。

导：作者、作品、他人评价。

思：围绕内容、手法设置3—4题，学生思考。

展：学生分组推优，展示答案。

评：学生互评，教师点评，总结规律。

检：链接高考考题，提升巩固（小说的标题含义、景物描写的作用，诗歌鉴赏用典、思想感情）。

二、复习课："四字"教学模式·考点复习

内容：4大阅读题12个小考点。

原则：考点复习回归课本教学。

模式：考点复习内容多，时间紧，课堂模式转变为"检、练、展、评"四字教学模式。

检：早读背课本文言文，上节课重点知识，优秀语段。

练：课堂限时训练。

展：分组推优，展示答案。

评：学生互评，教师点评，回归课本（文言字词、文化常识、小说知识），总结规律。

三、阅读课："三字"教学模式·拓展视野

内容：分年级分类别阅读相关书目。

原则：读写结合。

模式：阅读内容多，形式多，课堂模式转变为"读、检、展"三字教学模式。

1. 确定课程目标——为何读

《2017版语文课程标准》中写道：学生通过阅读与鉴赏、表达与交流等语文学习活动，在语言建构与运用、思维发展与提升、审美鉴赏与创造、文化传承与理解几个方面都获得进一步的发展，提升语文核心素养。北大温儒敏教授透露，语文高考改革方向大致有三：一是增加阅读量，高考卷的总字数将由7000字左右到突破10000字；二是将融入哲学、历史、科技等各领域的内容；三是将提高阅读的思辨性、复杂度和扩展性。阅读已被提到了极为重要的位置。这也确定了新教材编写的方向，2022年河南省才使用新教材，可在高考题中已经体现。

2.确定课程内容——读什么

阅读的内容应保持恰当的新鲜感与挑战性，保持略高于学生水准的长度和容量，主要有四类阅读内容：

（1）主题阅读

主题阅读，是指在一段时间内，集中精力阅读某一领域或某一专家的书籍，这主要是依托教材来推进。

比如学习《记念刘和珍君》一文设计了"鲁迅专题阅读"；学习《边城》设计了"永远沈从文"；学习《杜甫诗三首》设计了"杜甫专题阅读"（链接展开杜甫专题），从杜甫的文言生平传记到杜甫的经典诗作，再到当代著名作家对杜甫的评论性文章，内容既有广度，又有深度，使学生全方位认识杜甫。这些主题阅读是对课本教学的有效补充和拓展，让学生知识体系更系统，理论体系更深入，记忆更深刻，视野更开阔。

（2）专题阅读

利用寒暑假，根据教材推荐，组织学生共读一本中外经典图书，及时评点批注，写下心得体会。学生在理解中质疑，在沉浸中反省，在批判中求证，在比较与对话中形成自己的观点。阅读流程是先自由阅读，初识文本—小组交流；同读共研—确定讲题；切入中心—组织语言；写出稿件—制作课件；文图并茂—课堂展示，自信风采。

（高一主要阅读了《论语》《红楼梦》，高二阅读了《自由在高处》《边城》《围城》《史记》）

（3）时评阅读

选取思想认知上高于学生，文化视野上宽于学生，写作表达上优于学生的时评文章，编写了《三枪拍案》《八面来风》《微波炉》《声声入耳》《文苑杂谈》《悦读》，跑操前阅读材料有操前诵读"日诵五车"，作文背背佳，早读材料"晨读晓记",作文方面出了"伙伴作文"等,让学生了解时事动态,学会明辨是非。

(4) 自由阅读

按照高一至高三的梯度,逐年推荐阅读书目。高一侧重小说、诗歌、散文,高二侧重小说、哲理性散文、文学评论,高三侧重哲理性散文、文学评论、诗词品鉴等。(链接展开阅读书目)尊重学生的阅读个性,引导学生自主阅读。

3.确立课程形式——怎样读

(1) 推荐欣赏课

通过教师朗诵精彩片段、介绍内容梗概、配乐诵读、开设讲座等形式,让学生被美吸引,主动去发现美,鉴赏美。

(2) 视频欣赏课

教师借助多媒体推介影视、戏剧及优秀电视节目,把欣赏画面同延展性阅读优化组合,如每周二轮流观看《新闻周刊》《唐之韵》《信中国》《中国诗词大会》《青年演说家》等视频,配合教材如话剧《雷雨》《红楼梦》等,通过文字和视觉的双重冲击,启发学生做多种形式的阅读。

(3) 方法指导课

利用课堂教学,指导精读泛读的方法,比如《红楼梦》的阅读,教师先示范精读《林黛玉进贾府》,让学生批注评点,从人物的外貌、言谈、举止等来把握人物形象,教给学生阅读小说的方法。泛读,要快读、跳读,把握文章的脉络和框架,培养学生有效阅读能力。

(4) 自由阅读课

把积累的阅读方法应用于自由阅读,让学生反思、强化阅读经验,培养自主阅读、思考总结的能力。

四、写作课:"三字"教学模式·我手写心

内容:分年级确定写作内容。

原则：结合时事热点分析表达。

模式：写作形式多样化，课堂模式转变为"写、展、评"三字教学模式。

高一放开写，充分抒发个性，让写作练脑，成为有趣好玩的事情；高二收拢一点，按照文体、一般写作技能或者主题来分专题训练；高三主要是应考，可以有些技巧，包括如何避免常见的写作弊病。

1. 写作指导：高考范文引路，审题、结构、语言、事例。

2. 短评新闻：新闻周刊，限时语段，优秀展示。

3. 考场作文：点评优劣，印发佳作，重写旧题。

4. 作文大赛：各级比赛，推荐发表。

语文教学四种课堂模式都要做到环环相扣，让所有学生都紧张、高效，不停地去阅读、思考、质疑、辩论、动手练习，尽量让学生表达，尽量让学生下结论。只有让每个学生都参与到课堂教学中来，发表自己的见解，才会让学习的过程由枯燥变得生动。这不仅有助于培养学生的观察能力和思考能力，也让学生在学习的过程中变得更加主动，充分调动学生学习的积极性，有利于语文教学质量的大幅度提高。语文，是天生浪漫的文化载体。睿智的思想，高尚的情感，灵动的才智，无不栖于根深叶茂的语文之树，它生生不息地传承着人类文明，涤荡污浊，提精炼粹，陶冶身心。

课堂模式多样化的探索与实践，使我校语文教学焕发出了生机。语文课堂教学的内容也更为多元化和丰富，学生接受语文知识的能力也日益强化。相应的学习模式以及教学模式的改变，让语文课堂教学效果得到了全面的提升。学生可以在气氛活跃、生动的课堂教学中自由地发表自己的见解，表达自己的情感，并且获得实用的语文知识。在实际教学中，语文教师加强了对教学过程的反思，并且应用有效策略提升语文教学模式的实效性。

课堂模式的落实靠教师,而教师素质是实施课程改革、推进素质教育的关键。教学质量在课堂,教师成长在课堂。实践证明,课堂教学＋反思是教师专业成长有效的途径。济源一中每学期以年级为单位的赛课活动是促进教师专业发展、深化并发展各学科多样化教学模式以及全面有效提高教学质量的有效载体。活动涵盖各年级所有学科任课教师,坚持立足岗位、全员参与、突出重点、实在有效、力求特色的原则扎实有序开展。重视赛课的过程,关注教师在活动中的收获与有效的课堂教学,做好教师课堂教学的评价和反思提炼,发现问题提出改进措施。同时赛课也为年级教师搭建了施展才华的平台,促进教师钻研业务,勇于创新,相互学习,相互提高。以下展示的是学校2019级年级部根据学校方案制定的"同课异构"教研活动的指导意见。

【校本展示2】

济源一中"同课异构"教研活动的指导意见

为了切实加强课堂教学研究,有效提高课堂教学效率,按照学校"同课异构"教研活动要制度化、规范化、系列化的要求,现就深入开展"同课异构"教研活动提出如下意见:

一、明确"同课异构"的概念内涵

"同课异构"即对同一个课题,不同的教师结合所教学生的实际情况以及自己的生活经历、知识背景、情感体验建构出不同意义的教学设计,呈现出不同教学风格的课堂和各具特色的高效课堂教学模式。教学内容的"共性"决定了"同课异构"的"同",不同教师的"个性"决定了"同课异构"的"异"。在同课异构中,"同课"是基础,"异构"是发展。"构"是核心,是灵魂;"异"则强调变化和发展。"异构"概括起来,就是包括文本解读上的异、教学资源重组和利用上的异、教学设计与构思上的异、教学方法上的异、教学风格上的异等。

二、认识"同课异构"的目的和意义

实践证明,"同课异构"是在课程改革的新形势下提升教学质量和教师专业素质的一种行之有效的校本教研方式。

"同课异构"教研活动能促进教师的专业化发展,推动教师自我反思、同伴互助、专业引领。在"同课异构"的教研活动中,教师可以不断地更新教学理念,形成对教材、教学对象、教学方法等独特的见解。

"同课异构"教研活动能促进教师间的交流互动,老师们共同参与听课、评课,探讨教学中的热点、难点问题,探讨教学的艺术,交流彼此的经验,共享成功的喜悦。

"同课异构"教研活动能促进课堂教学效率提高,在"同课异构"的研讨过程中,多维的角度、迥异的风格、不同的策略在交流中碰撞、升华,促进教师不断地改善教学行为,提高课堂效率。

三、规范"同课异构"的基本流程

"同课异构"教学研讨活动的基本流程为:确定课题、设计教案、教学观摩、教学研讨、教学总结。

(一)确定课题。备课组认真研讨确定"同课异构"的教学内容,并确定作课教师上报教学处。

(二)教学设计。课题确定后,作课教师要认真钻研教材,正确解读课标,合理设计教学方案,并于规定时间将教学设计上交教学处(教学设计含教材简析、教学目标、教学重难点、教学准备、教学流程等)。

(三)教学观摩。教学处统一安排,备课组具体实施,要求全组老师听课并对课堂教学过程进行记录,观察教师在课堂上对教材的把握和处理,并写好评课记录。

（四）教学研讨。听课后备课组要即时组织教师进行教学研讨，先由授课教师进行教后反思，然后备课组内互动交流评课，重点谈存在的问题和需要改进的地方。

（五）教学总结。作课教师要针对教学中暴露的问题，结合同行意见，修改原来的教学设计，写出反思材料，并及时将优化后的教学设计、教学反思上传到网络教研平台。

"同课异构"教研活动要与常规的公开课、观摩课有机结合，统筹安排，确保活动效果。教学处要做好活动过程性材料的收集存档（活动安排、教学设计、教学反思、课件、听课笔记、备课组研讨记录等）。

"同课异构"教研活动要与本学科的精品课程建设相结合，各教研室要统筹协调规划，有序推进，逐步形成本学科完整的精品课程资源库。

四、把握"同课异构"的关键要素

（一）以同一主题为核心。"同课异构"的基础是"同课"，即同一教学内容。只有确定这一主题，才能保证教师有一个共同的基础进行比较式的研讨。没有了"同课"这一"同"，比较就失去了基础，就不能称其为"同课异构"，就失去了"同课异构"的价值。

（二）以行动研究为基础。行动研究的主要目的就在于解决特定的问题，强调立足于自己的教学实际，把自己遇到的教学问题转化为教学研究的"小课题"，基于"教学问题"进行研究，基于"有效教学"进行教学设计，不断对教学行为进行反思，不断提升自己的教学智慧，提高自己的教学水平。

（三）以微格分析为手段。一方面利用现代视听设备作为课堂记录手段，真实而准确地记录教学的全过程，帮助教师直接从记录中观察自己的教学活动，收到"旁观者清"的效果。另一方面，听课教师要注意在课堂中就某一主题进行观课议课，帮助上课教师从同伴教师那里得到信息，更为全面地看到自己上课的过程。

（四）以比较研究为方法。在"同课异构"中，我们要充分地应用比较研究的方法，明确比较的主题，关注"同课"之中的"异构"在何处，各种"异构"在课堂教学行为中的表现又有什么不同，取得了什么效果，存在着什么问题。这样，才能拿到一手的资料进行比较研究，得出科学的结论。

（五）以同伴互助为桥梁。同伴是校本研修中最基本、最高效的力量。我们要努力营造"同课异构"中同伴互助的合作氛围，将个人的才智与团队的智慧紧密地结合起来，形成个人成长与团队进步相辅相成的学习共同体，促进全体教师在专业能力、知识、态度等方面的共同发展。

（六）以解决问题为目标。"同课异构"中会不断发现问题，面临这些问题，我们进行研讨反思，寻找问题出现的原因，制定解决问题的方案，然后再进行实践。如此周而复始，教师的课堂教学水平、课堂教学智慧就会在不断地解决问题的过程中逐步提高。

"同课异构"，顾名思义，同一节课用不同的结构或模式来上，就是不同老师根据学生实际、现有的教学条件和教师自身的特点，对于同一个课题，教师根据自己的理解确定本节课的知识与能力、方法与过程和情感态度价值观等教学目标，各自设计教学模式和教学方法，把握对重、难点的处理。由于老师不同，上课采取的方法和策略不同，就构成了同一内容用不同的风格进行教学的课。同时本学科的所有教师都来听课，课上完后，大家对这一节课进行评课，发表各自的看法，提出改进的意见，找到上好这一节课的最佳模式。"同课异构"教学研讨活动为广大教师提供了一个面对面交流互动的平台，而且有效促进了学科教师的专业化发展。相信，在学校的严密组织实施下，我校的教研活动会更加丰富多彩，教学质量也会更上一个台阶。

第二节 课程建设，学生发展的多样路径

《论学校课程改革与学生发展》一文中提到：我们的课程建设进入了第二个中国发展的重要战略机遇，面临着对现实问题的把握，由分数唯一、关注精英，向关注人的发展、人的生活、人的生命的转变。由深度学习、项目学习、问题学习而产生的课程体系重构，关系着教育共同利益、学生个性发展、未来成才、立德树人等一系列现实问题，向我们提出了挑战。济源一中基于"五育并举"，搭建课程框架，努力创造适合每个学生的教育，为每一个学生的全面发展奠基。

一、五育并举，为学生全面发展奠基

习近平总书记在全国教育大会上强调要促进普通高中多样化有特色发展，这为新时代推进普通高中教育改革发展指明了前进方向。课程建设，是推进育人方式转变的有效抓手，更是加快学校多样化特色发展、提升办学品质的重要举措。多年来，我校坚持"五育并举 全面发展"的办学理念，加强课程建设，重点建构多样化课程体系，取得了显著的成效，走出了一条以课程建设推动普通高中高质量发展之路。

创建于1926年的济源一中，是一所有着深厚文化底蕴和丰富办学内涵的

历史老校。学校坚持"五育并举、德育为先"的育人模式，以"培养个性飞扬全面发展的时代新人"为办学目标，尊重学生的个性差异，关注学生的全面发展。以美育人，以文化人，强化艺体育人功能，真正将德智体美劳融入学校教育全过程。如今的济源一中早已成为莘莘学子滋养灵气、求学成才、放飞梦想的理想圣地，更是济源教育的一张亮丽名片。

"五育并举"，致力培养德智体美劳全面发展的学生。"要让一中学子经过三年的学习、生活，微笑着、自信地走出一中校园"是我们的育人目标。这一要求正与国家"五育并举"的育人理念高度契合。全力为国家培养德智体美劳全面发展的社会主义建设者和接班人，这不仅是一中人的追求，更是所有教育人的追求。

德为立身之本，德育是素质教育的灵魂和核心。因此，学校坚持"五育并举、德育为先"的育人模式，深入挖掘每一个学生的潜能，扣好人生的第一粒扣子，走好人生的每一步。在济源一中，特色德育活动之一就是每天晚自习从七点准时收看《新闻联播》。通过半小时的《新闻联播》，强化了学生的理想信念教育，培养他们为中华民族崛起而读书的使命感和责任感，坚定对中国特色社会主义的信心和信念，形成正确的世界观、人生观和价值观。

在智育方面，济源一中严格按照国家课程方案和课程标准实施教学，确保学生达到国家规定学业质量标准，扎扎实实开展教育教学活动，因为这也是社会和家长最为关注的。学校还坚持科技与人文并举，创新与特色共融，创建科技教育特色，启迪学生智慧。学校同样高度重视"体育""美育"和"劳育"。济源一中坚持树立"健康第一"的教育理念，开齐开足体育课，帮助学生在体育锻炼中享受乐趣、增强体质、健全人格、锤炼意志。每年的体育节、体育赛事，各种体育运动队相继成立，并在省级、国家级比赛中多次斩获大奖，其中女篮、女子田径队成绩尤为突出。济源一中的美育课堂也颇具特色，音乐、美术等课程应有尽有。我们认为，美育不仅是技能的教育，更重要的是对审美情趣的培养。在国家倡导用劳动教育培养时代新人之前,学校已经开始积极培养学生的劳动意识和劳动精神。学生内务整理、寒暑假劳动作业、校园卫生值勤、植物认养责任区、社会劳动实践、劳动类课程等,无不彰显出一中人在劳动教育方面的创新与用心。

济源一中教师不只是课程实施的执行者,更是课程的建设者和开发者。近年来,济源一中积极顺应现代教育变革,围绕学科核心素养,在整合校内外优质教师资源的基础上,根据专业优势和个人特长,积极构建"多样化"课程体系。书法、摄影、武术、创意手工、3D打印、科学编程、机器人制作、化学探究、生物认植等,这些"高端大气上档次"的课程在济源一中都能找得到。我们就是围绕课程体系、课堂教学等方面进行了深入的探索,逐步建立起"以知识为导向"向"以能力为导向"转变的教育教学体系,谋求每个学生最佳发展。

大数据时代,互联网、人工智能等新技术的发展正在不断重塑教育形态。济源一中积极探索大数据时代的教学管理模式,最大限度为学生的学习提供个性化服务。为全面推进"五育并举",济源一中还研究、策划和组织开展了一系列丰富多彩的节庆活动,吸引学生主动参与,给他们的校园生活留下美好回忆。2021年,首次开展"劳动节",召开劳动教育主题校会和班会,组织开展了家务劳动展示、厨艺大赛,走进田间地头开展劳动实践。持续举办活力四射的"体育节"、绚烂多彩的"社团文化节"、趣味无穷的"校园科技节"、传递幸福的"心理电影节"、形式多样的"美育节"、内涵丰富的"读书节",打造多姿多彩的校园生活。丰富多彩的校园生活,还有铁打的"激情课间操",济源一中无微不至地关怀着一中学子的每一步成长。

课程建设,是学校内涵发展的关键,是加快学校多样化发展、提升办学品质的重要举措。多年来,济源一中不断建设课程主渠道,以开发、实施多样化课程为手段,形成了多样化的课程、完善的课程体系,发挥着课程育人作用,全面提升教育教学质量，推动着学校多样化特色发展，为学校第三次腾飞注入了无限动力。

二、课程框架，创造适合每个学生的教育

课程是学校教育的有效载体，特色校本课程体现学校多样化发展的成果。历经多年，济源一中持续深化课程改革，构建了基础课程、拓展课程、特色课程和个性课程"四位一体"课程体系，不断加强对各种课程教学的管理和评价，有效发挥了多彩课程的魅力。

济源一中多样化课程设置目录

基础课程	国家学科课程校本化
拓展课程	博观约取（语文）
	瞭望时政（政治）
	豫见地理（地理）
	英语整本书阅读（英语）
	一中文化解读
	济源饮食文化
	……
特色课程	班会课程
	活动课程
	心育课程
	生涯规划
	综合实践课程
	社团课程
	劳动课程
	电影课程
个性课程	实验班课程
	国际部课程
	体艺课程

(一) 基础课程，国家课程的校本化

基础课程是指为学生继续学习提供基础知识与基本理论，培养学生基本能力与基本素质而设计安排的系列课程或一个课程群。济源一中依据国家课程设置要求，结合学校多样化办学目标、学生特点和实际条件，制订出了满足学生发展需要的课程实施规划。济源一中各个学科依据自己的教学模式，以各学科"导学案"为载体，编制各学科校本学习资料，对国家课程进行校本转化。

【校本展示】

语文导学案 典型案例：《娜塔莎》

学习目标：

1.了解托尔斯泰及其代表作品，了解《战争与和平》的内容和主旨。

2.通过文本分析，把握少女娜塔莎的思想感情，分析人物形象。

3.通过娜塔莎形象分析，了解和掌握刻画人物的艺术手法。

4.了解"圆形人物"与"扁平人物"。

课时安排：2课时

一、介绍作者及作品相关内容

（一）作者介绍

托尔斯泰一岁半丧母，九岁丧父，由姑妈抚养长大。他自幼接受典型的贵族家庭教育。1844年，他攻读土耳其、阿拉伯语，准备以后当外交官。他不专心学业，迷恋社交生活。1851年，他以志愿兵身份参军。结婚后，他安居庄园，过着俭朴、宁静的生活。厌弃自己及周围的贵族生活，不时从事体力劳动，自己耕地、缝衣，摒绝奢侈，吃斋吃素。晚年世界观激变，于1910年11

月10日秘密出走，途中因患肺炎而逝世。他一生始终不渝地寻求接近人民的道路。在民主思想的影响下，他否定农奴制，同情农民，为农民的苦难"饱经忧患"，晚年致力于"平民化"，吃斋吃素，亲自从事耕地、种菜、制鞋等体力劳动。并希望放弃私有财产和贵族特权，最后因打算把土地分给贫苦农民而与家庭产生冲突，离家出走，病逝于途中。

他还是19世纪俄罗斯现实主义文学的代表作家，公认的最伟大的俄罗斯文学家。美国著名文学教授兼批评家哈洛·卜伦甚至称之为"从文艺复兴以来，唯一能挑战荷马、但丁与莎士比亚的伟大作家"。鲁迅称他为"19世纪的俄国巨人"。对文学拥有"狂恋式爱情"的托尔斯泰，是俄罗斯文学史上创作时间最长、作品数量最多、影响最深远、地位最崇高的作家。

（二）写作背景介绍

课文《娜塔莎》选自《战争与和平》的第二卷。《战争与和平》一直被人称为"世界上最伟大的小说"，字数达130多万字，是托尔斯泰历经7年尽心创作的鸿篇巨制，列宁称之为"俄国革命的镜子"。小说最突出的艺术成就是那气势磅礴、宏大复杂的结构与严整有序的布局。托尔斯泰以天才之笔，游刃于战争与和平、心理与社会、历史与哲学、婚姻与宗教之间，主次分明，匠心独具。小说《战争与和平》以库拉金、罗斯托夫、鲍尔康斯基和别竺霍夫四大贵族家庭的生活情节为线索，气势磅礴地反映了19世纪初到20世纪20年代俄国社会的重大历史事件。

（三）《娜塔莎》故事简介

公元1805年，在拿破仑率兵征服欧洲后，法国与俄国之间也发生战争。青年公爵安德来·鲍尔康斯基把怀孕的妻子交给退隐于领地"秃山"的父亲及妹妹玛莉亚后，就担任库图佐夫将军的副官，向前线出发了。他期望这场战争能为自己带来辉煌与荣耀。安德来·鲍尔康斯基所属的俄军在奥斯特里茨之役战败，他带着军旗独自冲入敌阵，不幸受了重伤。一直被认为已战死沙场的安德来·鲍尔康斯基突然回到秃山的那一晚，其妻莉莎正好产下一名男婴后去世，这使安德来·鲍尔康斯基觉得自己的人生已告结束，便下定决心终老于领地。

婚后不久的彼埃尔因妻子爱伦与好友多勃赫夫之间有暧昧关系，他为了捍卫自己的名誉，便与多勃赫夫决斗，而把对方打倒后，他旋即与妻分居。从此以后，他陷入善恶与生死问题的困扰中，直至认识了互助会的领导人后，才进入新的信仰生活里。

1807年6月，俄法言和，和平生活开始了。1809年春天，安德来·保尔康斯基因贵族会之事去拜访罗斯托夫伯爵。在伯爵家他被充满生命力的年轻小姐娜塔莎深深地吸引了。但由于秃山老公爵强烈反对，两个年轻人只好相约以一年为缓冲期。而后，安德来·鲍尔康斯基出国了。但是，年轻的娜塔莎无法忍受寂寞，且经不起彼埃尔之妻爱伦的哥哥阿那托尔的诱惑，而擅自约定私奔，因此，与安德来·鲍尔康斯基的婚约即告无效。

1812年，俄法两国再度交战，安德来·鲍尔康斯基于多勃琪诺战役中身受重伤，而俄军节节败退，眼见莫斯科即将陷入敌手。罗斯托夫家将原本用来搬运家产的马车，改派去运送伤兵，娜塔莎方能于伤兵中发现将死的安德来·鲍尔康斯基。她向他谢罪并热诚看护他。但一切都是徒劳，安德来·保尔康斯基伤情过重，抱憾而亡。彼埃尔化装成农夫，想伺机刺杀拿破仑，却被法军逮捕。其妻爱伦于战火中仍继续其放荡行为，最后，因误服堕胎药而死。

几番奋战后，俄国终于赢得胜利，彼埃尔于莫斯科巧遇娜塔莎，两人便结为夫妇，而安德来·鲍尔康斯基的妹妹玛莉亚也与娜塔莎之兄尼克拉结婚，组成一个幸福的家庭。

二、课前自主学习检测

请给下列画线字注音

宅邸（　　　）　　花翎（　　　）　　勋绶（　　　）

砰（　　）然　　搽（　　）香粉　　迸（　　）流

皲襞（　　　）　　从（　　）容　　怯（　　）场

袒（　　）露　　撩（　　）一下　　撩（　　）倒

三、整体感知

请同学们在预习的基础上，快速阅读《娜塔莎》，把握课文情节，给课文每个部分拟定一个小标题。

四、细读小说，把握人物形象

每部分凸显了娜塔莎怎样的心理状态？分别采用了哪些描写手法？

【明确】

（1）舞会前的精心准备

第一部分：舞会前的准备。

心理状态：

描写手法：

如"不是那样的，不是那样的，索尼娅""娜塔莎一边说，一边转过头去，用双手抓住头发，替她梳头的女仆来不及放手"等。

（2）舞会上的浪漫邂逅

①第二部分：舞会上的陶醉，在盛大舞会上与安德来公爵相遇。

心理变化过程：_____→_____→_____→_____

描写手法：

如"娜塔莎望着他们，几乎要哭了，因为跳第一圈华姿舞的不是她"，她的脸上有"失望、焦急"的表情；面对安德来的邀请，她"对于失望和狂喜都有所准备的焦急的面色,忽然明朗起来,露出了快乐、感激、小孩般的笑容";她面对安德来,"似乎用含泪的眼睛里所流露出的笑容"说"我等你很久了",——这些都说明她天真、胸无城府,还是个"小女孩"。

②第二部分除了正面描写娜塔莎的语言和心理外,还提到了哪几位女性?这样写有什么作用?

(3)朋友间的为爱争吵

第三部分:为了爱而与朋友争吵,侧重对娜塔莎背叛安德来后的心理描述。

心理状态:_____→_____→_____→_____

描写手法:

如"她的脸是安静的、温顺的、幸福的"。"三天,"娜塔莎说,"我觉得,我爱了他一百年了。我觉得在爱他之前,我从来没有爱过任何人。"

(4)至此,请同学们总结一下娜塔莎的性格特点。

"圆形人物"还是"扁平人物"。

文学创作上有"圆形人物"和"扁平人物",或"复杂性格"和"简单性格"之说。把具有复杂性格的人物形象称为"圆形人物",把具有简单性格的人物形象称为"扁平人物"。

娜塔莎是"圆形人物"还是"扁平人物"?为什么?请列举你所学过的文学形象,谈谈你对"圆形人物"和"扁平人物"的理解。

五、小结

1. 人物是小说中最重要的要素。作者通过生动的人物塑造,来表现小说主题。

2. 人物刻画的手法有:正面描写,如语言、行动、外貌、神态、心理描写等;侧面描写,如环境描写、其他人物的衬托等。

3. "圆形人物"和"扁平人物"的特征与作用。

六、板书设计   娜塔莎   列夫·托尔斯泰

情节	心理状态	描写手法	性格特征
舞会前	兴奋、激动、焦急	心理、语言、动作	天真、活泼、热情
舞会中	渴盼关注、快乐、感激	心理、侧面	率真开朗、单纯虚荣
爱的争吵	幸福、狂喜、恼怒、惊恐、失望	语言（对话）	率真任性、敢爱敢恨、盲目轻信

1.【明确】

宅邸 dǐ   花翎 líng   勋绶 shòu

砰 pēng 然   搽 chá 香粉   迸 bèng 流

皱襞 bì   从 cóng 容   怯 qiè 场

袒 tǎn 露   撩 liāo 一下   撩 liào（撂）倒

2.【明确】

（1）舞会前的精心准备

第一部分：舞会前的准备。

心理状态：兴奋激动，焦灼不安。

描写手法：语言描写、动作描写。如"不是那样的，不是那样的，索尼娅""娜塔莎一边说，一边转过头去，用双手抓住头发，替她梳头的女仆来不及放手"等。

（2）舞会上的浪漫邂逅

①第二部分：舞会上的陶醉，在盛大舞会上与安德来公爵相遇。

心理变化过程：精心打扮急忙赴会后的满怀期待→期待落空时的失落→等待时的不安和等待来时的沮丧→受安德来青睐时的感激和快乐。

描写手法：心理描写、侧面描写。

如"娜塔莎望着他们，几乎要哭了，因为跳第一圈华姿舞的不是她"，她

的脸上有"失望、焦急"的表情；面对安德来的邀请，她"对于失望和狂喜都有所准备的焦急的面色，忽然明朗起来，露出了快乐、感激、小孩般的笑容"；她面对安德来，"似乎用含泪的眼睛里所流露出的笑容"说"我等你很久了"，——这些都说明她天真、胸无城府，还是个"小女孩"。

侧面描写，跟爱伦的比较。

②第二部分除了正面描写娜塔莎的语言和心理外，还提到了哪几位女性？这样写有什么作用？

别素号娃伯爵夫人	高贵傲岸；从容；太过成熟
罗斯托夫伯爵夫人	慈祥和蔼；性格温婉；传统刻板
爱伦	风情万种；成熟；浓妆艳抹
娜塔莎	清纯羞涩，含苞待放

舞会上别人不太注意娜塔莎，说明她还不是风情万种的成熟的女性，尤其别素号娃伯爵夫人和副官跳舞时完美的表现，更烘托出娜塔莎焦急等待的内心；跟爱伦的比较，安德来与娜塔莎跳舞时，"觉得自己活泼年轻了"，可见娜塔莎是真正活泼年轻的，有着很强的感染力，可以感染他人。（巧妙的人物对比，侧面描写）

（3）朋友间的为爱争吵

第三部分：为了爱而与朋友争吵，侧重对娜塔莎背叛安德来之后的心理描述。

心理状态：沉浸在恋爱中的幸福→急于与人分享时的狂喜→不被理解时的恼怒→受到阻挠时的愤怒和决绝。

描写手法：神态描写，语言描写。

如"她的脸是安静的、温顺的、幸福的"（神态描写），这是一个沉浸在爱情中的少女。

"三天，"娜塔莎说，"我觉得，我爱了他一百年了。我觉得在爱他之前，我从来没有爱过任何人。"

（4）至此，请同学们总结一下娜塔莎的性格特点。

提示：她活泼、纯洁、天真、充满热情，但又有点盲目、执拗、容易冲动，缺乏理性的分析判断能力，还是一个单纯的小女孩。

【明确】

1.娜塔莎这一人物精神生活的复杂性和独特性，具有"圆形人物"的特性。有优点也有缺点：活泼、纯洁、天真、充满热情，是可爱的；盲目、执拗、容易冲动，缺乏理性的分析判断能力，需要改进。

2."圆形人物"具有更丰富的内涵，性格中的矛盾会产生足够的张力，这样的人物往往更能体现生活本真的面貌。举例：《水浒传》中的林冲在公众场合是威风凛凛的八十万禁军教头；在高衙内面前是他父亲手下的一个高级奴隶；在妻子面前，是情意绵绵的丈夫。不同角色塑造了他烈性如火、柔肠似水而又忍辱负重的复杂性格。因此当高衙内调戏他妻子时，不同的角色促使他做出不同的反应。

3."扁平人物"因为性格单一，相对来说，缺乏变化，比较单薄。但他们并非没有价值。一般来说，在讽刺小说里较多见，对于某方面性格的放大，可以增强戏剧效果，起到讽刺作用。举例：《变色龙》中的奥楚蔑洛夫、《装在套子里的人》中的别里科夫、《堂吉诃德》中的堂吉诃德等。

"导学案"是一种教学思想的引领，不是把学案当作练习册来完成习题。学案的目的就是把学习的主动权充分地还给学生。在使用的过程中，既要遵循导学案的环节进行教学，更要灵活使用这些环节。数学学科尤其如此，更需要数学与学案环节的有机结合。我们在教学中，往往一不小心就会有所偏颇，不是上成"旧式"数学课，就是在"导学案"的左右下，丧失了数学课的味道。在实践中，我们一定要努力把握好方向，让学生有法可依。学会方法，走遍天下。导学案不仅要明确学什么，更重要的是要教会学生如何学。我们通过导学案，应教给学生学习和讨论交流的方法，使学生通过学案学会知识、掌握方法、提升能力。思考、实践、反思、再实践，灵活使用"导学案"，扎扎实实地开展课堂教学，让课堂充满生机与活力！

总之，济源一中"导学案"实践与探索，得到了上级教研部门的肯定和认可，学校教科研工作稳步发展，呈良好上升态势。但我们的路还很长，我们会进一步加快教育改革的步伐，创建良好的教育环境，提升办学水平，为全面提升教学质量不懈努力。

（二）拓展课程，基础课程的延伸和发展

拓展课程渗透国家课程的可持续发展理念，培养学生的情感态度与价值观。我校基于学生深度学习需求，基于国家课程的学科拓展课程"百花齐放"，推动着学校高品质发展。

济源一中在普通高中的语言与文学、数学、人文与社会、科学、技术等学习领域的11个学科中设置知识拓展类选修课程。知识拓展类选修课程内容包括必修拓展课程、大学初级课程、介绍学科最新成果的课程和学科应用性课程等。必修拓展课程从国家课程选修模块中选用，同时积极探索大学初级课程、介绍学科最新成果的课程和学科应用性课程。在课程开发和引进过程中，济源一中结合实际，调整教学内容和要求，建立了具有特色的知识拓展选修课程。我们根据学生需要及学校实际确定不同学习领域选修课程的开设门类、模块数量，且每学年开设的知识拓展类选修课程数量不得少于6个模块。在每学年开设的各类选修课程中，知识拓展类选修课程比例不得超过50%。每学年开学前，学校提前公布学校本学年拟开设的知识拓展类选修课程目录以及课程介绍信息。学生在教师指导下，实行自主选课。

学校鼓励本校教师通过进修、自学等途径，担任知识拓展类选修课程教学工作。学校积极聘请高校及其他社会机构的专业人士，担任知识拓展类选修课程教学工作。学生参加知识拓展类选修课程学习，上课的课时数不少于规定课时的50%，学习过程表现良好、参加学校组织的考试（或考查）并合格，即可提出申请，经学校学分认定委员会认定后取得学分。知识拓展类选修课程列入学业水平考试水平Ⅱ考试的选考科目，每年开考一次，考试成绩实行等级制。

【校本展示】

长期以来，高中英语阅读教学呈现碎片化的特点。济源一中高三英语教研组组长黄磊认为，学生高中毕业后脱离英语学习环境，便会放弃阅读这个获取知识和愉悦的最重要的方式。这与新课改下落实学生核心素养的理念是相背离的。找出问题，开出"良方"。经过认真研判和分析，济源一中英语组开发了《英语整本书阅读》校本课程。

济源一中2013级学生杜骅霖至今仍保留着和黄磊交流、沟通的习惯，还会和黄磊分享阅读乐趣。"高中时期，我们根据不同阶段，完整阅读了《Wonder》《Flipped》《The Great Gatsby》等书籍。"目前在英国爱丁堡大学读研究生的杜骅霖说，"这些完整的阅读体验，使我的思维品质得到培养，终身学习能力也得到了提升。"这也让杜骅霖找到了人生的方向，选择出国留学深造。

对黄磊而言，教学不只是冰冷的分数，教育更需要诗和远方。教师不仅要教学生知识，更要让学生具备终身发展的核心素养，为了这个目标，我们一直在路上。

长风掠过，关于新课改的追问没有停止。但只要秉持"以人为本"思想，济源一中必将开辟出新高地。

下面以英语组整本书阅读课程为例。

基于核心素养的英语整本书阅读

长期以来，高中英语阅读教学呈现碎片化的特点。教材课文、配套练习的阅读材料、试卷中的阅读语篇，甚至课外读本、报刊文章都是短篇，篇幅有限、内容孤立，缺少整本书阅读的连续性，更难以形成主题阅读的深入性。学生阅读只是为了做题和背生词，而不能从阅读中获取知识和愉悦，学生高中毕业后脱离英语学习环境，便会放弃阅读这个获取知识和愉悦的最重要的方式，这与新课改下落实学生核心素养的信念也是相背离的。

同是语言教学的语文学科，"读整本书"已然成为当下热词。随着2017年新课标的推出，把"整本书阅读"教学提高到了一个新的高度，各个改革地区纷纷开始进行语文整本书阅读，许多学校都已经把整本书阅读纳入了常规课程，可见整本书阅读对学生语言学习中的关键能力和必备品格是有很大裨益的。英语整本书阅读目前还处于起步的阶段，大家对于英语整本书阅读的目的、内容、上课的方式以及评测的手段等都处于摸索的阶段。

本课题就想通过研究与实践，让英语整本书阅读也走进课堂，让学生深入阅读的同时，培养自身英语语言学习的关键能力和必备品格。本课题主要是通过教师对大量英语经典名著的研究阅读，选择高中生爱读、语言和思想内容上又有保证的大众流行经典，挑选出来适合不同年级的，兼具实用性和趣味性的经典英文作品。充分利用好课内外时间，发挥学校图书馆、阅览室及班级图书角的功能，多将好书推到学生面前。同时，结合当下整本书阅读的先进理论，通过教学实践，继续对整本书阅读的教学策略进行研究，形成一套完善的整本书阅读教学方法，引导学生在整本书的阅读中感受中西方文化的差异，培养学生英语思维品质，从而提升学生英语阅读水平以及终身学习的能力。

【模型图示】

模型图一：整本书阅读三年规划

- Holes
- The Boy in the Stripped Pajamas
- Animal Farm
- Flipped
- Wonder
- The Great Gatsby

模型图二：小组分工图

Roles:
- Discussion Leader
- Culture & Connector
- Illustrator
- Summarizer
- Vocabulary Enricher
- Luminary

模型图三：上课流程图

```
Class Process
├── Division ── Each group with six characters
├── Assignment
│   ├── Set two questions
│   ├── Connect the story
│   ├── Make a mind map
│   ├── Summarize the plots
│   ├── Find now and meaningful words
│   └── Analyse key points
├── Discussion
├── Direction
├── Presentation ── Remark
└── Review
```

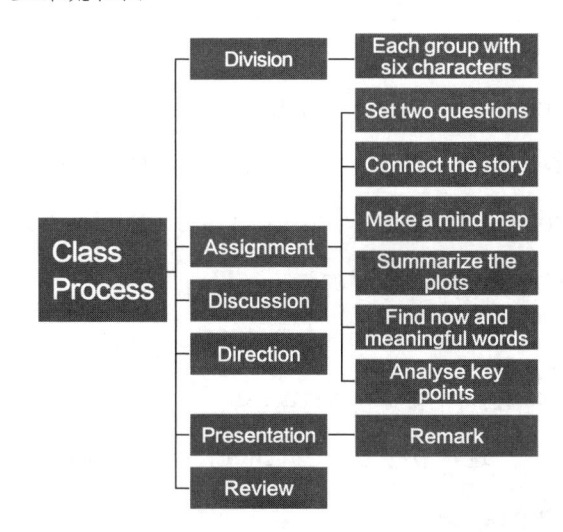

【阅读案例】

英文整本书阅读案例

阅读课之前，按照"水平相近，各有优势，每组六人"的原则，把全班同学分为若干小组。针对英语整本书阅读，我们一个小组6人可分为6个专家，分别是：Discussion Leader, Culture & Life Connector, Illustrator, Summarizer, Vocabulary Enricher, Luminary。

前15分钟自己阅读完成自己的阅读任务，并独立完成自己的"专家清单"。这六个分别是：

Set 2 questions about this chapter for your group members to answer in order to check whether they understand the story.

Connect the story in this chapter with your own life, and say something about it.

Make a mind map or draw a picture about the story in this chapter, and ask your group members to describe it.

Summarize the plots of the story in this chapter.

Find some new and meaningful words in this chapter, and look them up in the dictionary for their meanings. It will be better for you to give some sentence examples to each word.

Pick out some authentic and interesting sentences in this chapter, and explain them to your group members.

在读《MIRACLE》这本书的 The Fifth-Grade Nature Retreat 这一节时,我们的课堂实录如下:

Step1:我们每组6个专家都在15分钟的阅读时间内,完成各自的阅读任务。比如各组的 Discussion Leader 针对本节内容提出两个问题:

Group 1:

On page 251, Why does Auggie feel excited, even if he is a little nervous about the nature retreat?

Through the incident in the bush, the relationship among the guys get deep. Do you have similar experience? Do you develop a deeper relationship with your friend after an incident?

Group 2:

On page 252, What do you want to be known for?

On page 275, Why do the kids who don't usually say anything to me were nodding hello, or patting my back as I walked by them?

Group 3:

On 256, Why did Auggie gave up taking Baboo with him for the trip?

On page 279, Why do Miles and Henry change a lot after being not nice to Auggie during the year?

Group 4:

Why do you think Amos lets go of the war, while Miles and Henry were still not talking to Jack?

On page 275, Why other kids shook off their parents' hug while Auggie did not?

Group 5:

Have you laughed at other students or been laughed at? What was your feeling?

Do you know the meaning of the sentence "Like a lamb to the slaughter." on page 274?

各组的 Illustrator 画好了思维导图:

Group 1:

Group 2:

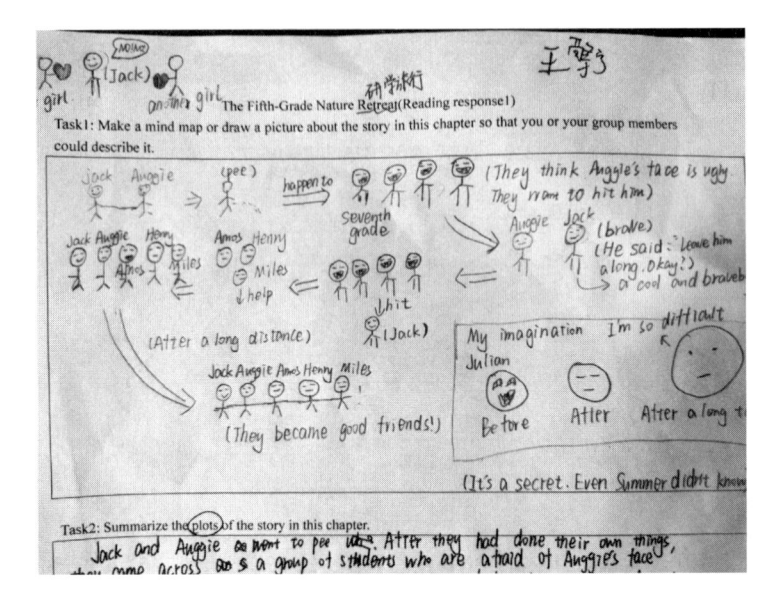

[图片：学生手绘的 The Fifth-Grade Nature Retreat (Reading response 1) 思维导图，包含 Task1: Make a mind map or draw a picture about the story in this chapter so that you or your group members could describe. 以及 Task2: Summarize the plots of the story in this chapter.]

各组的 Culture & Life Connector 对比文化差异以及与现实生活的联系形成的文字：

Group 1:

Content in the book: Our family had gone for a visit to his house, and me and Christopher were having such a great time playing Legos Star Wars that I didn't want to leave when it was time to go...

...Lisa tried to help me go to sleep, but I just started crying that I wanted to go home. So at one a.m. Lisa called Mom and Dad, and Dad drove all the way back out to Bridgeport to pick me up.

Culture & Life Connection: It is the same with children in China. When we enjoy our company with our friends, we want to stay with him forever. So sometimes we stay overnight in others' house, but when we are ready to sleep, we miss our parents and wanna go home.

Group 2:

Content in the book: Everyone's known for something in middle school.

Culture & Life Connection: In our life, we always know others for something. For instance, he is excellent in playing basketball. She is a little fat. Jack is one of the most extraordinary students in study in our school. But we have our wishes to be known for.

Group 3:

Content in the book: She got up and gave me a quick kiss on the forehead.

Culture & Life Connection: In china, parents seldom give children kisses, especially when the children have grown up. But in western country, they don't hesitate to show their love for their children.

Group 4:

Content in the book: "No problem," answered Amos, high-fiving Jack. And then Miles and Henry high-fived him too.

Culture & Life Connection: In China, when we congratulate some one, we may also use "high-five", especially between players in the sports matches.

Group 5:

Content in the book: Everyone was passing around snacks and having a great time...Welcome, teachers and students from...A big cheer went up on the left side of the field...Again, everyone whooped and hollered.

Culture & Life Connection: In such situation in China, students will also cheer when their class or group was announced. Every body would like to be grouped and enjoy being one member of it.

与此同时其他各组"专家"也都完成了自己相应的任务。

Step2：之后各个小组的相同专家集结，8分钟讨论他们的共同任务。"专家"们相互取长补短，形成最佳教案。

比如：Discussion Leader 集结后共同讨论挑选出了以下两个开放性更强、且能让同学们更有表达欲望的问题：

1) Through the incident in the bush, the relationship among the guys get deep. Do you have similar experience? Do you develop a deeper relationship with your friend after an incident?

2) Have you laughed at other students or been laughed at? What was your feeling?

Vocabulary Enricher 集结后共同讨论商定了以下6个需要分享的词汇：

1) retreat：A retreat is a quiet, isolated place that you go to in order to rest or to do things in private.

例：He spent yesterday hidden away in his country retreat.

2) Gossip：Gossip is informal conversation, often about other people's private affairs.

例：He spent the first hour talking gossip.

3) Sleepover：A sleepover is an occasion when someone, especially a child, sleeps for one night in a place such as a friend's home.

例：Emily couldn't ask a friend for a sleepover until she cleaned her room.

4) Obsession: If you say that someone has an obsession with a person or thing, you think they are spending too much time thinking about them.

例：She would try to forget her obsession with Christopher.

5) Zip: When you zip something, you fasten it using a zipper.

例：She zipped her jeans.

6) out of the blue: beyond one's expectation

例：The decision came out of the blue.

而 Luminary 商定的地道好句分享如下：

1) She stuck Baboo deep inside the bag and then stuffed the last of my T-shirts on top of him.

2) Mom was right about the mosquitoes: there were tons of them. But luckily I had spritzed myself before I lest the cabin, and I wasn't eaten alive like some of the other kids were.

3) She squeezed my hand and gave it a kiss.

4) The weather is cooperating.

5) It was still dark inside my room and even darker outside, though I knew it would be morning soon. I turn over on my side but didn't feel at all sleepy.

6) Then Jack hunted around for the perfect tree and finally did his business.

7) I opened it up and fished inside until I found what I was looking for.

8) I got totally pumped because dealing with Julia for three days in a row—and two nights—was a major reason that I was nervous about this

whole trip.

9) It looked like someone had taken sidewalk chalk and smudged the colors across the sky with their fingers.

各组的Summarizer，商讨出两种不同形式的总结：

1) Watch the movie_____ pee_____ be found_____ fight against_____ run and help each other_____ be a happy day_____ go back to the camp

2) After Auggie and Jack peed in the forest, they were troubled by some seventh grades. Jack was hurt for protecting Auggie, so was Auggie. At that time, Amos and Henry helped them and they fought against seventh-grades and finally won.

Step3："专家"回到自己原有的小组，8分钟把自己学到的精华结合自己的理解，分享给小组其他的成员。

Step4：小组1到6号此时的学习材料大体是一致的。我们可以随时抽取小组的一些成员进行展示，并对其中学生出现的问题进行整改，对出彩的方面进行表扬，同时对学生忽略的问题进行补充。学生展示如下：

【经验总结】

英语整本书阅读课开设以来，受到了学生的热烈欢迎。整本书阅读课的优势也展现了出来，主要表现在以下几个方面。

1. 学生的阅读兴趣明显提升。每到整本书阅读课，学生都异常兴奋，甚至在阅读课前学生就已经提前进入了阅读状态。有的学生在课下也偷偷地阅读，以至于很多学生的阅读进度要比要求的快得多。

2. 学生的阅读素养明显提升。

3. 阅读速度得到了提升。整本书阅读极大地增加了学生的阅读量，学生在阅读过程中需要在理解文本的基础上，迅速找到自己想要的信息，在这个过程中学生快速阅读的能力得到了提升。

4. 词汇量及从上下文推测词义的能力得以提升。学生在阅读过程中，只查阅影响自己理解的词，在这个过程中不仅积累了大量的积极词汇，在快速阅读中猜测词义的能力也得到了很大提升。

5. 听说能力得到了提高。整本书阅读课堂中，大师集结时每个人都要发言，这就逼迫每一个学生开口说英语，由于大师们回到自己所在组要给大家讲刚才集结时大家的发言情况，所以逼迫每一个人认真听别人讲英语。而且最后展示环节也给同学们展示听说能力的机会，所以听说能力在整个整本书阅读课上得到了提高。

6. 文化意识得以增强。我们挑选的整本书阅读书目都跟学生生活密切相关，所以同学们很容易在阅读过程中找到共鸣，或者发现中西方文化的差异，形成跨文化交际意识。

7. 思维品质得以提高。学生需要在阅读过程中概括情节大意，划出思维导图，提出共同探讨的问题。学生在这个过程中的逻辑思维、批判性思维与创造性思维得到了很大的提升。

8.学习能力得以发展。阅读是学生学习知识很重要的一种手段，我们进行整本书阅读教学实践，就是想要学生习得阅读的习惯。我们欣喜地看到学生在课余时间也会继续阅读整本书，甚至学生在毕业之后仍然会向老师征求阅读的书目或者跟老师探讨阅读的心得，说明学生独立学习语言的能力得到了很大提升。

当然，整本书阅读课程还处于探索阶段，有很多问题亟待解决。

1.课时严重不足。在整本书阅读初期，我们每周设置一节整本书阅读课，而且这节课也是从已有课时中挤出来的。但是这仍然不能满足整本书阅读的需要，一节课想要把所有环节都上完，让学生有所收获难度是非常大的。所以后期我们就拿出两节课的时间让学生进行整本书的阅读和交流，但是这样又极大地影响了正常的英语教学。我们正尝试通过部分学生选修的方式来解决课时不足问题。

2.教师的素养需要提升。整本书阅读课对教师的听说读写看的能力有着很高的要求。而且教师还承担着对比文化差异以及提升学生思维品质的任务，所以教师英语语言素养和思维品质都需要提高。上整本书阅读课的老师必须要敢于走出自己的舒适区，善于学习和总结，才能满足课程的需要。

（三）特色课程，多样化办学过程中积淀下的课程

课程建设是一个浩大的工程。在课程建设经验缺乏、课程领导力和执行力不足的情况下，要想构建一个完备的校本课程体系、快速提升课程质量，对于十年前的济源一中而言几乎是不可能完成的任务。鉴于此，我校提出重点建设特色课程的思路，并将建设特色课程作为学校内涵发展和特色发展的重要抓手。

普通高中，"基础扎实、特长明显、和谐发展"的育人目标符合当前素质

教育的发展趋势。所谓基础扎实，实际是强调基本素质的发展；特长明显，是突出个性发展、特色发展；而和谐发展则是学生基本素质与个性发展的交融，知识与能力的并进，身体与心理的同步成长，学力与人格的和谐统一。

随着课程权力的再分配和学校自主权的加强，特色课程开发研究成为我国课程改革的焦点，它对实现学校的办学宗旨，体现办学特色，向学生提供最适合的教育有着重要的价值。普通高中特色课程的开发、研究被提到了教育改革的议事日程。

发挥课程优势、建设"特色课程"，是推动教育教学创新、深化教学改革、提高课程教学质量的有效办法。济源一中在办学过程中，一直坚持走适合学校课程开发之路。济源一中开设丰富多彩的特色课程，牢固树立精品意识，不断精心打磨、强化、完善课程体系，努力扩大特色课程的受益面，重视课程基础建设和学术背景营造，重视教学改革，提高了教育教学质量。特别是 2019 年"新时代普通高中多样化特色办学实践研究"课题立项以来，我们重新梳理了具有校本特色的课程体系。

课程 1：班会课程，师生共同的精神生活

近几年全国的班会研究蓬勃发展，国家政策指明方向，媒体搭建信息平台，赛课活动红红火火，学校课表开辟专用时间，团队合作态势喜人，个体探索百花齐放。

同时仍存在很多问题，诸如学校或班主任理念错位，把班会课变成了补充课、自习课、测验课、通知课、训话课、放羊课、批斗会、总结会、布置会；由于个体研究缺失，导致班会课老生常谈、主题随意、内容陈旧、形式单一、参与度低、收效甚微；受班主任专业素养、知识视野、思想方法、审美情趣、文化品位、表达沟通、组织协调等的限制，导致班会课魅力未能尽显。班会分类莫衷一是，不方便老师学习；班会技巧五花八门，不利于老师掌握。众所周知，班主任是学校最忙的群体，"哪来时间研读？设计谈何容易？"但班会又属于德育体系的"头部"建设，是无论如何都要占领的思想"高地"。因此济源一中人通过长期实践，逐渐探索出一套班会课程的操作体系。

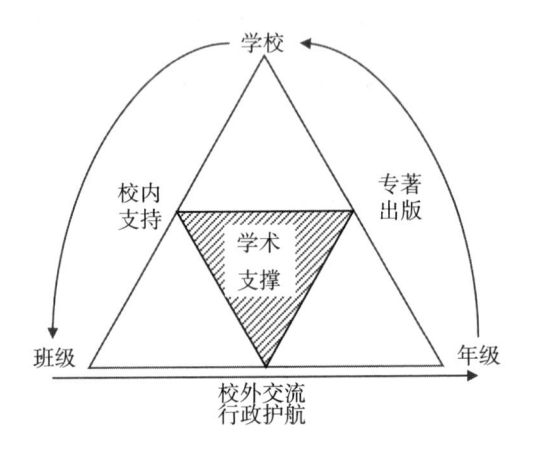

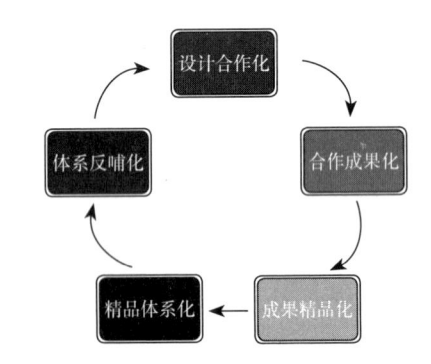

一、每周班会课——设计合作化

学校规定每周一下午第四节课为全校统一的班会时间，不得侵占，学校教务处和年级教学处和德育处安排专人检查，这就保证了班会课的合法性和及时性。

同时，考虑到同一阶段校情比较类似，学校会在每学期给出一张德育课推荐清单（见下表），供各年级参考。

济源一中 2020 年冬学段 "国旗下讲话" 德育课安排表

月份	周次	教育内容	主讲年级
9月	1	开学安全	全校
	2	学习中小学生守则，省、市中学生行为规范	高一
	3	"9·11" 反恐教育	高一
	4	中秋家国情怀教育	高二
10月	1	国庆爱国主义教育活动	高一
	2	传统文化进校园教育（武术）	高一
	3	世界粮食日（10·16）、全国爱粮节粮宣传周教育	高二
	4	重阳敬老教育	高一
11月	1	健康教育	高一
	2	诚信教育	高二
	3	垃圾分类教育	高二
	4	"11·9" 消防系列活动	高一
12月	1	"12·4" 法治系列	高二
	2	传统美德教育	高二
	3	研学实践	高一、高二
1月	1	迎接期末考试及心理教育	全校

年级接到任务，会结合本年级的实际情况进行适当调整，最终分配给各楼层。每个楼层的首席班主任主持楼层会，先研讨班会主题，集思广益，再分配任务，轮流设计，最后共享班会文件，各班主任结合班情，调整使用。

二、年级公开课——合作成果化

为了保障班会课能在各班落地，同时促进交流、相互借鉴，年级每周都会安排一节班会公开课，所有班主任观摩学习。

课后，班主任们会上交评课表（见下表），对本节班会进行反馈。作课的班主任根据反馈，酌情做出调整后，再次把调整后的文件共享，形成较为成熟的成果供大家参考。

济源一中德育优质课大赛评价表

授课地点：	参赛老师（或序号）：	时间：	
项目	说明	权重	得分
教师素质	措辞有魅力，表现力强（5'）；能控场，能调动气氛（5'）。	10	
班会主题	主题鲜明（3'），切合班情（3'），具有较强的思想性和教育性（4'）。	10	
班会目标	情感目标（4'），认知目标（3'），行动目标（3'）。	10	
班会准备	仪表庄重（3'），方案翔实（3'），课件或道具齐全（4'）。	10	
班会环节	不离主题（5'），紧扣目标（5'），逻辑严谨（5'），节奏明快（5'），按时完成（5'）。	25	
班会形式	形式新颖（8'），令人惊艳（2'）。	10	
学生参与	学生主动参与（5'），有课堂生成（5'）。	10	
班会效果	有情感触动（5'），有认知收获（5'），有行动落实（5'）。	15	
		总分	
评价意见			
评价人			

三、学校展示课——成果精品化

每年的 11 月底至 12 月初，学校会组织"德育优质课大赛"，选拔出精品的班会课进行全校展示。年级接到任务后，会先进行初选，评选出前三名后，再次在年级进行公开课展示，并最终确定代表本年级在学校进行展示的最终名单。

学校层面主要是以展示为主，有示范课和说课两种形式。具体方案如下（以 2020 年德育优质课评选活动为例）：

【校本展示】

济源一中关于开展 2020 年德育优质课评选的通知

各年级：

为充分发挥班会的德育主渠道作用，切实增强德育工作的针对性和实效性，进一步促进我校德育工作，经学校研究决定组织开展济源一中 2020 年"厚植家国情怀 讲好中国故事"德育优质课评选活动。现将有关事宜通知如下，望各年级结合实际，认真组织实施。

一、活动主题

家国情怀是中华优秀传统文化的核心价值理念，是建构社会成员国家认同、民族认同、文化认同的情感基础，是开展爱国主义知、情、意、行相统一教育和培育中华民族精神家园的思想保证。中国特色社会主义进入新时代，厚植家国情怀、培育精神家园，是传承中华优秀传统文化、培育和践行社会主义核心价值观、实现中华民族伟大复兴中国梦的必由之路。广大教师应根植中华民族文化沃土，讲好中国故事，涵养家国情怀，引导广大青年学子厚植爱国主义情怀，把爱国情、强国志、报国行自觉融入坚持和发展中国特色社会主义事业、建设社会主义现代化强国、实现中华民族伟大复兴的奋斗之中！

请各年级围绕以下主题开展德育优质课评选。

（一）高一年级：弘扬新时代愚公移山精神

愚公移山精神是中华民族的宝贵精神财富，是党和人民事业永续发展的力量源泉。1945 年 6 月 11 日，毛泽东同志在党的七大上发表《愚公移山》的著名演讲，号召全党全国人民"下定决心，不怕牺牲，排除万难，去争取胜利"；习近平总书记也曾多次引用并阐述愚公移山精神的新时代内涵。请深度挖掘新时代愚公移山精神的时代内涵精心备课。

(二)高二年级：弘扬伟大抗美援朝精神

2020年10月23日，纪念中国人民志愿军抗美援朝出国作战70周年大会在北京人民大会堂隆重举行，习近平总书记发表重要讲话，他在讲话中强调，回望70年前伟大的抗美援朝战争，进行具有许多新的历史特点的伟大斗争，瞻望中华民族伟大复兴的光明前景，我们无比坚定、无比自信。让我们更加紧密地团结在党中央周围，弘扬伟大抗美援朝精神，雄赳赳、气昂昂，向着全面建设社会主义现代化国家新征程，向着实现中华民族伟大复兴的中国梦，继续奋勇前进！请带领学生深入学习总书记讲话精神，传承与弘扬伟大的抗美援朝精神，争做德智体美劳全面发展的时代新人。

(三)高三年级：挖掘黄河文化时代价值

习近平总书记在黄河流域生态保护和高质量发展座谈会上的重要讲话中指出："黄河文化是中华文明的重要组成部分，是中华民族的根和魂。要推进黄河文化遗产的系统保护，守好老祖宗留给我们的宝贵遗产。要深入挖掘黄河文化蕴含的时代价值，讲好'黄河故事'，延续历史文脉，坚定文化自信，为实现中华民族伟大复兴的中国梦凝聚精神力量。"请带领学生深入学习习总书记讲话精神，深入挖掘黄河文化蕴含的时代价值，引导学生厚植爱国情怀。

(四)三个年级可选主题：弘扬五中全会会议精神

2020年10月26日至29日，中国共产党第十九届中央委员会第五次全体会议在北京召开，本次全会包括研究关于制定国民经济和社会发展第十四个五年规划的建议等议程。请结合"十三五"时期在以习近平同志为核心的党中央的坚强领导下，我国取得的伟大成就，组织学生学习五中全会精神，挖掘民族精神，培养爱国情怀。

（五）附属初中：节约粮食，杜绝浪费

"谁知盘中餐，粒粒皆辛苦。"千百年来，这句描述农人劳作辛苦的名句被人们口口相传。2020年8月，习近平总书记对制止餐饮浪费行为做出重要指示时，就曾引用这句话，并指出，尽管我国粮食生产连年丰收，对粮食安全还是始终要有危机意识。请以"节约粮食，杜绝浪费"为主题，组织学生学习，践行光盘行动，让"节约粮食，杜绝浪费"成为校园新"食尚"。

二、参评范围

全体班主任及任课教师。

三、活动安排

（一）11月3日—11月27日：各年级按照活动主题及评价标准，分别评选出特、一、二等奖，其中高一20名（特等奖3名，一等奖7名，二等奖10名）、高二20名（特等奖3名，一等奖7名，二等奖10名）、高三18名（特等奖3名，一等奖6名，二等奖9名）、英才学校19名（特等奖3名，一等奖7名，二等奖9名），附属初中4名（特等奖1名，一等奖1名，二等奖2名）。学校根据各年级开展和展示情况进行评选，德育先进奖2名，优秀组织奖3名。

（二）11月30日—12月6日：学校组织进行优质课观摩，高一、高二各推选一名班主任讲课，高三、英才、初中部各推选一名班主任说课。具体观摩安排和要求另行通知。

四、具体要求

（一）各年级要高度重视，成立评选小组，制定活动方案，广泛发动教师，科学安排，有序推进。

（二）参评教师要紧扣活动主题，选题思想健康，主题鲜明，形式新颖，贴近生活，贴近实际，具有启发性和教育意义。

（三）参评教师必须得有教案或课件，必须有上课、有听课、有评课记录、有照片。资料不全者不得参与评奖。

（四）11月27日前，各年级将评选结果及参加德育优质课观摩课讲课、说课班主任名单、课件报送至政教处。

（五）根据学校德育校本课程规划，对2020年德育优质课获奖教案进行汇编。

1.本次获特、一等奖的班主任，将德育优质课教案交德育处，杜绝全文网上抄袭，标题宋体2号，标题下写姓名（靠右），正文仿宋3号，段落28磅。德育处汇总后将电子稿、纸质稿一并交政教处。

2.政教处组织进行查重查伪，凡是发现全文网上抄袭、多数内容一致的一律取消本次德育优质课评奖。

3.各年级根据政教处审核结果领取奖品和证书。

济源一中政教处
2020年10月30日

四、班会课程出版——精品体系化

经过长期的积淀和迭代，一些精品就像大树一样生根发芽，慢慢形成了德育之林。在"8+1"班主任工作研究室主导下，全校班主任开始对这些精品班会课进行研究和梳理。

班会有广义和狭义之分，狭义班会指的是主题教育课，是在班主任的主导下，全体学生共同参与的、为解决班级中的教育问题、围绕某一主题而实施的班级教育活动。而广义班会，是指班级中由老师或学生组织的各类主题会、交流会、报告会、联欢会、朗诵会、演讲赛、辩论会、技能赛、团队会、节庆会、家长会等班级活动，这种定义方法更注重班会功能的发挥，而非学术概念的严谨，方便一线老师操作。

我们逐渐认识到，单独一节班会课无论如何精彩，仍处于零敲碎打状态，对学生成长和班级发展所起作用是有限的。官方的班会课程标准尚未出台，而班会课却在老师们一节节的摸索中跟着感觉走。

一个操作性强的班会课程体系，一套实用的班会教学参考书是众人所需的。于是，我们在长期实践研究基础上，以校本精品课为基础，群策群力，召开多次研讨会，上百位班主任参与设计《高中系列班会课》，它有四大鲜明特点：

1. 序列化。按时间顺序，依工作安排和学生成长规律，从入学第一课到毕业前的最后一课，贯穿整个高中三年的历程。

2. 系列化。每个学期分若干个主题，每个主题下依主题内涵设计若干节相关内容的班会，涉及学生成长与班级建设方方面面。

3. 梯度化。比如教师节话题，高一侧重于理解、体谅、感恩初中老师；高二侧重于感谢鼓励现在的老师；高三侧重于在老师的理想、境界、胸怀的感染下，和老师一起奋斗。标题分别是《谢谢你，老师》《我给老师颁个奖》《长大后我就成了你》。比如感恩话题，母亲节、父亲节、感恩节，三年共设计了六节对亲人感恩的班会，从对父母的感恩扩展到对老师、同学、朋友、学校、祖国的感恩；从被动的感恩上升到主动的感恩；从单纯的感恩上升到思考母爱的本质，如何修复不良亲子关系。

4. 实用化。每周一课的班会设计，务求简洁，易借鉴，并提供班会课件和相关素材。这些班会都是在上课的基础上打磨而成的，着力于班级和学生现实问题及长远发展。

高中系列班会课主题设计架构

学期	月份	主题	话题	标题
高一上学期	8	接轨	建班	1. 我们从此一家人
			军训总结	2. 军训铸魂
	9	融合	习惯养成	3. 高中生活如何起航
			教师节	4. 谢谢你，老师
			中秋节	5. 团团圆圆过中秋
			规则意识	6. 践行守则我先行
	10	家国	国庆节	7. 我们都是爱国者
			家风	8. 我的家风我的魂
			纪律民主	9. 纪律是立班的基石
			文化建设	10. 我们是一个伟大的团队
	11	调整	高一学法	11. 成功一定有好方法
			人际关系	12. 包容·欣赏·合作
			挫折教育	13. 做快乐的自己
			感恩节	14. 我们了解自己的父母吗？
	12	高效	时间管理	15. 时间都去哪儿了
			专注认真	16. 警惕假学习
			迎元旦	17. 盘点15，幸福16
			全国法制宣传日	18. 法伴青春
	1	冲刺	期终动员	19. 行百里者半九十
			考前指导	20. 期终考试学法指导
高一下学期	2	展望	班级规划	21. 一年之计在于春
			理财教育	22. 我的压岁钱要去哪儿
	3	最美	学雷锋话题	23. 我身边的"美"
			运动会动员	24. 生命的力量
			审美话题	25. 让他人因我的存在而幸福
			活动总结	26. 青春飞扬，拼搏自强

续表

学期	月份	主题	话题	标题
高一下学期	4	青春	男生教育	27. 顶天立地做栋梁
			女生教育	28. 做一个知性女孩子
			男生教育	29. 十七班"帅"男十大标准
			男女交往	30. 花开美丽莫折枝
	5	关爱	劳动节活动	31. 首届学霸评选颁奖典礼
			母亲节话题	32. 妈妈不再年青
			安全教育	33. 长大不容易
			国际营养日	34. 舌尖上的健康
	6	梦想	感悟高考	35. 高考离你并不远
			理想教育	36. 为梦想而战
			世界环境日	37. 我们只有一个地球
			父亲节话题	38. 世上不止妈妈好
	7	厚度	暑假规划	39. 暑假的长度与厚度
高二上学期	8	命运	高考话题	1. 假如没有高考
			班级庆典	2. 十班天衡
	9	规划	生涯教育	3. 做专业的理科生
			教师节活动	4. 我给老师颁个奖
			科学启蒙	5. 那些改变世界的科学家
			成长规划	6. 你的成长关乎国家的方向
	10	时代	中学生话题	7. 世界同龄人
			英雄人物	8. 时代弄潮儿
			偶像崇拜	9. 活出真我风采
			价值观话题	10. 小时代与大时代
	11	修养	心理辅导	11. 怎样淬炼"同理心"
			修养话题	12. 君子慎独
			性格气质	13. 主要看气质
			感恩节话题	14. 常怀一颗感恩的心

续表

学期	月份	主题	话题	标题
高二上学期	12	蓄势	学业水平测试	15."学考"有约
			专注品质	16.专注力
			勤奋努力	17.期末复习话勤奋
			圣诞节话题	18.中国人的圣诞节
	1	考试	班级总结	19.回望2014，且行且珍惜
			临场策略	20.考试发挥有秘籍
高二下学期	2—3	生长	预习高三	21.高三早知道
			集体生日	22.集体生日会
			两会话题	23."你"中有我，我中有"你"
			班级提案	24.绝知此事要躬行
	4	情商	挫折教育	25.悦纳自己，直面挫折
			自信话题	26.自信，让你的生活鸟语花香
			沟通话题	27.有话好好说
			诗歌欣赏	28.释放青春正能量
	5	职业	人生规划	29.认清自我，规划人生
			认识自我	30.做最好的自己
			职业话题	31.多彩的职业世界
			专业话题	32.我的专业我做主
	6	跨越	学习的意义	33.我为什么学习
			大学的意义	34.我为什么上大学
			志愿填报	35.模拟填报高考志愿
			人生选择	36.选择
	7	暑假	大学梦想	37.距离梦想大学有多远

续表

学期	月份	主题	话题	标题
高三上学期	8	起航	理想目标	1. 活出名生范儿
			走进高三	2. 高三,从这里起航
	9	实干	实干话题	3. 值得干的事
			教师节	4. 长大后我就成了你
			修心悟道	5. 重温"龙场悟道"
			心理辅导	6. 战胜拖延
	10	韧性	国庆节	7. 大国总理
			品格修养	8. 中国人的韧性
			挫折教育	9. 做一个打不死的小强
			品格养成	10. 用高考来锻炼自己的韧性
	11	沉潜	享受孤独	11. 孤独是思考的开始
			学法指导	12. 给力学习力
			激发潜能	13. 无限相信自己的潜能
			感恩节话题	14. 人生的大树
	12	成人	成长话题	15. 向从前说拜拜
			责任话题	16. 成人的意义
			成人礼活动	17. 向18岁致敬
			奋斗拼搏	18. 用嘴咬出来的希望
	1	憧憬	元旦贺词	19. 让我们为自己喝彩
			学法指导	20. 考试博弈论
高三下学期	2	扬帆	梦想规划	21. 将吹过的牛皮进行到底
			百日冲刺家长会	22. 100天,流星般的灿烂
	3	亮剑	心理辅导	23. 挑战极限我能行
			学法指导	24. 备战二轮有方法
			一模考试分析	25. 学做善败者
			团结奋斗	26. 我们在一起

续表

学期	月份	主题	话　题	标题
高三下学期	4	心态	调整心态	27. 好心态决定好状态
			考试辅导	28. 高考，我要超常发挥
			幸福快乐	29. 幸福，从心开始
			愚人节话题	30. 让愚公精神照亮我们
	5	坚持	常规管理	31. 做好常规待成功
			心态调节	32. 以幽默的态度待生活
			高考备考	33. 揭开高考真面目
			母亲节话题	34. 孩子这样孝，母亲这样爱
	6	绽放	高考动员	35. 勇敢面对人生
			毕业纪念	36. 一起走过的日子
			志愿填报	37. 高考志愿填报指导
			生活指导	38. 让大学过得更精彩

34个主题，每个主题书中均有解读，主题内涵是什么？围绕主题是怎么设计系列班会话题的？每节班会均有清晰的环节，流畅的串词，核心的内容。高中三年全程班会，即使每一节不一定精彩，但只要扎扎实实开下来，114节课的积累，撑起了班级的高度、学校的厚度、学生的宽度、老师的深度。当然，每位班主任个性不同，有的探索了自己的班会班程系列，这毕竟是极少数的，即便如此，这套参考书也能带给一线班主任一些有益的启发。

班会课是学校德育的主阵地。济源一中以班会课作为德育的主载体，根据三个年级学生的不同生理、心理特点和学业需求，将班会课作为特色德育课程进行系统开发。经过不断实践、提炼、打磨，2016年全国优秀出版社大象出版社出版了秦望主编的《高中系列班会课》（三卷），并入选教育部印发《2019年全国中小学图书馆（室）推荐书目》。

2016年10月1日《高中系列班会课》(三卷)新书发布仪式

《高中系列班会课》一经面世,广受欢迎,它开创了全程班会课教学参考书编写的先河。经过多年的探索与实践、改进与优化,班会课程已成为济源一中最具有代表性、最有特色的德育校本课程。全国很多高中引进这套课程,以本书为模板,开发校本班会课程。

秦望、侯志强、赵春晓、魏俊起、王磊异地指导合作校班会课赛课

【校本案例】

孩子这样孝，母亲这样爱
——母亲节谈亲子关系

[班会背景]

母爱，是永远谈不完的话题。5月11日母亲节，恰是感恩教育好时节。可是，这些年来，感恩教育泛滥成灾，令学生闻之色变。让感恩教育为学生喜闻乐见，成为整理和疏通与亲人关系的一个机会，是这节班会课要探索的。

[适用范围]

高三

[班会目标]

1. 通过观看视频、交流探讨，使学生懂得母亲本质在于关心孩子成长。
2. 通过分析探讨，使学生掌握处理母子关系的方法。
3. 使学生认识到母亲的重要性，启蒙学生的父母意识。

[班会准备]

1. 重读弗洛姆《爱的艺术》中《母爱》这一节；重读张德芬的《舍得让你爱的人受苦》一书中有关父母与孩子关系的章节；重新翻阅王东华的《发现母亲》一书；重读傅佩荣《国学的天空》中关于孝敬的章节。

2. 筛选感恩教育素材，选取一张图片、一个视频《世界上最辛苦的工作》、一个故事《拦路索水的老牛》。

3. 理清班会各环节的逻辑关系，构思班会层层推进的路径。

[班会流程]

班会导入：

师：母亲节到了，网上流传这样一张照片：

这张照片是伊朗女艺术家 BahareH BisheH 在伊拉克拍摄的。一个没有妈妈的小女孩,在孤儿院的水泥地面上,画了一个妈妈。她小心翼翼地脱下鞋子,想象着,在妈妈温暖的怀里睡……

　　师:看了这张照片,你有什么感觉?

(学生们沉默了一分钟,表情凝重)

　　生1:这个小女孩儿真可怜!

　　生2:有妈妈就是幸福的,我们一定要珍惜这平常的幸福。

　　师:世上只有妈妈好,母亲节到了,我们在感恩母亲的同时,一起聊聊关于母亲的话题。

　　师:我们一起看一个招聘启事(播放视频:世界上最辛苦的工作)

第一环节,招聘启事——世界上最辛苦的工作

　　师:看了视频短片,这个运营总监的工作对应聘者提出了哪些要求?

　　生3:一天工作24小时,每周工作7天,没有节假日,节假日会更忙,身体强健,因为要经常站着或弯腰工作。

　　师:还有哪些?谁来补充一下。

　　生4:懂金融,会理财,还要会烹饪。

　　师:还有什么?

　　生5:要有较强的人际沟通能力。

　　师:这样的工作,多少报酬?

　　生:没有工资。

师：应聘的人有什么反应？

生：这很辛苦、这一定是疯了、这不人道、这几乎包括了所有工作。

师：这样的工作有人干吗？

生喊：妈妈。

师：妈妈如此辛苦，我们如何回敬妈妈的爱呢？"羊跪乳，鸦反哺""滴水之恩当涌泉相报""谁言寸草心，报得三春晖"……我国传统文化中有许多为人们津津乐道、熟读成诵的名言佳句，它们表现了一种悠久的、生生不息的民族情结——感恩。从小到大，我们接受的教育教我们如何孝敬父母呢？

生6：给妈妈洗脚。

（众人大笑）

师：大家为什么笑？

生7：觉得很滑稽，其实，我和妈妈的关系很好，初中时老师布置作业，回家给母亲洗一次脚。我们家都是自己洗脚的，妈妈不让我洗，后来，我给妈妈端了一盆水，我和妈妈分别洗，一边洗一边聊天，感觉挺好玩儿的。

师：给妈妈洗脚，是一种体验，是一种感动，老师也是用心良苦。其实，你只是不习惯，但能给妈妈端水并和妈妈聊天，这是更高层次的孝敬。

师：给妈妈洗脚，如果你和妈妈都愿意，也不失为一种表达亲情的方式，搞成运动就不好了。我国古代的二十四孝问题就很多，郭巨埋儿奉母，在今天是违法的；卧冰求鲤、尝粪忧心是有害健康的，与现代教育精神格格不入，无助或有害于孩子独立刚健之人格的养成与发育。我们在一些景区仍然可以看到二十四孝宣传景点，这是需要我们辩证看待的。

师：现代中学生对孝敬父母应有更深入的认识。

第二环节，感恩母亲——孝的境界

师：在诸多关于孝的论述中，我更喜欢道家的说法。（课件展示）《庄子·

天运》中说:"以敬孝易,以爱孝难。以爱孝易,而忘亲难。忘亲易,使亲忘我难。使亲忘我易,兼忘天下难。兼忘天下易,使天下兼忘我难。"

(老师解说)傅佩荣认为庄子把孝分成六种境界。第一,用恭敬来孝顺。第二,用爱心来孝敬。第三,行孝要能够忘记双亲。第四,孝顺要让父母忘记我是子女。第五,孝顺,我要同时忘记天下人的存在。第六,孝顺的最高境界,即天下人根本忘记"我在孝顺"这回事。

师:同学们,孝顺的这六个层次,一个比一个难,你做到哪一个层次了?

生8:我能做到第一层次,放假回家,如果妈妈把饭做好,我就端饭端菜让她先吃;吃完饭,我洗碗。不过,有时妈妈不让我做。

师:做得好。

生9:我能做到前两个层次,我跟父母说话的态度好。

师:这已经很不容易了。(课件展示)子夏问孝,孔子曰:"色难,有事,弟子服其劳,有酒食,先生馔,曾是以为孝乎?"替父母做了事,等你工作了请父母吃了好的,不一定就是孝。为什么呢?"色难"。态度很重要,我们在写卷子,一个问题想不清楚,正好妈妈给你端了一杯奶进来,你没有好脸色地说:"我闹心着呢,别烦我。"妈妈的心,即使在夏天,也是冰凉冰凉的。所以孝道第一个要敬,这是属于内心的;第二个则是外形的色难,态度的。

生10:我第一层次都没做到。有时心情不好,就和妈妈顶嘴。

师:真诚地反思自己,就是一种孝的态度,我们能做到大多数情况下和颜悦色就不容易了。如果偶尔没控制好情绪,事后一定要向妈妈道歉,这才是我们对父母应有的态度。

师:儒家所强调的孝,也就能达到第二层次,而道家所提倡的孝,却是更高境界的孝。第三个层次通俗地讲就是能将父母当朋友;第四个层次是指父母能够将自己当朋友;第五个层次是指行孝时不受世俗和别人看法的影响;第六个层次是指做了但不放在心上，做得很自然。

在现实中，父母需要的不是物质的满足，而是情感的慰藉。

师：陈红的一曲《常回家看看》响彻了大江南北，反映出人们对孝的真正需求。"常回家看看，常回家看看，工作的事情向爸爸说说，生活的烦恼向妈妈谈谈……"在这平凡的点点滴滴中，我们无形中便达到了孝的最高境界。等到你们工作了，应该常回家看看。而现在我们能做什么呢？

生11：把在学校的烦恼回家给妈妈说，取得好成绩回家报喜，在学校努力学习。

师：对，让父母知道自己在学校的情况，不让父母因无法了解你而担心。

师：把父母当朋友，有什么事跟父母说，有难事向父母求助，跟父母快快乐乐一起游玩，跟父母一起洗脚。心怀敬意而又自然的交往，我们对父母的孝心中无压力，这才是良好的亲子关系。

第三环节，交流母爱——母爱的本质

师：刚才我们看了视频短片，这样的工作，你想干吗？

生：不想。

师：那为什么还有那么多的人从事此项工作，甚至还乐此不疲呢？

生：妈妈都是爱孩子的。

师：你们对母爱怎么看？

生12：母爱是无私的，她给孩子做的任何事都是不求回报的。

生13：母爱是最长久的。

生14：母爱是出于本能。高尔基说过：爱孩子，那是老母鸡也能做的事。

师：这使我想起一个故事：《拦路索水的老牛》（略，见百度）

（我绘声绘色地讲着，学生静静地听着，他们被打动了，有的学生眼中闪着泪花）

师：故事中的老牛为什么冒险拦军车？也许，我们会想出很多高尚的词语，事实上，因为小牛渴了，作为小牛的母亲，它必须为小牛找水喝。这就是出于本能的无私的母爱。

师：如果仅停留于此，那人和动物有什么区别呢？母爱和母牛、母鸡对孩子的爱有什么区别呢？

（学生有些迷惑不解）

师：著名心理学家弗洛姆在《爱的艺术》一书中指出，值得赞美的不是母亲对婴儿的爱，而是母亲对成长着的孩子的爱。大多数女性希望生孩子，由于孩子的诞生和照料孩子而感到幸福。这是人的本能，在动物身上也能找到。但孩子必须长大，脱离母亲成为一个完整独立的生命，这时，那些自恋、专制和贪婪的女人就会觉得非常的痛苦。所以，母亲的真正本质在于关心孩子的成长，除了孩子的幸福，一无所求。

师：等你当了父母，千万不要摆出一副"我有恩于你"的架势，那与我们今天所倡导的平等精神格格不入；父母还要适度隐退自身，这对儿童自为、自主、自立、自强人格的铸成将大有裨益。正如高德胜先生所言："我爱一个人，不是要让他成为与我一样的人，或者变成我的一部分，而是要使这个人更好地成为他自己。""真正的母爱从一开始就朝着自身的隐退努力，使自己逐步变得'多余'。""母亲爱孩子不是让孩子依赖自己，而是为了孩子独立，成为他自己。"事实上，并非所有的母亲都能做到这一点。母爱也会有依赖、索取、控制的成分。遇到这种情况，我们怎么办呢？

第四环节，不良母爱——如何修复与母亲的关系？

师：著名台湾灵修作家张德芬提出一个惊世骇俗的观点——试着和父母"离婚"。她认为，天下绝对是有不是的父母，但是，我们的生命能量来自于他们。如果我们不承认他们，与他们的关系不融洽，这绝对会影响我们的整个人生。

因此我们要试着修复与父母的关系。可以粗略地把功能不良的和父母的关系分为两种：疏离和牵缠。

师：疏离是因为母亲对孩子冷漠，甚至在身体或情绪上、言语上有暴力倾向，孩子长大后就会以同样的冷漠、忽视和怨恨来对待母亲。公开场合，孩子们不愿意暴露家庭隐私，我带过的学生，这种情况每届都有。我们18岁了，应该以成熟的心态来对待，母亲都是爱孩子的，只是她们有的知识有限、能力有限，所以，给我们的爱未必适当。

师：最棘手的还是牵缠。这类关系通常来自于过度关心保护孩子、喜欢操控孩子的父母。你们的母亲有没有这种情况？

生15：还没上大学呢，我妈把我将来住的房子都买好了，让我毕业后就回济源工作，好生活在他们身边。

（众人大笑）

师：这种心情也能理解，如果你想回来也未尝不可。市场经济条件下，就业是要看机缘的，我有个学生从北京外国语大学毕业，已经在北京实习，工作非常好。可因为妈妈就这么一个孩子，非得让她回来，她只好回来了。结果，对自己的工作很不满意。而另外一个在中国人民大学毕业的则留在了网易，自己很满意。我们这个小城市，岗位就那么多，北京大学毕业回来，也不能让你立即当市委书记，是不是？大家关心的，你同意吗？

生15：我有反抗精神，我妈默许了。世界这么大，我想去看看。

（众人大笑）

生16：我妈为了让我能在高考中考个好成绩，请假前来陪读，我心里很愧疚。

师：其实，这是母亲放不下孩子，在高考备考这个特殊阶段也是可以理解的。将来你们工作了，妈妈们会用苦肉计，比如生病、流泪、伤心，甚至断金钱援助、断绝关系来威胁，让我们屈服。我们怎么办？

生 17：我该关心还是要关心她，但我还是要做我自己的事。

师：其实，有一个更好的解决办法。

生：老师，那你说说有什么更好的办法？

师：这是比道家还高的孝的第七层境界——智慧的孝，就是要帮助父母成长。

下面我们看张德芬的两个案例：

案例 1：一度父亲还拿"断绝关系"来要挟我，当时我的回答是："断就断。"我好一阵子不跟他们联络。然后再若无其事地打电话给他们，他们气焰就小了。

案例 2：以前我父亲心情不好的时候，他就会愁眉苦脸地跟我说东道西："哎呀！年纪大了，儿女都不在身边，我是孤独老人。"这时候，我会说："爸，如果你自己不能找到幸福、快乐，就算我为你搬回台湾，住到你隔壁，你都不会快乐，而我还牺牲了那么多，这样，我也会不快乐。你是成年人了，你要为自己的幸福、快乐、健康负责。"他听了几次我的演讲之后，开心地告诉我，他现在知道该怎么做了。

师：明白了吗？方法是什么？

生 18：坚定自己的做法。

师：是温和而坚定。

（众生笑）

生 19：帮她找乐子，比如打打太极拳、上老年大学、照看花儿或小动物什么的，让父母老年发挥余热，活得更有价值。

班会小结：启蒙学生的父母意识

师：这么早就领悟到了，你们以后与父母关系会健康很多。除了帮父母找乐子，还要多打打电话问候，挤时间回家看看，这是必不可少的。今天我之所以跟大家讲这么多，是因为你们也快做母亲或父亲了。

生：哪儿跟哪儿啊，太遥远了吧。

师：其实一点也不远，你们大学四年，毕业后很快就会把恋爱结婚提上日程。著名教育家苏霍姆林斯基在女儿14岁时开始陆续给她写了六封信谈爱情，男人、女人之外的第三类人——女博士，毕竟很稀少。（众生笑）

师：推动世界的手是摇篮的手。《发现母亲》的作者王东华先生认为，为父为母的意识应该大大提前，提前到结婚，提前到恋爱，甚至完全应该提前到青春期开始的中学阶段，这样婚前与婚后便互为一体了。我们由于应试教育的紧迫性，我们进行的仅有防早恋教育，而没有开设爱情教育这一课，这是大家高中毕业后要补课的，衷心祝愿每一个母亲都有一个好孩子，每一个孩子都有一个现代的优秀母亲。

[班会延伸]

高考结束后的长假期及大学阶段抽空看爱情教育相关书籍，推荐格雷的《男人来自火星，女人来自金星》、苏霍姆林斯基的《爱情的教育》、李迪的《我和学生谈爱情》、苏珊的《因为爱情：成长中的亲密关系》、马修的《爱与被爱的艺术：亲密关系的七个层次》、查普曼的《爱的五种语言：创造完美的两性沟通》、熊宏哲的《围城内外：西方经典爱情小说的进化心理学透视》。因为大学是练习爱情阶段。

让学生记住大学阶段阅读王东华的《发现母亲》和蔡笑晚的《我的事业是父亲》。

[班会总结]

本节班会是借母亲节之机召开的以母爱为主题的班会，基于从小到大，感恩教育泛滥、肤浅的现实，对18岁高中生的感恩教育应该提升到认识母爱的本质（绝不仅仅停留在母爱的感动和回报上），进而教学生整理和疏通与父母关系来展开的。世界上最辛苦的工作——孝的七层境界——母爱的本质——正确处理与父母关系，逐层深入，最后落脚点在做一个现代的优秀母亲。启蒙学生的父母意识，为未来顺利步入爱情、婚姻、家庭而铺垫。

（注：本案例发表在《新班主任》，2016年第5期。）

在长期班级管理实践中，我们逐渐认识到班会课是学校立德树人的主要平台，是班主任进行班级建设的重要载体。主题班会课程体系是落实学生发展核心素养、助推学生成长的精神大餐。但每周仅有一课，远远满足不了集体建设和学生发展的需求。

于是，我们开发了长则10分钟，短则2分钟左右的100余节微班会。微班会是"短、平、快"地解决班级建设和学生成长问题的微量元素，与主题班会相互支撑，共同服务于学生成长。

2018年10月，受国家教育行政学院网络学院委托，"8+1"工作室组建项目组，开发了面向全国班主任直播的36堂微班会。

2019年4月，华东师范大学出版社"大夏书系"出版了济源一中秦望和侯志强编著的《微班会创意设计与实施》，在全国引起很大反响。微班会成为一线班主任育人的强大载体。

课程2：活动课程，给学生留下难忘的高中教育

活动课程，即组织以学生为主体的活动，让学生在活动中体验、实践、操作和感悟，促进学生多方面能力的全面发展和情感态度与价值观的形成。活动课程的开展，不仅仅是为了提高学生的能力，更是为了落实立德树人的根本任务，培养符合时代发展需要的、具有健全人格和正确价值观的社会主义事业接班人。

济源一中在活动课程的开发与实践上，立足校园实际，开发了课前一支歌、激情跑操、升旗仪式、军训、参观校史馆、开学典礼、成人礼、百日冲刺、毕业典礼、运动会、美育节、科技节、枇杷节、传统节日、研学旅行、拓展训练、综合实践、社团活动等日常和特色活动。

其中，高中系列典礼活动课程——"三礼课程"效果尤为显著。枇杷节具有鲜明的校本特色。

一、典礼活动课程——彰显教育的广度与深度

"三礼课程"是济源一中学校典礼活动教育的重要组成部分，主要包括：新生开学典礼、成人礼和毕业典礼，是贯穿学生高中三年的典礼教育活动。学校通过典礼活动，营造极具感情色彩的场域，将教育内容融入"三礼课程"的活动情境之中，向学生传递正确的人生观、价值观和世界观，提升学生思想认识。

开学典礼

每年高一新生入学的新生教育周，学校都要举行开学典礼。校长向新同学们表示祝贺，勉励新生要明确目标、脚踏实地、严于律己、刻苦训练，为未来的人生发展打下坚实的基础。学校邀请示范区政府领导、示范区教育局领导和学生家长代表出席入学仪式，并对同学们提出了殷切的希望。入学仪式对同学们尽快适应新环境、塑造新自我、迎接新挑战，起到了关键引领作用，为他们将来的成功、成才、成人打下了坚实的基础。在每学期的开学，各年级也组织开学典礼，总结上学期学生成长，为新学期提出新要求。

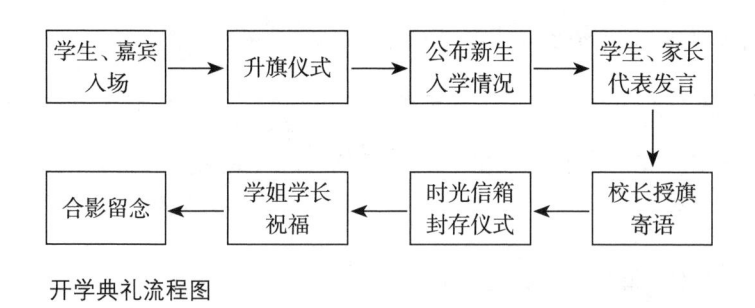

学生、嘉宾入场 → 升旗仪式 → 公布新生入学情况 → 学生、家长代表发言 → 校长授旗寄语 → 时光信箱封存仪式 → 学姐学长祝福 → 合影留念

开学典礼流程图

【校本展示】

济源一中 2019 级开学典礼活动流程

一、学生入场（音乐渲染）

细节：鼓乐队迎接

二、开场武术表演（武术教练）

三、主持人介绍到场嘉宾

四、升旗仪式（学校国旗队）

全体起立，升国旗，奏唱国歌。

五、典礼启动（年级主管领导）

宣布"河南省济源一中 2019 级开学典礼"开始，并公布 2019 级新生人数、班级组成等简况。

六、学生代表发言

七、家长活动

家长发言和家长赠送墨宝。

八、校长授旗

细节：各班旗手到校长面前说："校长好，XX 班向您报到，请指示。"

形式：各班旗手列队完毕，逐个接受校长授旗（当班长喊 1901 班时，学生齐喊 8 个字的班级口号、欢呼鼓掌），接旗后重新列队。主持人引导学生齐喊出："校长，我们整装待发，请您指示。"校长下达"起航"口令后统一分两列绕操场奔跑一周，归班，亮出"一中起航"四个大字（航拍）。

九、校长讲话

十、"时光信箱"上锁密封仪式

《写给 2022 年 2 月 27 日的自己》——信封统一设计印制，彩带捆扎。班主任台上列队，主持人统一口令，班长将"写给未来的信"交给班主任。在全体学生的见证下，班主任把信装箱密封，由主管校长上锁，送学校档案室存档。

十一、送祝福

顺序：毕业学生送祝福→学校后勤服务中心送祝福→校保安队送祝福。

形式：面对高一新生拉横幅，一人或几人送祝福语（体现济源一中职能部门为孩子们成长保驾护航）。

十二、歌曲《一中，你好》（教师演唱原创歌曲）

入学时，《一中，你好》是希望，是梦想；毕业时，《一中，你好》是深情，是眷恋。

十三、集体宣誓——《我们是响当当的一中人》，由语文组结合一中文化理念、精神等进行创作。

十四、签名活动：在各班条幅上签字，条幅粘贴在教室后黑板上方。

开学典礼航拍图

授旗仪式

时光信箱活动

开学典礼是学校文化薪火相传的契机，也是教育学生砥砺前行的突破口。在开学典礼上，校长授旗仪式是为每个班级授予一面具有班级特色的班旗，这面班旗将伴随着学生三年的高中生活，学生在每天的课间操、大型集会和班级活动中使用。每一面班旗不仅传承着学校的校训、校风、学风，更是学校精神和文化的传承，它激励着学生争做愚公家乡好少年，激励着学生在高中三年中放飞自己的理想，努力为理想而奋斗。在庄重的仪式中，学生从校长手中接过的不仅仅是一面旗帜，更是接受学校对他们的殷切希望。这样一面班旗，激励着学生怀揣梦想勇敢向前。

"时光信箱"是开学典礼的特色活动，学生将写给自己的信封存起来，三年后待毕业时再开启，这是贯穿高中三年的教育活动。学生用笔，在属于自己的信封和信笺上，一笔一画亲手写上那一字一句，把所有的情怀、理想都藏在字句之中。当学生毕业时，回头再来看这一段充实、繁忙且精彩的高中生活，学生也一定会感激努力的自己。通过时光信箱，让学生不忘初心，永怀梦想！

开学典礼是济源一中学子的开学第一课，也是学校校园文化的重要组成部分，承载着校园文化精神。开学典礼教育，利于引导学生开始有意识地进入到高中阶段，对于他们养成良好的学习习惯、道德规范和行为习惯有着重要的启发引导功能。通常学长经验谈、新生代表发言、校长授旗等仪式环节，阐述济源一中的特色思想；通过精心准备的开学典礼仪式，展示校园文化的人文品位和人文关怀。

除了校级开学典礼之外，各年级部也会举办开学典礼。不管是校级还是年级部，都在自身实际的基础上，将特色校园文化融入所设置的环节中，使校园文化潜移默化地融入学生内心当中，同时也展示出济源一中校园文化的特色。

我们的开学典礼仪式不仅仅有祝贺功能，还传承着济源一中的思想文化理念。对于新生而言，这是一个崭新的人生仪式；在学生成长过程中，是对其获得的新角色和新责任的一种庄重的确认。因此，开学典礼仪式对高一新生起着潜移默化的归属情感凝聚感、校园文化认同感、激发追梦动力等方面的育人功能。高一新生通过参与这一集体仪式，学习并传承了校园文化，保存并丰富了他们的校园文化记忆，有利于增进集体凝聚力，培育了他们对母校的认同感。历年的开学典礼影响深远，隆重而有仪式感，转化为一种奋进的重要力量，激发学生对高中生活的期待，标志着学生追逐梦想的开始。

成人礼

我国自古就有成人礼仪，男孩子的成人礼叫作"冠礼"，女孩子的成人礼叫作"笄礼"。汉文化是礼仪的文化，而冠、笄之礼就是华夏礼仪的起点。为跨入成年的青年男女举行这一仪式，是要提示他们：从此将由家庭中的"孺子"转变为正式跨入社会的成年人，只有承担成人的责任、践履美好的德行，才能承担各种合格的社会角色。通过这种传统的仪式，可以正视自己肩上的责任，完成角色的转变，宣告长大成人。

每年12月份，学校为高三全体学生举行成人礼仪式。通过让学生亲身体验成人礼，接受传统文化的熏陶，在启发心智、洗涤心灵的同时，培养心怀感恩、铭记历史、胸怀天下、勇于奉献、珍惜友谊的优秀品格，并加深自己对中华传统文化的认识和感悟。通过成人礼活动，让学生对自己负责、对父母负责、对社会负责、对国家负责，以独立的人格承担家庭、社会、国家赋予的人生使命和责任。学生们通过庄严的成人礼，谨记亲长训诲，为梦想拼搏，为明天奋斗，成就自我，回报父母，回报社会。

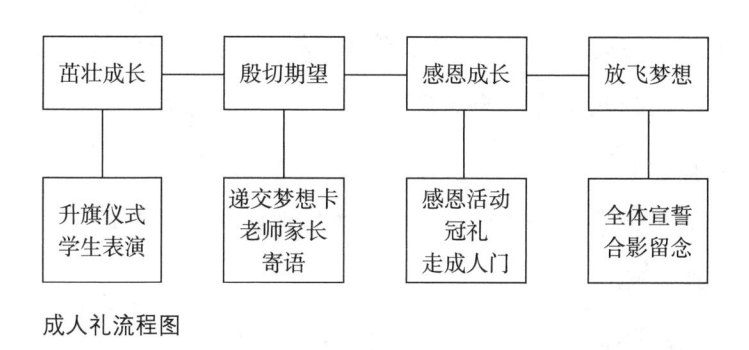

成人礼流程图

【校本展示】

济源一中 2020 级"我成人·我担当"成人礼活动

一、时间：2020 年 11 月 28 日

二、地点：学校大田径场

三、参与人员：全体高三学生、家长、教师、学校领导

四、摄像：办公室人员、某公司

五、音响：电教室、某公司

六、策划：德育处、教学处、语文组、艺术组、体育组

七、会场协调：德育处

八、会场组织：德育处、体育组

九、目的意义：

1.通过让学生亲身体验成人礼，使学生接受传统文化的熏陶，在启发心智、洗涤心灵的同时，培养学生心怀感恩、铭记历史、胸怀天下、勇于奉献、珍惜友谊的优秀品格，并加深学生对中华优秀传统文化的认识和感悟。

2.通过成人礼活动，让学生学会对自己负责、对父母负责、对社会负责、对国家负责，以独立的人格承担起家庭、社会、祖国赋予的人生使命和责任。学生们通过庄严的成人礼，铭记亲长教诲，树立起为梦想拼搏、为明天奋斗、成就自我、回报父母、回报社会的意识。

十、前期营造氛围系列活动：

1.进行课前宣誓：集体朗诵高中拼搏誓词或成人礼誓词！（学生会督导、语文组提供朗诵词）

2.设立室外板报：我成人，我担当！（年级团总支）

3.举办作文竞赛：《从今天起，我和以前不一样！》（语文组负责，选入成

年手册，其余择优张贴到教室外进行展示）

4.开展主题班会：责任、担当、成熟（班主任：成人礼安排和要求）

十一、活动流程：

1.入场

各班学生（着学生装）、家长找到对应班级引导牌（团支书），每班两列，学生一列，家长一列（另一名家长上看台），待人员全体入场，体育老师整理队伍。

（暖场音乐：《天之大》《一起走过的日子》《时间都去哪儿了》）（艺术组）

2.暖场文艺节目：

（1）乐器演奏《乡音美》；

（2）歌伴舞《好日子》；

（3）武术表演。

3.主持人登场报幕，宣布2020年成人礼活动开始；

4.主持人介绍到场嘉宾（办公室提供名单）；

5.升国旗，唱国歌（政教处邀请部队官兵升旗手，护旗手共18人）；

6.老师寄语（老师发言）；

7.家长代表寄语；

8.学生代表发言（主题：责任、担当、成熟、拼搏。学生1人，责任老师1人）；

9.学生向校长递交《梦想卡》（事先写好，按班级收集成捆系好，班长上台交给校长），交完后全体班长统一和校长合影；

背景音乐：播放校歌《济源一中是放飞理想的地方》，主持人串词。

10.校长寄语（济源一中校长、党委书记韩玉奎）；

11.学生感恩成长：

A. 感恩父母

主持人引导，学生向家长行拜谢礼（三鞠躬），并高呼"爸爸/妈妈，您辛苦啦！我已经长大，请您放心！"全体学生和家长交换信件，相向而立，诵读信件。

（背景音乐：《时间都去哪儿了》《感恩的心》《当你老了》）

B. 感恩老师

所有任课老师站立在班级前并面对学生，各班学生传递爱心花束，由各科课代表（站前边）送给本班任课老师。全体学生听从主持人口令向老师三鞠躬，并高呼"感谢老师，老师您辛苦啦！"

（背景音乐：《师恩如海》《师恩难忘》《一起走过的日子》）

12. 冠礼：

各班班主任为学生代表（班长）佩戴礼帽，整理流苏，祝贺学生长大成人；各班班主任上台领取本班礼帽，任课老师协助班主任发放给学生家长，家长在主持人引导下统一为学生佩戴礼帽。

（背景音乐：《圣洁的时刻》《我相信》）

13. 同走成人门：

回顾学生18年成长史，鸣礼炮18响；

学生按班级依次走过成人门（各班可自行准备礼花），学生沿跑道到达各班指定位置。

（背景音乐：《光明》《超越梦想》《信仰》）

14. 全体学生在主持人引导下统一朗诵《放飞理想》，各班派一名代表奔向彩虹门两侧，放飞气球（主持人引导）；

15. 主持人宣布仪式结束，各班班主任组织本班学生、家长、任课老师在条幅上签名，收藏条幅到本班教室；

16. 自由活动，班主任组织家长发言、照相、班级家长学生亲子互动；

17. 学生会志愿者整理会场卫生。

冠礼

走过成人门

成人礼是最具仪式感的一场大型活动，庄重而神圣，学生和家长都非常重视，有的家长甚至盛装出席。学生和家长走红地毯入场，只为见证孩子成人、成才。学校组织成人礼的目的就在于，让学生认识到成人意味着责任和担当。成人礼中的冠礼也是学生终生难忘的回忆，成人礼的举行，象征着学生已经脱离了长辈的护佑，完全享有一个成人所具有的权利，同时也必须承担成年人的责任。学生对成人礼的记忆是最深刻的，认为成人礼非常具有仪式感、激励性，通过系列活动，更加坚定了自己的信念，清晰了努力方向。成人礼不仅仅是对即将参加高考的学生们的一次激励，更是对学生人生的一次启迪和独立人格的唤醒。

学校的教育理念是让学生真正承担起成人的责任，走好未来的人生之路。此次活动，学校各部门和年级精心设计准备，程序上不断打磨，内容上不断研究，全力提升成人礼的内涵，以此激发学生的感恩心、责任心和上进心。学校在活动中设计各种单元，让学生学会感恩、敢于担当，肩负远大理想，立志为家庭、为社会、为国家而奉献自己的力量。

毕业典礼

情深终有离别时，求知不辍向明天。每年5月份，学校在体育馆为高三全体毕业生举行盛大的毕业典礼。学校领导、高三年级全体师生及部分家长代表参加。全体师生一起观看了班级相册、毕业视频，回忆学生三年高中生活的点点滴滴。从军训时响亮的呐喊到开学典礼上铮铮的誓言，从篮球联赛时团结拼搏的身影到拔河比赛齐心协力的合作，从成人礼上看到父母信件掉下感动的眼泪到高考冲刺时老师们的加油鼓励……师生们看着这记录了三年校园生活一个个难忘的瞬间视频，笑着、哭着，充满着幸福与感动。

毕业典礼上，年级教学主任公布"学生高中学业完成情况"，校长向毕业生代表颁发毕业证书，学生代表代表全体毕业生发言。学生代表向老师们献花，一束束康乃馨承载着学子们对亦师亦友的人生导师们的感恩，伴随着台下响起的热烈掌声，老师们抑制不住内心的感情，激动和幸福的泪水奔涌而出。班主任代表、教师代表发言，校长致辞，为全体考生送上美好祝福。全体毕业学子进行高考宣誓、师生共唱校歌等环节，表达了对高中时光的深情眷恋和对母校的深情祝福。学校将毕业典礼打造成学生最后一次纪念意义的大型活动，为高三学子的高中生活画上一个圆满的句号。

三载励志求学，一朝鲲鹏展翅。毕业典礼作为学生高中阶段的最后一次大型活动，可以升华学生对母校、对老师、对同学的情感，让每一位学生学会感恩和珍惜，并努力带着梦想飞翔。同时也是学校积极践行习总书记对青年"立鸿鹄志、做奋斗者"的希望。

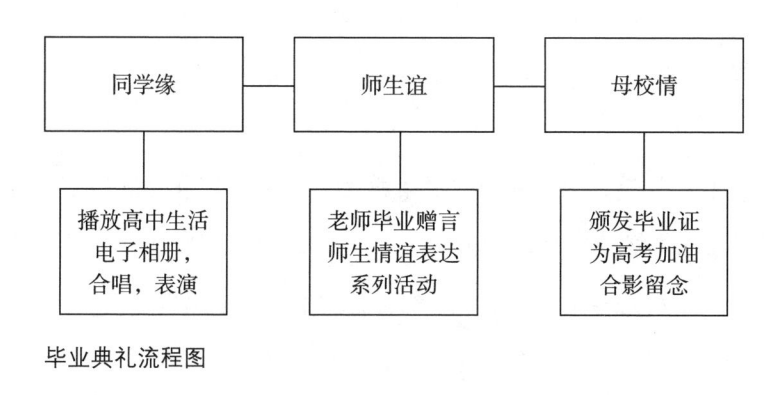

```
┌─────────┐      ┌─────────┐      ┌─────────┐
│ 同学缘  │──────│ 师生谊  │──────│ 母校情  │
└────┬────┘      └────┬────┘      └────┬────┘
     │                │                │
┌────┴────┐      ┌────┴────┐      ┌────┴────┐
│播放高中生活│    │老师毕业赠言│    │颁发毕业证│
│电子相册， │    │师生情谊表达│    │为高考加油│
│合唱，表演 │    │系列活动   │    │合影留念 │
└─────────┘      └─────────┘      └─────────┘
```

毕业典礼流程图

【校本展示】

"感恩·蜕变·绽放"
——济源一中 2017 级毕业典礼活动

2020 年 5 月 31 日，济源一中 2017 级"感恩·蜕变·绽放"毕业典礼在学校体育馆隆重举行。学校领导、高三年级全体师生及部分家长代表参加了活动。

毕业典礼上，学生代表、家长代表、教师代表分别做了精彩发言。毕业生代表代表全体同学回顾了三年高中生活的美好时光，饱含深情地表达了对母校、师长、父母和同学的感恩之情；家长代表把千言万语化作最关切的目光，勉励孩子们在最后关头保持好心态，全力备考，冲刺七月，争取在盛夏收获属于自己的硕果；教师代表葛中州老师以时代英雄为主题，号召大家积极进取，开拓创新，通过自己的努力来实现人生价值，争做新时代的青年英雄。

随后，校长韩玉奎带着祝福和期盼发表讲话，他以"感恩·蜕变·绽放"为切入点，号召大家要感恩我们蓬勃发展的时代和祖国，感恩为自己创造优越学习条件的母校，感恩任劳任怨无私奉献的老师，更要感恩默默付出并全力配合的父母。同时，韩校长勉励高三学子们要勤奋努力，坚定自己的高考目标，不惧艰难，全力以赴去考取自己理想的大学；要坚定自信，保持良好的心态，坦然应对每一次考试，以扎实的基本功应对高考，以昂扬的心态迎接人生挑战。

在学生献花环节，师生互动，情绪激动，同学们纷纷拥抱自己的班主任并为敬爱的"老班"们送上鲜花，表达感恩之情；老师们也将千言万语凝成一句句最美好的祝福送给学生，祝福学生们金榜题名、高考辉煌。

本次毕业典礼为2017级毕业生的高中生涯画上了圆满句号，迎接他们的将是全力冲锋七月高考（注：2020年高考推迟至7月）和更加灿烂的明天。

颁发毕业证

师生互动

走过毕业门

毕业典礼在"三礼课程"中，流程是最简洁的，活动时间是最短的，但是毕业典礼却让学生对母校的感情加深，也拉近了师生之间的距离。让学生振奋人心而又期待未来，从而从容面对高考，也能更从容面对即将要奔赴的未来。正如学生在毕业典礼上的发言：斟下离别酒，喝出豪情志。一杯敬朝阳，一杯敬月光，满腔热血，温柔了寒窗。一杯敬故乡，一杯敬远方，无问西东，条条大路皆坦荡。一杯敬自己决不服输，一杯敬明天指日可待！

总之，典礼活动课程——"三礼课程"是济源一中学校德育一以贯之的一种创新，是学校文化传承的纽带。通过典礼活动课程，激励学生奋发图强，向学生传递正确的人生观、价值观和世界观，启迪学生树立远大理想，肩负祖国富强、人民幸福的社会责任，倡导学生终身学习，得到了家长、学生和社会的广泛认可。济源一中申报的"打造精品德育活动，促进学生全面发展"被教育部评为2018年全国中小学德育工作典型经验，并被称为"济源经验"推广到全国。

二、枇杷节——高三最暖心的回忆

校园内有几十棵枇杷树，学校把每棵枇杷树分包给了高一、高二的各个班级，由班级负责管理，并在每年5月底、6月初举办"枇杷节"。学生集中采摘枇杷，并将枇杷果全部赠予高三师生，为高三高考加油。

枇杷节当天，高一、高二学生利用活动课时间集中采摘枇杷，并和高三相应班级联系，采摘后第一时间将枇杷送到高三对应班级，同时，还送上学弟学妹们深深的祝福。枇杷节上，学弟学妹送上的真情祝福，成为高三学生高考前最温馨的记忆。

枇杷树分班养护

送枇杷和现场祝福活动

【校本重大活动】

月份	周次	活动主题
1月	第一周	元旦活动
2月	第四周	高三百日誓师大会
3月	第四周	体育节暨春季运动会
4月	第二、三周	研学实践周
	第四周	劳动周
5月	第三周	社团文化节
	第四周	心理健康周
6月	第一周	枇杷节
	第二周	毕业典礼
9月	第一周	开学典礼
	第四周	迎国庆歌咏比赛
10月	第三、四周	科技节
11月	第四周	成人礼
12月	第二、三周	美育节
	第四周	读书节

【校本展示】

2018级助力高三学长活动方案

一、活动主题

火线送枇杷，高考乐开花。祝福高三，学习高三，助力创建。

二、活动意义

枇杷果实圆形与黄金相融，"圆形"寓意"才"源滚滚，分数多多；黄色代表贵重，寓意金榜题名，升学顺利；同时，"枇杷"与"琵琶"谐音，寓意家庭幸福，班级团结。通过赠送枇杷，表达了学弟学妹们对学长学姐们高考的祝愿，也能激励高三学子拼搏高考，创造辉煌。

三、活动安排

1.时间：为增加仪式感，定于5月25日周一下午第四节班会课统一进行，用时15分钟左右。周一下午德育处安排爱心学生统一采摘，分装在礼品盒里。

2.班级对应：实验班对实验班，普通班对普通班。

3.学号对应：学生在便利贴上一对一写上祝福语，不落款。年级为各班统一制作一个红色爱心，用于粘贴学生祝福语；祝福语要充满正能量，班主任负责审核。

4.流程：每班派2—3名学生前往，活动分三步：发表祝福演讲（年级供稿）——送上枇杷果（代表班级送祝福）——爱心传递（班长对班长交接）。

备注：各班班主任要安排好学生代表。

2020年5月24日

课程3："心育"课程，引导学生健康成长

中小学心理健康教育，是提高中小学生心理素质、促进其身心健康和谐发展的教育，是进一步加强和改进中小学德育工作、全面推进素质教育的重要组成部分。

中小学生正处在身心发展的重要时期，随着生理、心理的发育和发展，社会阅历的增长及思维方式的变化，特别是面对社会竞争的压力，学生在学习、生活、自我意识、情绪调适、人际交往和升学就业等方面，会遇到各种各样的心理困扰或问题。因此，在中小学开展心理健康教育，是学生身心健康成长的需要，是全面推进素质教育的必然要求。

《中小学心理健康教育指导纲要（2012年修订）》指出，心理健康教育的总目标是：提高全体学生的心理素质，培养他们积极乐观、健康向上的心理品质，充分开发他们的心理潜能，促进学生身心和谐可持续发展，为他们健康成长和幸福生活奠定基础。心理健康教育的具体目标是：使学生学会学习和生活，正确认识自我，提高自主自助和自我教育能力，增强调控情绪、承受挫折、适应环境的能力，培养学生健全的人格和良好的个性心理品质；对有心理困扰或心理问题的学生，进行科学有效的心理辅导，及时给予必要的危机干预，提高其心理健康水平。

多年来，济源一中认真落实《中小学心理健康教育指导纲要（2012年修订）》《河南省教育厅关于加强中小学心理健康教育工作的意见（教基一〔2013〕476号）》以及济源市中小学心理健康教育指导中心的工作要求，将心理健康教育纳入学校规划，扎实有序地推进学校心理健康教育工作。

1. 纳入学校规划。根据济源市中小学心理健康教育发展规划要求，制定了《河南省济源第一中学心理健康教育发展规划（2016—2021）》，有力提高了心理健康工作的科学化、制度化和规范化。每年将心理健康教育工作纳入学校整体发展规划和工作计划，每学期都有工作计划、过程督导、效果评价和工作总结。

2. 健全工作机制。不断健全校长领导下，以专职心理健康教育教师为核心，以班主任和兼职心理教师为骨干，全体教职员工共同参与的心理健康教育工作机制，已形成了构建完备的学校四级管理工作网络系统，实现分工负责，各司其职，做到了对师生心理问题的早期发现、及时干预和有效控制。

3. 成立工作机构。成立以校长为组长的学校心理健康教育工作领导小组，设立学校心理辅导中心，成立心理教研室，由15名专兼职教师负责心理健康教育的具体组织与实施。

4. 完善规章制度。制定并不断完善《心理教研室一课一案一研方案》《心理辅导工作守则》《心理辅导中心值班制度》《学生危机干预方案》等心理健康教育工作规章制度。

5. 加强阵地建设。我校心理辅导中心个体辅导室、团体辅导室等功能空间及相应的设备设施齐全，有放松椅、沙盘器材、宣泄人和宣泄墙、心理测试软件以及自助心理服务一体机、生物反馈系统等。心理辅导中心安排专人负责，运作正常。我校图书馆藏书30万余册，心理图书近2000册，心理杂志10余种。

6. 加大经费投入。我校每年投入心理健康教育专项经费6万元，用于师资培训、设备更新以及活动经费，为心理健康教育工作的有效开展提供必要的经费支持。

我校坚持"以人为本"的理念，加强制度建设，加强心理健康教育团队建设，以面向全体学生的心理健康教育课为主阵地，不断开发完善校本心理课程。以个体心理辅导为主，定期开展一些针对班主任、全体教师和学生的心理健康教育活动，在每年一次的心理健康教育水平监测基础上，及时向全校师生提供心理讲座、心理沙龙、社团活动等心理支持，为全校师生的心理健康保驾护航。

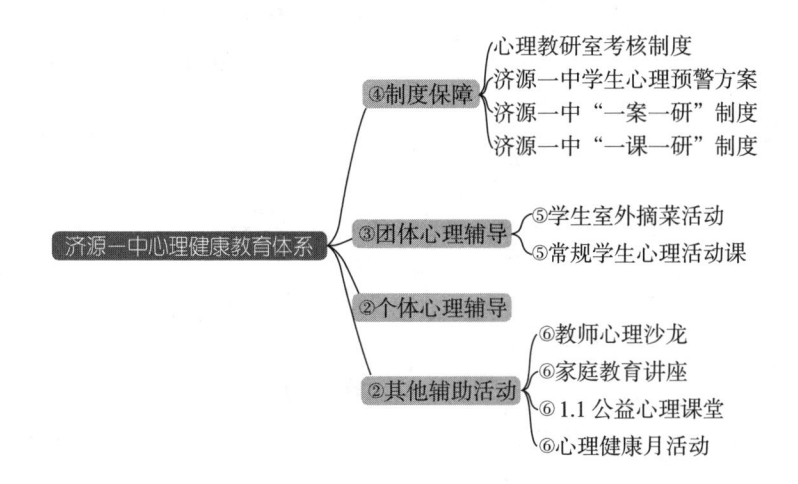

济源一中心理健康教育体系
- ④制度保障
  - 心理教研室考核制度
  - 济源一中学生心理预警方案
  - 济源一中"一案一研"制度
  - 济源一中"一课一研"制度
- ③团体心理辅导
  - ⑤学生室外摘菜活动
  - ⑤常规学生心理活动课
- ②个体心理辅导
- ②其他辅助活动
  - ⑥教师心理沙龙
  - ⑥家庭教育讲座
  - ⑥1.1 公益心理课堂
  - ⑥心理健康月活动

济源一中首先将"心育"活动课作为必修课。将心育课列入常规课程表，保证每班每学期有 6 节心理课，上课频率为三周一课时。济源市有完整的教学计划、教学大纲，开发了济源一中校本心理课程，并出版了王秋霞、韩玉奎编著的《42 堂心理必修课》。

济源一中心理活动课主题设计架构

学期	主题	标题
高一上学期	适应生活	1. 适应新起点
	认识自我	2. 自己眼中的我
	认识自我	3. 他人眼中的我
	认识自我	4. 我的苹果
	适应生活	5. 共画班级树
	尊重生命	6. 尊重生命
	尊重生命	7. 拯救海神号
	人际交往	8. 传话与流言

续表

学期	主题	标题
高一下学期	人际交往	9. 我的人际财富
	人际交往	10. 增强同理心，让我更懂你
	人际交往	11. 赞美的艺术
	人际交往	12. 学会倾听
	人际交往	13. 有话好好说
	人际交往	14. 朋友不是玻璃做的
高二上学期	情绪调适	15. 化解冲突，"圈"住朋友
	人际交往	16. 青春萌动时
	人际交往	17. 读懂父母的爱
	人际交往	18. 看见父母
	人际交往	19. 我遇我师
	情绪调适	20. 借我一双慧眼
	情绪调适	21. 情绪探索者
高二下学期	情绪调适	22. 越努力，越焦虑
	情绪调适	23. 亲爱的小黑
	人生规划	24. 目标成就未来
	升学择业	25. 个性名片，独特自我
	适应生活	26. 迎头直上
	人生规划	27. 探索优势能力
	升学择业	28. 探索职业兴趣
高三上学期	适应生活	29. 提升注意力，学习更高效
	学会学习	30. 如何爱你：难题和易题
	适应生活	31. 抵挡诱惑，增强自制力
	适应生活	32. 笑对挫折
	适应生活	33. 打破完美神话
	适应生活	34. 我的朋友贝蒂B
	适应生活	35. 致失去的云朵

续表

学期	主题	标题
高三下学期	情绪调适	36. 正视压力，学会减压
	情绪调适	37. 催眠减压
	学会学习	38. 极速13张
	学会学习	39. 黄金60秒
	适应生活	40. 穿越电网
	学会学习	41. 传球夺秒
	人际交往	42. 信任之旅

【校本案例】

个性名片，独特自我

教学背景：表达性艺术疗法借助音乐、心理剧、角色扮演、游戏、绘画、舞蹈、沙盘等艺术途径，以非言语的沟通技巧作为表达媒介，释放被言语所压抑的情感经验或困扰，帮助当事人对自己有更深刻的对不同刺激的正确反应。表达性艺术治疗的魅力在于，它不仅可以表情达意，将个体内心的情绪或意念表现在作品上，还能减少防御，促进自我表露、自我觉察、自我整合，能启发更多的想象及灵感，促进创造力及洞察力的产生。该课例旨在帮助学生审视自己的职业规划，认识与欣赏自己的独特性。通过创意名片与现实连接，来调动学生的情绪体验，并将这种情绪体验意识化、清晰化，帮助学生对未来美好愿景的意象进行强化，增强行动的信心。

教学目标：

1. 了解、欣赏自己和同学的独特性。
2. 了解自己的性格特点，了解初步的职业规划。

3.思考现在能为将来做哪些准备。

教学重点：了解、欣赏自己和同学的独特性。

教学难点：初步规划未来职业，思考现在能为将来做哪些准备。

教学时间：40分钟。

适合对象：小学高年级至高三。

课前准备：快拍仪、A4纸和彩笔若干，并将以下问题提前透给学生：

1.15年后你可能从事的职业是什么？

2.用图案或符号，画出你的名字和未来职业，你会怎么画？

3.你选择职业的理由是什么？（什么样的性格特点或原因，促使你选择这个职业？）现在的你，可以为将来做哪些具体的准备？

4.你是谁？目前具有哪些优势，还想具备哪些特点？如何朝着这个方向改进？

教学过程：

师：在上课之前，我先邀请大家玩一个游戏。游戏的过程中，请你觉察一下，在游戏中你是什么样的人？

热身：精灵舞动（5分钟）

一、活动规则

1.听老师口令做相应动作：眨眨眼睛，挥挥翅膀，扭扭屁股（教师示范动作要夸张、幅度大，指挥时语言有激情和感染力，并在整个活动中和学生一起做）。

2.一段舞动后，老师说一个特征，符合此特征者，请"拍拍手掌"。

举例"善良的"——所有认为自己善良的人请"拍拍手掌"。（可用的特征词：有爱心、勇敢、愿意尝试、热情、爱交朋友、愿意帮助别人等积极词汇）

活动小结：刚才在活动中，请你思考一下，你是放得开的，还是拘谨的、羞涩的？你是积极主动的，还是观望的、旁观的？

师：好，为了更深入地了解现在的你和未来的你，接下来，我们进入今天的主题《个性名片，独特自我》。大家一定非常关心，名片在哪里，不着急，它马上会在你的手中诞生。

设计意图：活跃气氛，启动团体动力，并引出主题。

二、主题活动（35分钟）

活动一：创意名片（10分钟）

A4纸，横向对折。用符号或图案，左边画名字，右边画15年后可能从事的职业，不能用汉字或字母。画完后右下角写上：名字＋职业。时间5分钟，不能出现汉字和字母。

师：有些同学已经迫不及待地想和别人交流，接下来的3D展台，能满足你的好奇心。

设计意图：以创意名片的制作为载体，发挥学生的主观创造性，将未来职业的愿景以画面形式呈现在纸上，引导学生进行未来职业规划。

活动二：3D展台（15分钟）

1. 小组交流6分钟，每组推荐1张名片进行展示。
2. 作者分享（备注：听的同学如果出现跑神，可及时引导）。

师：我对大家有两个要求：一是请你认真地倾听名片主人的分享；二是请你思考一下，我采访他的所有问题，你的答案是什么？这两个要求可以吗？

师：刚才5位同学和我们分享了他们的名片，你最欣赏哪一张，认为谁的名片最独特？其实，最值得你欣赏的名片，摆在你面前，就像你本人，因为它是独一无二的。请大家重新欣赏一下自己的名片。

设计意图：小组内交流给每个学生提供发言的机会，分享的过程中实现第一次交流和碰撞；学生在班级公开分享的过程中，教师通过适当提问帮助同学深入思考。

活动三：心灵冥想（7分钟）

好，请大家把名片合上，我邀请大家欣赏一首音乐，同时，请你调整一下，以你最舒服的姿势坐在椅子上。好，很好，现在，请你轻轻地闭上眼睛。把注意力集中在你的呼吸上，慢慢地吸气吐气，你会感觉到自己慢慢地放松下来。

现在，请你进入自己的内心深处，给自己一个欣赏的信号。

刚才你的个性名片，那是唯一的，所以值得欣赏。而你更是独一无二的，没有人和你完全相同，就算你的父母和兄弟姐妹，和你有很多的相似，但仍有很大的区别。你是独特的，所以你值得欣赏，值得尊重。

你拥有上天赋予人的一切根基，你能够健康、快乐，你拥有创意和效能。

你有爱自己和爱别人的能力，你更有选择的能力和自由。

你对未来充满了期待，带着这份执着和坚定，经过15年努力和奋斗，你终于实现了你的愿望。此时的你，对现在的生活状态非常满意，你有自己喜欢的工作，有和睦相处的工作伙伴，有一群志趣相投的朋友，有爱你的和你爱的家人陪伴。你能够给周围的人带来幸福和快乐，他们会因为你的存在而感到幸福，内心充满了愉悦。请和未来的你静静地待在一起，体验一下这种幸福的感觉。

看着未来的自己，告诉他，你愿意为他做一些行动和准备。从现在开始，你会做些什么呢？

相信这些努力和付出，能让你和理想中的自己越来越接近。

带着这份力量和信心，请慢慢睁开你的眼睛。看看周围的同学，尽管你们穿着同样的校服，你依然发现，包括你自己在内，每一个都是独特的，值得欣赏，值得尊重。

师：刚才，哪一句话，或哪一点最触动你？

生1：每一个人都是独特的，值得尊重，值得欣赏。

生2：让未来的自己感谢现在的我。

师：很好，美好的时间总是过得很快。在今天的活动中，无论是刚才的冥想，还是之前的名片创作、热身游戏，我相信每一个人会有不同的发现，有不一样的感受。下面请大家畅所欲言，尽情地分享一下此时此刻你内心的一些想法和真实的感受。

设计意图：引导学生欣赏自己的名片，接纳、欣赏自己的独特性、发展性，通过冥想强化学生对未来美好职业愿景的向往，增强学生为之努力和行动的自信和决心。

活动四：畅所欲言（3分钟）

现在，让我们的话筒在同学中间自由地传递，请你用最简洁的语言表达，哪怕是一个词、一个短语或一句话，都可以。只要是你真实的想法，请你大声地说出来，让自己的声音在这个讲台上，高过一切杂音。

生1：进入高中以来，我一直很努力，但是还是经历了一次次的打击，这一段时间我甚至开始怀疑自己的能力。今天的课让我觉得自己很重要，我还是应该相信自己，因为我是独一无二的，没有人能替代我，我要为自己的未来负责。

师：你说得很好，我也坚信，任何时候只要希望还在，就要继续坚持下去。

生2：我要为未来的自己做更好的准备。

师：能具体说一下吗？

生2：认真写完每天的作业。

生3：其实在课堂上我一直都很紧张，身体在发抖，甚至没办法往下面看，更不敢把同学们想象成萝卜白菜。

师：其实老师和你一样紧张，毕竟这样的场合，我们很少经历。而且，你能够站起来发言，这就是一次突破。此时此刻，你绝对是勇敢的，应该感到自豪。此时此刻，你想说些什么？

生3：我站起来发言，就是想挑战一下自己，我想说，我是独一无二的，我要做得更好。

设计意图：引导学生整理、分享体验和感悟，实现交流与碰撞。

结束语：送给大家一句话：每一个人都是独一无二的，值得尊重、值得欣赏，值得拥有美好的未来。谢谢大家的积极参与和真诚分享，下课。

每年5月份举办心理健康月，集中开展了心理健康手抄报（心理漫画）展示、心理电影解析、考前团体辅导、心理拓展等活动，收到良好效果。

做好心理辅导。济源一中心理辅导中心开放时间：每周一至周五为正常工作时间，而且每天18：00至19：00均安排两位心理老师值班。有规范的值班签到、辅导记录，有相应的分析、对策与辅导效果评价，并存档。引进专业的心理测试软件系统，定期对学生进行普查，对能够及时识别、转到相关心理诊治部门并记录在案。

密切社会合作。每学期为家长举办一次心理健康教育讲座，使家长了解和掌握孩子成长的特点、规律以及教育方法，初步实现家校融合的心理健康教育管理体制。先后到济源四中、五龙口一中、邵原实小、坡头实小、北海中学、黄河路小学等校进行送教活动，把心理讲座送到了洛阳某部队、济源富士康等单位。我校建立了市老年公寓、烈士陵园、少年宫、市看守所等二十余处社会实践和社区服务活动基地，在社会实践和社区服务中开展学生的自我教育，发挥了学校心理健康教育的辐射作用。

完善的心理运行体系，浓厚的心理研究氛围，心理团队科研成果显著，近三年结项课题十余项，多篇论文在《中小学心理健康教育》等杂志上发表，尤其是，心理课程建设成效明显。王秋霞、邢宇航老师的《抵挡诱惑增强自制力》《学会赞美》先后获河南省心理健康教育优质课一等奖并在全省展示。王秋霞老师两次在全国心理健康研讨会上进行示范课展示。王秋霞、邢宇航、翟卓宏等同志还被聘为河南大学心理健康教育专业硕士职业导师。教师心理剧《闺密的评优风波》在河南省心理健康教育研讨会上展示,《虾米的鲨鱼梦》获得济源市校本课程二等奖。目前,有 8 位老师获得二级心理咨询师资格,有一名正高级教师,两位心理健康教育高级教师。

经过多年的探索与实践,济源一中逐渐形成了"专业引领、全员参与、同伴互助"为特色的心育体系,形成完善的课程建设,使校园成为学生的幸福心灵家园。2017 年被教育部确定为"全国中小学心理健康教育特色学校"。

课程 4:生涯教育课程,让每一位学生找到自我

生涯教育是实施素质教育的重要载体,高中生正处于身心发展的重要阶段,也是人生观和价值观形成的关键时期。在普通高中开展生涯教育有助于学生了解并适应社会发展需求,建立学校学习与未来发展的内在联系,形成对人生发展的清晰认识,促进自我设计与完善,为学生的终生发展和创造有价值、有意义的幸福人生奠定基础。

《国家中长期教育改革和发展规划纲要(2010—2020 年)》明确指出:建立学生发展指导制度,加强对学生的理想、心理、学业等多方面指导。国务院办公厅《关于新时代推进普通高中育人方式改革的指导意见(国办发〔2019〕29 号)》明确指出:加强对学生理想、心理、学习、生活、生涯规划等方面指导,帮助学生树立正确理想信念、正确认识自我,更好适应高中学习生活,处理好个人兴趣特长与国家和社会需要的关系,提高选修课程、选考科目、报考专业和未来发展方向的自主选择能力。

生涯教育是培养学生生涯发展与规划的意识和能力;帮助学生了解自己的兴趣、能力倾向、个性特点与生涯发展的关系;帮助学生了解大学专业信息与社会职业需求，合理规划升学与就业目标。

目前生涯教育与高考改革相结合，新高考实践省份均已经将生涯教育落地，并有完整的课程设计，以"课堂授课＋活动实践"为主，辅以讲座、校外实践等形式，培养生涯发展导师，为学生进行选科、志愿填报指导。

济源一中开展生涯教育时间较早，2012年就已经开始了生涯教育探索，进行生涯校本课程研发和生涯咨询工作。目前我校生涯教育主要以课堂授课为主，辅以讲座、实践活动等，并在每年高考后，义务对高三学生进行志愿填报指导。

济源一中的生涯教育教研室归属学生发展中心，与心理教研室并行运作，融合发展。目前河南省对于生涯教育的课时保障并没有官方政策文件，济源一中依据河南省教育厅《关于加强中小学心理健康教育工作的意见（教基一〔2013〕476号）》，要求心理、生涯课每年不少于14课时。在此基础上，我们通过多种途径实现生涯教育的落地。我校的生涯教育主要通过"校本课程、选科和志愿填报、实现途径、知识框架"等四个方面开展工作。具体如下图所示。

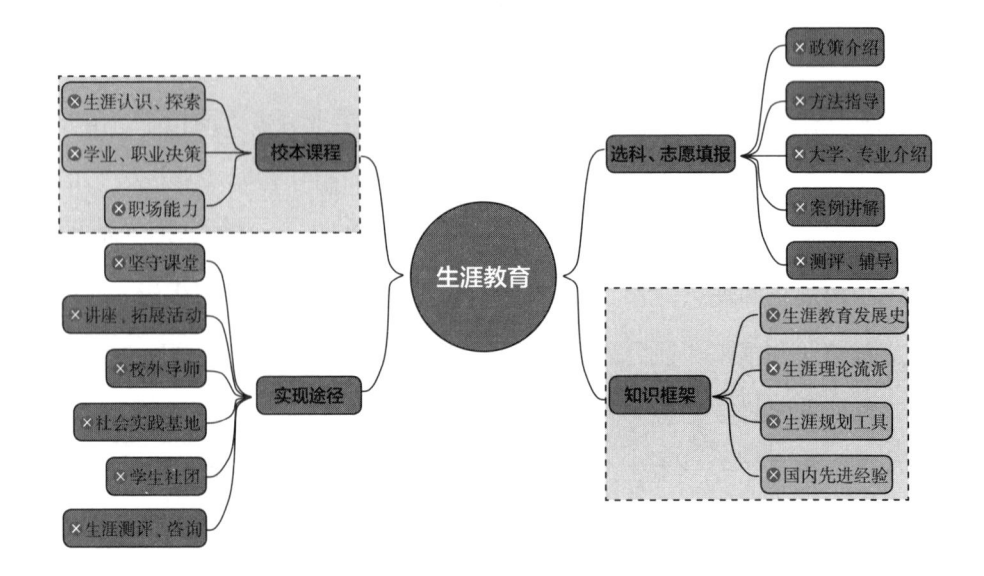

（一）学科认识

生涯教育是一个新兴学科，要想将学科发展好，首先就要对学科有一个正确的认识。生涯教育本质上是心理学发展过程中的一个分支，源于心理学对"人"（个体）的认识，本质上就是在重视个体差异的前提下，通过生涯认识、生涯探索等途径，使个体对自己的性格、兴趣、能力等有清晰的认识，进而在未来学业决策、职业决策等方面做出合理选择。

普通高中生涯教育课程具有综合性、实践性等特点，涉及多方面内容，不仅针对职业规划，更加关注学生的道德品质、学习能力、身心健康、人文素养和社会实践能力。该课程源于高中生生涯发展的实际需求，其主要学习途径是实践与体验。

当下高中生涯教育内容主要包括四个版块：自我认知指导、学业选修指导、职业行业体验、专业报考指导。

（二）组织架构

进入2019年以来，为了更好地促进生涯教育的发展，加速学科融合，济源一中设置了"学生发展指导中心"这一部门，包含心理、生涯、综合实践三个教研室，三个学科都是侧重于学生的全面发展，尤其是学生身心发展。生涯和心理是先天的相互依存的关系，综合实践所提倡的"劳动美"，其实就是让学生通过实践，了解不同的职业特点，也是对学生进行的生涯教育。

三个教研室由一个部门管理，实际上促进了心理、生涯、综合实践相互交流、相互借鉴，课堂教学中也能相互渗透，起到了很好的效果。

（三）队伍建设

我校现有心理、生涯、综合实践教师17人，都具有心理学、教育学背景，多人获得国家心理咨询师、生涯教育规划师等证书，这样的背景保证了队伍的专业性。

1. 坚持"共读一本书"活动。每周一上午集体备课时分享读书心得。

2. "走出去",学习其他学校的优秀经验。在学校的大力支持下,我们聆听了很多生涯教育一线教师的经验分享,尤其是宁波李惠利中学的"小走班"经验,他们创造性地开创了利用多次考试成绩,对六大学科之间的关系进行相关分析,得出符合自己学校学生特点的学科组合,这种基于真实数据分析得出的选科组合,备受学生的认可,而且之后的成绩也证明了这种数据分析的有效性。

3. "请进来",邀请国内生涯教育名师分享经验。我校先后邀请浙江大学附属中学缪老师、山东济宁一中强校长、湖北襄阳四中李校长来我校做生涯教育报告,他们详细介绍了自己所在学校的生涯教育开展情况,不仅让我们的教师受益匪浅,更是为我们指明了专业发展的方向。

4. 鼓励老师们参加优质培训。通过学校的制度保障,老师学成后,进行两次内部分享且学期考核位列前2/3即可申请报销部分学习费用。

(四)校本课程

坚持以课堂为主阵地,在学生发展指导中心的统筹规划下,我们利用现在已经固定的综合课时间,常态化开展心理健康、生涯教育,进行校本课程研发。保证每年级每学年不少于14节心理健康、生涯课程。同时,结合对生涯教育有兴趣的班主任,利用班会课堂进行生涯教育实践。

在初始阶段我们借鉴使用市面上已有教材开课,在实践过程中不断改进,并确定符合我校学情的主题,进而研发相应课程。目前,我们已经开展的课程生涯规划校本课程设计为三个版块20节课,涵盖"生涯认识、探索／学业、职业决策／职场能力"。

三个版块具体如下:

版块	内容
生涯认识、探索	能力探索、兴趣探索、生涯价值观探索、职业性格（行为风格）探索、个人生涯规划报告。
学业、职业决策	学科魅力、个性名帖、选科指导、超级学习法、品味大学、专业探索、专业决策/填报、高考招录途径及政策。
职场能力	模拟招聘（求职技能）、提升领导能力（沟通、团队协作）、我的家庭资源、职业世界（职业探究）、情绪管理、压力调节、时间管理。

我们的五篇优秀生涯教育课程实录《探索优势能力》《探索职业兴趣》《个性名片、独特自我》《目标成就未来》《迎头直上》已经收录在济源一中校本心理课程《42堂心理必修课》的"升学择业与人生规划"版块，由大象出版社出版发行。

（五）集体教研

备课是课程教育的基础，是我们集体教研的核心工作。我们的集体备课严格按照标准流程进行，每周一上午为集体备课时间，主备人提前4天将教案及课件发至工作群，且需要提前在班里上过。备课时按照微型课的要求进行讲授，之后参会教师依次进行点评。点评过程是一个思维碰撞的过程，主备人根据大家提出的意见再对教案进行修改。本轮课上完后，继续进行反思、总结。

济源一中探索实施"大教研活动"。每两周安排一次教研活动，每次确定一所本市合作学校承办集体教研活动，学校轮换，每次两节示范课，承办高中至少出一节示范课，其他学校前来观摩，然后评课。这样既有利于氛围营造，也能促进各学校的生涯教育发展。

（六）课题研究

既然研发校本课程，就要对生涯教育这个课题进行深入的理论研究和探索。因此，课题研究势在必行。同时，新课改也要求我们对学科选择与个体差异进行研究。我校学生发展指导中心翟卓宏主任已经成功申报市级课题"新课改背景下普通高中生涯教育实践研究"，课题研究和课程研发相结合，同时兼顾新课改学科选择的需要，重视学生的个体差异。这个课题是校本课程研发过程中自然生成，能够真实地反映我校生涯教育发展过程。

（七）生涯测评

学生依据对自己的了解和生涯发展知识制定符合自己的初步规划方案，主要工作有：

1. 积极引入测评系统。目前我校已经引入"势生涯"心理生涯测评系统以及广东智为心理生涯测评系统，这两个系统均已启用。

2. 积极安排生涯测评并进行分析。我校在每学期初会组织在线生涯测评，测评内容包括学科能力、兴趣类型、多元智能等项目，生涯测评结果会及时告知学生，让学生对自己的兴趣、能力、个性、工作价值观有一个较为全面的了解。

3. 给学生推荐"阳光高考"等官方数据平台，引导学生使用，在平时了解更多高校信息及专业设置等。

4. 指导学生根据以上内容进行生涯规划书的写作，帮助学生进行近期以及中长期的规划。

（八）生涯工具

为了让学生更好地参与课堂互动，并且进一步促进学生对生涯课的重视，济源一中将常用的生涯工具进行汇编，方便学生使用。

1.STAT法则：撰写自己的"我的成就故事"。

Situation：情况、形势；事情是在什么情况下发生的。

Task/Target：任务／目标；你面临的任务（目标）是什么。

Action/Attitude：行动／态度；针对这种情况，你采用了什么行动（态度）。

Result：结果；结果如何。

成就故事：只要符合以下两条标准就可以视为"成就"。

（1）你喜欢做这件事时体验到的感受。

（2）你为完成该事件所带来的结果感到自豪。

2.SWOT法则：Strengths：优势；Weaknesses：劣势；Opportunities：机遇；Threats：威胁。

3.生涯彩虹图；4.价值观拍卖；5.家庭职业树；6.学科雷达图；7.我的生活圈；8.能力雷达图、多元智能、我的能力披萨；9.生涯决策平衡单；10.生命故事——生命线技术；11.生涯卡牌（价值观、能力、兴趣、职业性格等方面）；12.生涯九宫格；13.生命轮。

（九）活动阵地

济源一中领导非常重视生涯教育，除了在师资及培训上给予政策支持外，基于我校的生涯发展需求，学校于2019年将生涯教室建设纳入预算，并于2020年完成了生涯教室的设计、装修工程。我校生涯教室有以下特点：

1.场地充足。我校生涯教室选址于原来的阶梯活动室，面积是普通教室的三倍，非常有利于生涯活动的开展。

2.功能多样。生涯教室前面为平地，后面为阶梯座位。前面摆放可折叠式活动桌椅，平时可以用于上课，也可用于拓展活动和大型讲座及培训等，实现一室多用。

3.接近学生。该教室选址位于教学楼，紧挨教室，方便学生上课。

目前，济源一中的生涯教室已经正式投入使用，已经在生涯教室开展了上课及讲座等活动，接下来我们将从家长中招募不同行业的职业导师，对学生开展职业宣讲，同时争取进厂、进公司的实践机会，让学生更直观地体验、认识不同职业。

济源一中于 2015 年入选河南省首批普通高中生涯教育试点学校。在 2019 年济源市心理健康教育观摩课上，济源一中的两节生涯现场课，受到了与会教师的一致好评，这也是济源市首次生涯观摩课。济源一中秦望、魏俊起、王林涛等老师先后获得了生涯指导师的认证，有效提升了我校生涯师资队伍的质量。

我校生涯教育最大的收获是来自学生的成长。近年来，我们除了常规上课，还在课后接待了上百例生涯咨询个案，包含了未来职业理想、大学专业填报、完善性格、团队协作、领导力培养等。根据学生的反馈，整体上效果良好，现在越来越多的学生来到办公室进行生涯咨询。

学生认为，高中阶段大家普遍存在对未来认识不清晰的问题，不知道高考之后去哪里，学什么，将来干什么。而生涯课，通过介绍大学、专业以及未来的就业前景，让学生对未来有了更加清晰的目标。同时，生涯课引导学生对自己的能力、兴趣、性格、价值观等有了更深入的认识，并不断培训了学生的组织、协调、领导能力。

课程 5：综合实践，在体验学习中获得成长经验

2001 年教育部颁布的《基础教育课程改革纲要（试行）》中规定"从小学至高中设置综合实践活动并作为必修课"，我国课程结构打破了必修课中学科课程一统天下的状况，国家层面的法定课程由学科课程和综合实践活动课程构成，这是我国课程体系的进一步完善。

2017 年 9 月教育部正式颁布了《中小学综合实践活动课程指导纲要》，明确了综合实践活动课程的性质，即"综合实践活动课程是从学生的真实生活和发展需要出发，从生活情境中发现问题，转化为研究主题，通过探究、服务、制作、体验等方式,培养学生综合素质的跨学科实践性课程。综合实践活动课程是国家义务教育和普通高中课程方案规定的必修课程,与学科课程并行设置,是基础教育课程体系的重要组成部分。该课程由地方统筹管理和指导,具体内容以学校开发为主,在小学一年级至高中三年级全面实施"。

济源一中综合实践活动课,正式开始于2015年。学校积极统筹规划,制定了《综合实践活动实施方案》,明确了实施机构、人员、组织方式,合理安排课时及各年级活动主题。主动教研、开发校内外可利用资源,注重课程开发和过程指导与管理,确保课程实施到位。为调动师生参与积极性,提升活动开展质量,我校每学期开展一次"优秀活动方案"评比活动,每隔一年开展一次"优秀活动成果"评比活动,结合考核与激励机制,将指导学生综合实践活动的工作业绩作为教师职称晋升和岗位聘任的重要依据。

一、校本实践

(一)对综合实践活动课程进行系统规划

在课程计划实施中,济源一中认真分析综合实践活动课程的基本要求,结合学校的办学理念,挖掘和利用校内外各种课程资源;结合综合实践活动课程总体目标,设定实施课程的学校目标及年级具体目标;对课程实施的基本要素进行分析,包括课内外课时的分配与使用、研究主题的选择方式、活动的组织形式与流程、管理的基本方法、指导教师的安排、课程资源的开发与管理、对教师活动和学生活动的评价等,制定相应工作规程和制度。

1. 校内外可利用资源

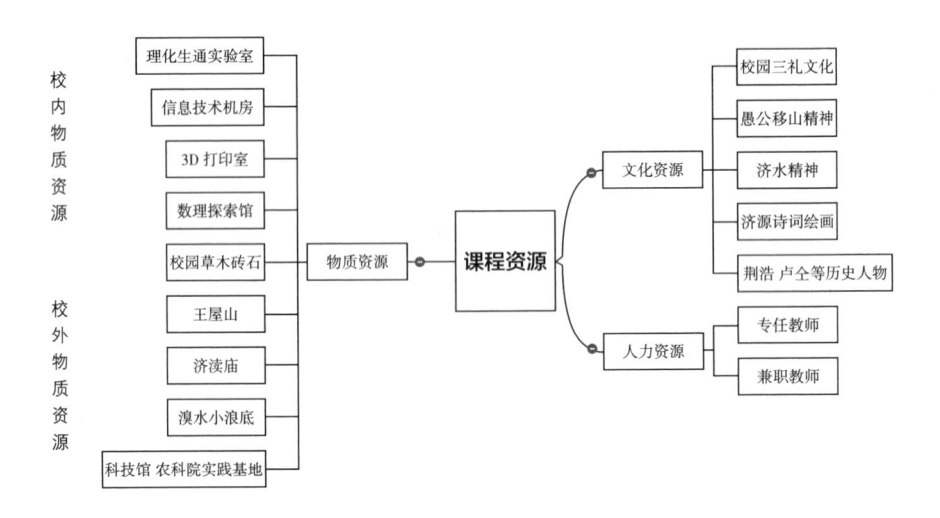

```
                  ┌─ 理化生通实验室 ┐                                    ┌─ 校园三礼文化
       校内物质资源 ├─ 信息技术机房   │                                    ├─ 愚公移山精神
                  ├─ 3D 打印室      │                     ┌─ 文化资源 ──┼─ 济水精神
                  ├─ 数理探索馆     ├─ 物质资源 ─ 课程资源 ┤              ├─ 济源诗词绘画
                  └─ 校园草木砖石   │                     │              └─ 荆浩 卢仝等历史人物
       校外物质资源 ├─ 王屋山         │                     │
                  ├─ 济渎庙         │                     └─ 人力资源 ──┬─ 专任教师
                  ├─ 溴水小浪底     │                                    └─ 兼职教师
                  └─ 科技馆 农科院实践基地 ┘
```

2. 课程总体目标与济源一中具体目标

综合实践活动课程总体目标是：通过本课程，使学生与生活、与学校、与社会密切联系，引导学生在积极参与实践的过程中获得积极体验和丰富的经验；提高学生对自然、社会和自我之内在联系的整体认识，发展学生的创新能力、实践能力、社会责任感以及良好的个人品质。

根据上述课程总体目标，结合学校实际，制定具体目标如下：

(1) 获得亲身参与实践的积极体验和丰富经验。

(2) 形成对自然、社会、自我之内在联系的整体认识，发展对自然的关爱和对社会、对自我的责任感。

(3) 形成从自己周围生活中主动发现问题并独立解决问题的态度和能力。

(4) 发展实践能力，提高对知识的综合运用和创新能力。

(5) 形成合作、分享、积极进取等良好的个人品质。

3. 课程资源的开发

根据课程形式，分为四个类别，考察探究、志愿服务、设计制作、职业体验等。

(1) 考察探究

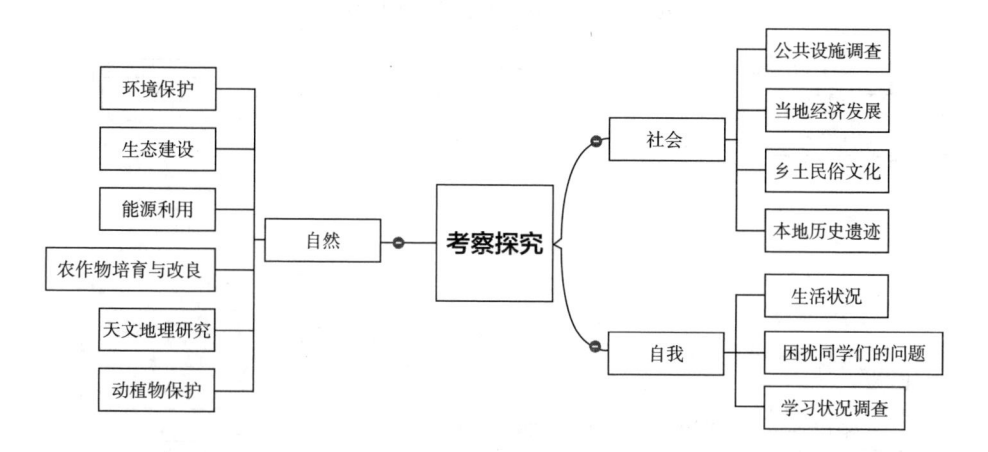

考察探究：
- 自然
  - 环境保护
  - 生态建设
  - 能源利用
  - 农作物培育与改良
  - 天文地理研究
  - 动植物保护
- 社会
  - 公共设施调查
  - 当地经济发展
  - 乡土民俗文化
  - 本地历史遗迹
- 自我
  - 生活状况
  - 困扰同学们的问题
  - 学习状况调查

(2) 志愿服务

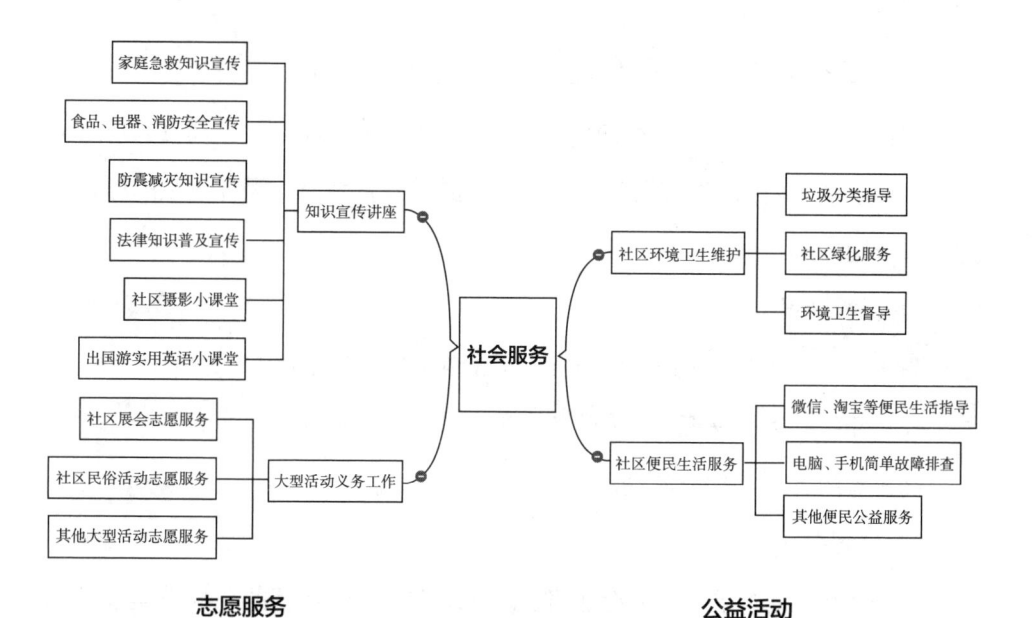

社会服务：
- 知识宣传讲座
  - 家庭急救知识宣传
  - 食品、电器、消防安全宣传
  - 防震减灾知识宣传
  - 法律知识普及宣传
  - 社区摄影小课堂
  - 出国游实用英语小课堂
- 大型活动义务工作
  - 社区展会志愿服务
  - 社区民俗活动志愿服务
  - 其他大型活动志愿服务
- 社区环境卫生维护
  - 垃圾分类指导
  - 社区绿化服务
  - 环境卫生督导
- 社区便民生活服务
  - 微信、淘宝等便民生活指导
  - 电脑、手机简单故障排查
  - 其他便民公益服务

志愿服务　　　　　　　　　　**公益活动**

(3) 设计制作

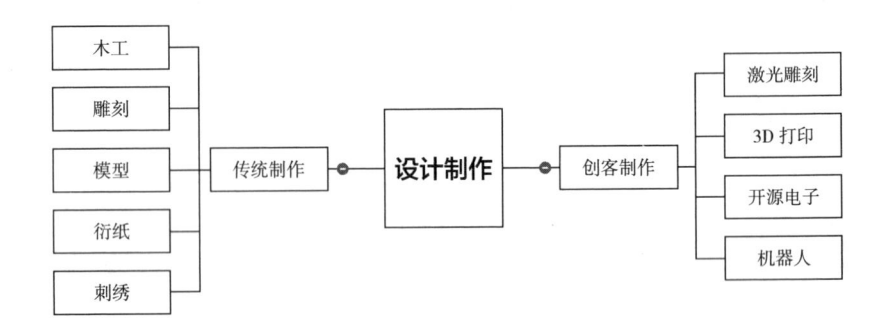

```
传统制作: 木工、雕刻、模型、衍纸、刺绣
创客制作: 激光雕刻、3D打印、开源电子、机器人
```

(4) 其他

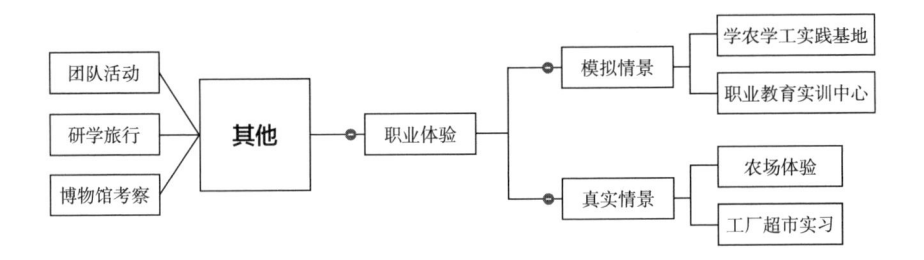

```
其他:
  团队活动
  研学旅行
  博物馆考察
  职业体验:
    模拟情景: 学农学工实践基地、职业教育实训中心
    真实情景: 农场体验、工厂超市实习
```

(二) 综合实践活动实施的范围、主体和基本过程

综合实践活动要体现活动的连续性和学生能力的综合性、全面性,通过活动,培养学生的爱国、爱校情感,增强学生的社会责任感,提升学生的综合能力,拟分别安排:

1. 课程开设

高一年级:考察探究、社会服务、设计制作与研学旅行。

高二年级:考察探究、社会服务、设计制作与职业体验。

高三年级:考察探究活动。

2. 课程要求

高一年级,考察探究、社会服务、设计制作与研学旅行的课程方案设计不但要细致，而且起点要低，抓住学生喜欢动、对新事物感兴趣的特点，因势利导，尽可能多安排活动，为以后的综合实践打好基础。

高二年级，进一步开展考察探究、社会服务、设计制作类活动，在高一基础上提高内在质量和层次。高二年级已经分科，根据学生兴趣倾向多开展职业体验活动，让学生在活动中感受职业生活，了解自身特点，为今后选择符合自己的兴趣专长、与自身能力匹配的职业做好准备。

高三年级，以高考为切入点，整合课内、课外知识，开展考察探究活动，有效服务高考。

3．科目

所有学科。

4．教师

面向全体教师。

5．课程实施的基本过程

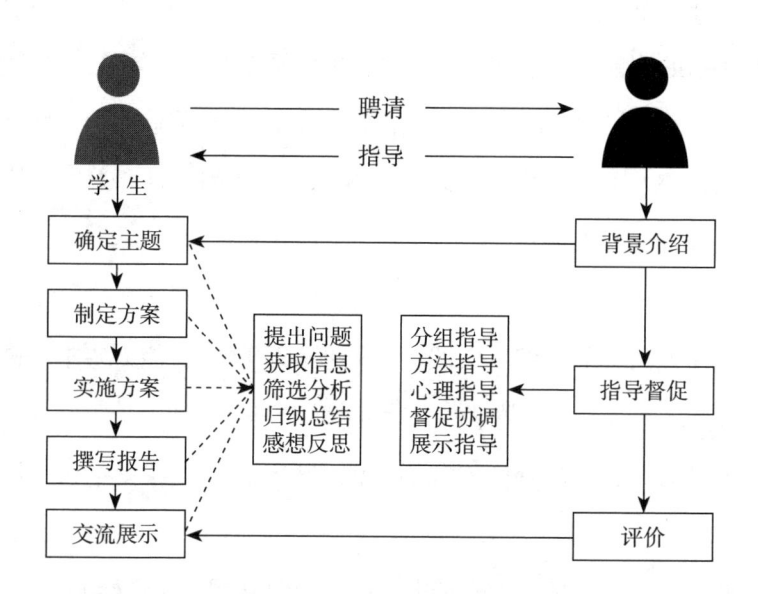

(三) 综合实践活动课程的组织分工与保障制度

1. 组织构架与职责分工

为贯彻落实《中小学综合实践活动指导纲要》，加强长期、连续及系统的综合实践活动课程规划，保证综合实践活动课程开设的整体性、全面性和衔接性，避免综合实践活动在开展过程中的盲目性和随意性，我校成立了以校长韩玉奎为组长、分管领导为副组长、各相关教研室和处室负责人组成的综合实践活动课程领导小组。下设研究小组和执行小组。6名教师组成研究小组，执行小组成员为全校教师。

领导小组的职能主要是：统一规划，协调各方关系，管理下属两个小组的工作，负责牵头和总结总体工作，给予物质和精神上的支持。

研究小组的职能是：负责对学校综合实践活动的研究、交流和推广，负责教师的业务指导，负责对学校课程具体实施中的问题进行指导，进行理论和实践结合的研究。同时根据学校实际情况，安排各年级和班级的活动时间，负责教师工作的统计和考核。

执行小组的职能是：制定实施方案，确定每个活动方案具体细节的设计，比如活动时间、地点、路线、人员分工、安全措施、与外界联络等。在课程的实施中，要与研究小组共同解决出现的问题，上报活动记录和总结。执行小组直接面对活动的参与人员和学生。

2. 教师工作量制度

(1) 正常课时计算。综合实践活动课程对教师综合能力要求较高，其权重系数至少应不低于语文、数学，也就是应大于等于1。

(2) 专任教师，包括综合实践活动课程教研组长，享受学校中层领导课时待遇。

(3) 兼任教师每周满工作量标准参照普通教师满工作量标准。

（4）指导教师指导一个学生小组，经历确定活动主题、制定活动方案、开展实践活动、交流活动成果、反思活动过程整个过程的，即指导学生完成一次综合实践活动的，奖励15—20个标准课时工作量。

（5）综合实践活动教研组长周工作量为全校教师平均周工作量的40%。

（6）课余工作量计算。教师需要在双休节假日指导学生活动的，不计算工作量，按加班计算。

（7）临时工作量，按实际课时数计算。

3．教师考核及奖励制度

在上级教育行政部门和业务主导部门的指导下，学校对综合实践活动指导教师进行考核，并根据此进行奖励。对综合实践活动指导教师的考核鉴定，由学校考评小组负责进行。考核评估的要求如下：

（1）组建由分管校长负责的考评小组，对教师进行考评。

（2）每学期一次考评，每学年一次总结考评。

（3）对教师个人考评考核的结果，作为教师年度考核的内容之一进行考评，与教师评优、晋升职务挂钩。

（4）结合考评结果对教师工作加以指导和改进。

（5）综合实践活动课程考核评估过程：自评、他评、评估小组评、评估小组写出评估报告、公布评估结果、提出改进设想或方案。

（6）经过考核评比，每学期按15%的比例评选出优秀指导教师，发给荣誉证书，并给予适当的物质奖励。

综合实践活动与其他课程相比不仅具有许多新的特点，还具有一定的复杂性和挑战性，我们充分认识到了这一点，切实加强对课程的研究和管理。从组织建设、制度规范和创造条件等方面着手，大力加强管理、加强监督，对综合实践活动教学给予全方位的保证。

二、强化综合实践活动课程教师队伍建设

1. 学校根据实际情况，选派责任心强、知识丰富、综合素质高、勇于创新的教师担任专职教师，组成学科教研组，具体实施学校综合实践活动课程计划。学校不但设2名专职教师，还确保兼职教师的主要精力放在综合实践的教学活动上。同时，妥善解决综合实践活动指导教师的职称评定、业绩考核等方面问题；要准确评价指导教师的指导水平，并以此作为教师晋级、晋职和评优的依据之一；要科学合理地计算指导教师的工作量，制定考核奖励办法，对在综合实践活动课程实施中做出成绩的教师，要给予充分的肯定，并予以表彰和奖励。

2. 成立综合实践活动课程领导小组。负责统筹安排指导教师、课时；指导教师对每个学生进行学期综合实践活动指导并对学生学习情况给予等级评定；学校有自己特定的社会环境和传统，在实施过程中会遇到具体的问题，学校组织教师针对这些具体问题开展专题性的研讨，提出解决的方案；开展推进研究性学习的校本教研活动，提高教师课程意识和课程设计能力。

3. 加强对专、兼职教师的培训。利用各种形式对专、兼职教师实施全员培训，使每个教师都清楚课程理念和实施策略，积极参与对综合实践活动的有效指导，尽快适应新课程需要。

三、加强综合实践活动教育教学研究

加强综合实践活动课程的教学研究是顺利实施综合实践活动课程、提高教学质量的重要环节。由于综合实践活动是一门新设置的课程，教师的教学以及学校对这门课程的管理都比较生疏，缺乏经验。为了尽快完善这门课程的建设，学校以及各级教育科研和教学研究部门都要对综合实践活动的教学研究予以充分的重视。

1. 学校成立专门的机构负责组织综合实践活动的教学研究——综合实践教研室。这个机构和一般的教学研究室不同，不仅有一定的研究能力，也有

一定的权威性和号召性，便于开展工作。该机构应根据综合实践活动课程的特点和要求组织教师开展综合实践活动课的理论学习和教学研讨，组织全校大型的学生成果展示或宣传活动，帮助、协调教师指导小组的组成并协助校领导做好教师教学和工作量的考核工作。制定本校综合实践活动评价标准并协助班主任和有关教师做好学生开展综合实践活动的评价及学分赋予工作。

2. 切实依托上级教研部门的引领和指导作用。学校教研部门重点研究课程的管理与推进策略、实施途径，探讨课程资源开发、课程实施模式及方式方法、活动过程指导、活动案例分析、活动过程评价与成果评价的方式与结果应用等。以灵活多样的教研活动为教师搭建交流学习的平台。不断发现典型，及时推广，确保综合实践活动课程整体推进，实现常态化实施。

四、课程建设成效显著

近两年，我校综合实践活动课程建设成果显著，获得7项市级中小学综合实践活动课程建设优秀成果，4项方案获市级中小学综合实践活动方案评比一等奖，多篇论文获奖、发表。学校整合社会资源，筹建多个综合实践活动基地，其中与济源市农业科学研究院、济源市城展馆、济源市气象局、济源市愚公移山展览馆等共建学生综合实践基地。2021年募集企业资金捐建育田数理探索馆，为学生在校园搭建了新型综合实践基地，同时也为全市乃至全省中小学生提供公益服务。

综合实践基地揭牌　　　　　　　校外劳动实践

数理探索馆揭牌

学生体验实践

课程 6：社团课程，搭建学生个性飞扬的舞台

学生社团是校园文化建设的重要载体，是学生第二课堂的引领者。学生社团的活动以保证完成学生的学习任务和不影响学校正常教学秩序为前提，以有益于学生的健康成长和有利于学校各项工作的进行为原则。学生社团形式多种多样，如学术问题、社会问题的讨论研究会，文学艺术、体育、音乐、美术等方面组成的活动小组，有文艺社、棋艺社、摄影社、美术社、歌唱队、话剧团、篮球队、足球队、数学社、物理社、化学社等社团。

《河南省中学共青团规范化建设实施意见》（豫青字〔2009〕60号）规定，学生社团是学校共青团工作的有力载体，鼓励支持学生组建各类学习型、科技型、文艺型、兴趣爱好型社团。学生会对社团进行日常指导。根据社团数量和工作需要，学校团委可以成立社团工作部，由教师团委委员和学生会成员组成，制定《学校社团管理办法》，确定每个社团指导老师，加强对学生社团的管理。

《中国共产主义青年团普通中等学校基层组织工作条例（试行）》（中青办发〔2017〕9号）规定，加强对学生社团及相关学生组织的归口管理，学生会要配合团组织加强对学生社团的引导、管理和服务。支持和引导学生社团及相关学生组织规范发展。

《中小学德育工作指南》（教基〔2017〕8号）指出，发挥学生会作用，完善学生社团工作管理制度，建立体育、艺术、科普、环保、志愿服务等各类学生社团。学校要创造条件为学生社团提供经费、场地、活动时间等方面保障。要结合各学科课程教学内容及办学特色，充分利用课后时间组织学生开展丰富多彩的科技、文娱、体育等社团活动，创新学生课后服务途径。

【校本展示】

截至2020年年底，济源一中注册的学生社团有40余个，分为文化传播、体育艺术、学术科技、学科拓展、社会公益、兴趣爱好等多种类型。学校团委及各年级团总支作为学生社团管理部门，按照学校《学生社团管理制度》《学生社团评奖办法》的规定，对学生社团进行规范管理。学校将学生社团作为德智体美劳五育并举的重要载体，强力支持其健康发展。

一、社团运行模型

此处使用三张模型图来分别说明济源一中学生社团的管理、社团的评价和学生社团的构成。

为了给学生社团创造良好的活动环境，济源一中从组织架构、制度建设、日常管理、成果呈现等多方面入手，强化对学生社团的管理和引导，通过精细的管理促进学生社团健康有序发展。

济源一中高度重视对学生社团的考核评价工作，大力开展优秀社团表彰活动，并以此为抓手，鼓励社团学生和辅导老师积极参与到学生社团活动中，从而有效发挥学生社团在德智体美劳方面的重要育人作用。

济源一中学生社团类型多样、数量众多、涵盖面广，充分体现了学生的多样化和个性化发展需求。我校学生社团的组建主要分为三大途径。一是学生主导自动组建。具有相同兴趣爱好的学生会自发组合起来，经向学校申请而成立自己的社团，如传媒社、播音社、微讲团、手工社、话剧社、摄影社等。二是教师引导发动组建。部分教师为了提高学生的学习兴趣，提升教学的实际效果，会引导学生组建相关社团，如国学社、数学社、英语社、时政社、生命科学园、星缘地理社等。三是学校倡导推动组建。学校根据办学需要，安排部分特长学生组织成立社团，如舞蹈团、合唱团、美术社、武术社、篮球队、足球队等。

凡学校在籍在读学生均可发起成立学生社团。成立社团原则上应有10名以上学生发起，其中主要发起人不少于3人。学生社团的成立需遵循有利于学生成长发展的原则。

社团成立的流程是：（一）发起成立社团的主要负责人向年级团总支书记提交申请材料，包括成立申报表、社团章程、社团负责人和辅导教师的简介等。（二）年级团总支会同德育处对其申请材料进行审核考察，审核通过后报校团

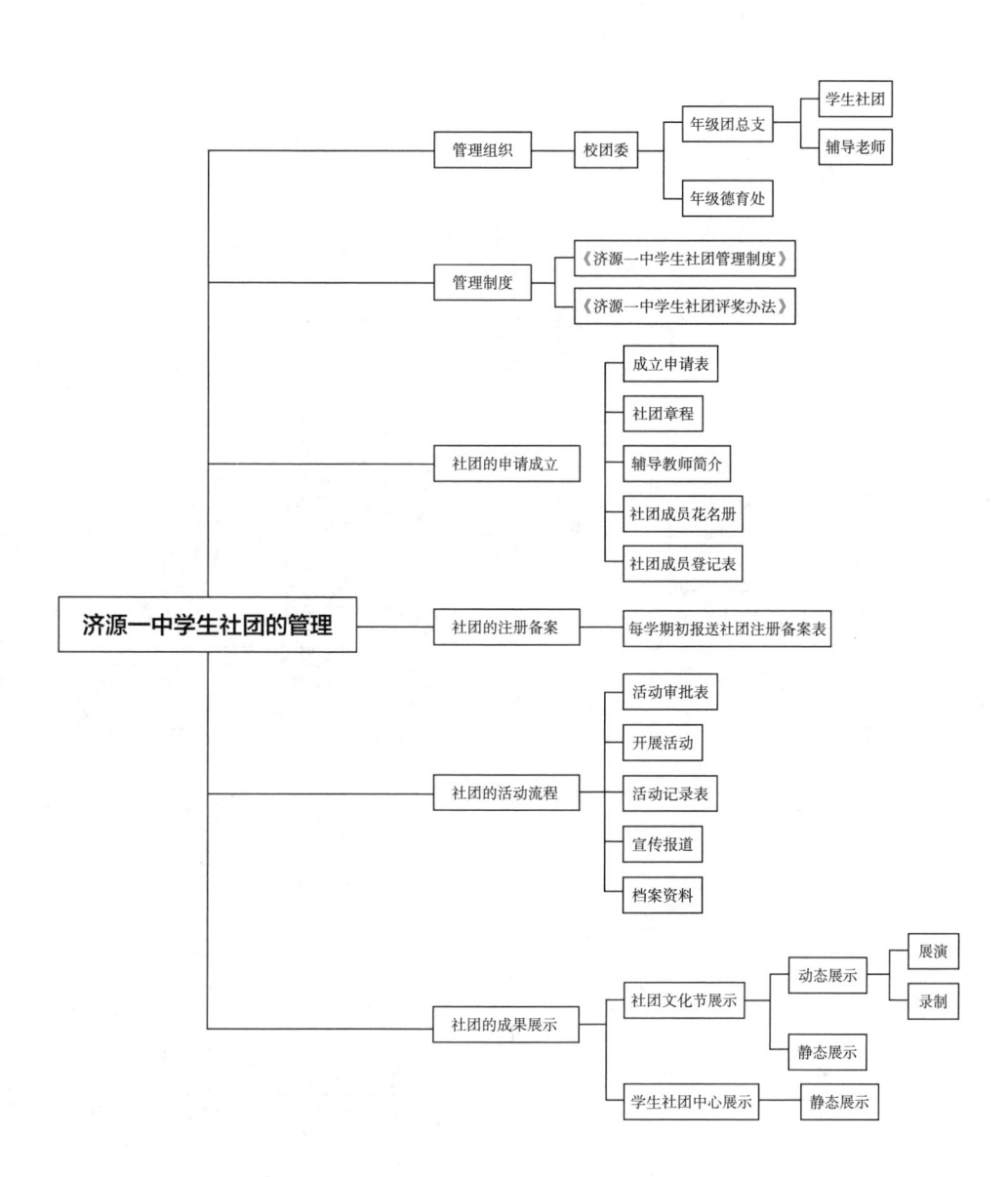

```
                                                                    ┌─ 学生社团
                                          ┌─ 年级团总支 ─┤
                      ┌─ 管理组织 ─ 校团委 ─┤              └─ 辅导老师
                      │                    └─ 年级德育处
                      │
                      │                ┌─《济源一中学生社团管理制度》
                      ├─ 管理制度 ─────┤
                      │                └─《济源一中学生社团评奖办法》
                      │
                      │                    ┌─ 成立申请表
                      │                    ├─ 社团章程
                      ├─ 社团的申请成立 ───┼─ 辅导教师简介
                      │                    ├─ 社团成员花名册
济源一中学生社团的管理 ┤                    └─ 社团成员登记表
                      │
                      ├─ 社团的注册备案 ─── 每学期初报送社团注册备案表
                      │
                      │                    ┌─ 活动审批表
                      │                    ├─ 开展活动
                      ├─ 社团的活动流程 ───┼─ 活动记录表
                      │                    ├─ 宣传报道
                      │                    └─ 档案资料
                      │
                      │                    ┌─ 社团文化节展示 ─┬─ 动态展示 ─┬─ 展演
                      └─ 社团的成果展示 ───┤                  │            └─ 录制
                                            │                  └─ 静态展示
                                            └─ 学生社团中心展示 ─ 静态展示
```

济源一中学生社团的管理模型图

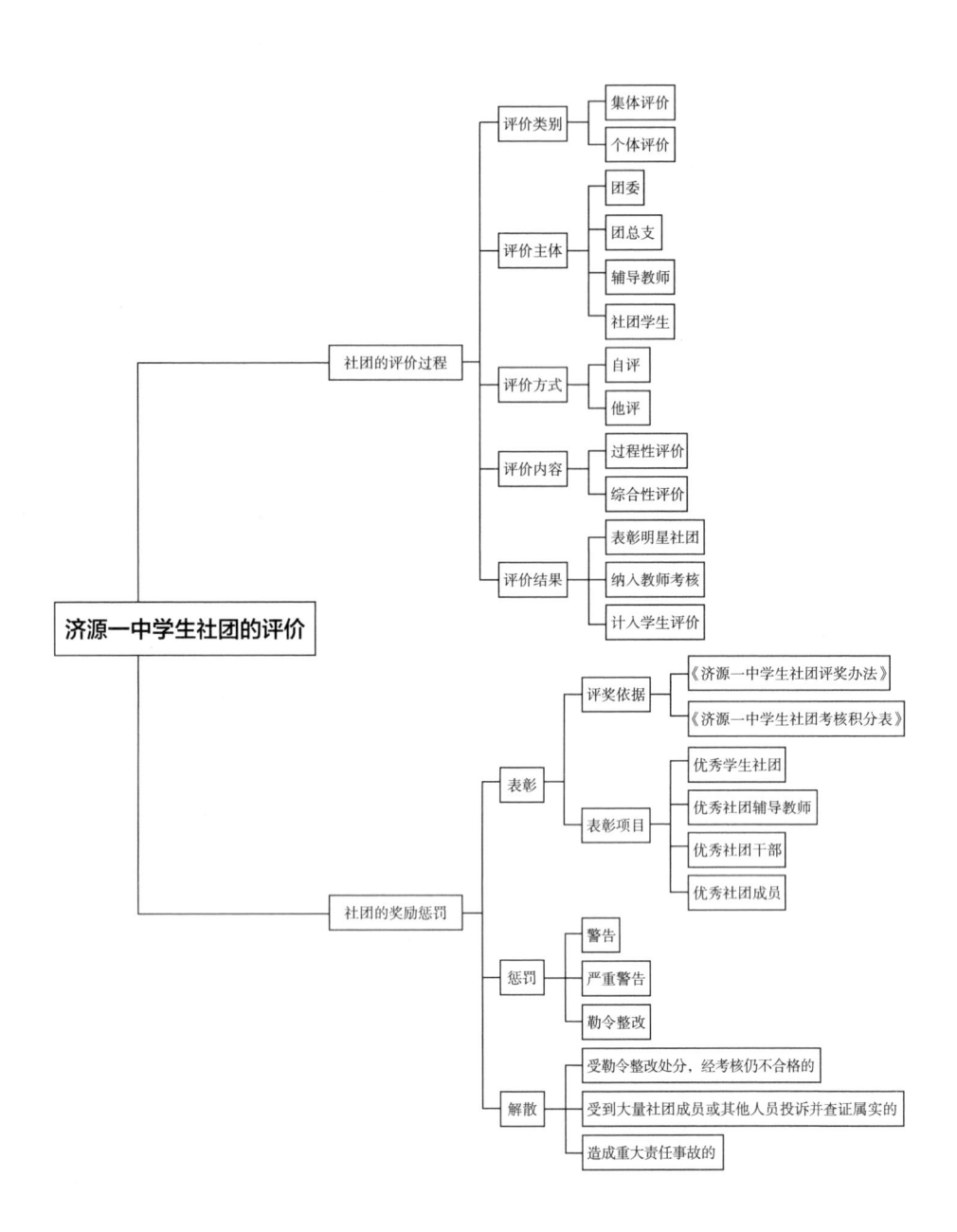

济源一中学生社团的评价
- 社团的评价过程
  - 评价类别
    - 集体评价
    - 个体评价
  - 评价主体
    - 团委
    - 团总支
    - 辅导教师
    - 社团学生
  - 评价方式
    - 自评
    - 他评
  - 评价内容
    - 过程性评价
    - 综合性评价
  - 评价结果
    - 表彰明星社团
    - 纳入教师考核
    - 计入学生评价
- 社团的奖励惩罚
  - 表彰
    - 评奖依据
      - 《济源一中学生社团评奖办法》
      - 《济源一中学生社团考核积分表》
    - 表彰项目
      - 优秀学生社团
      - 优秀社团辅导教师
      - 优秀社团干部
      - 优秀社团成员
  - 惩罚
    - 警告
    - 严重警告
    - 勒令整改
  - 解散
    - 受勒令整改处分，经考核仍不合格的
    - 受到大量社团成员或其他人员投诉并查证属实的
    - 造成重大责任事故的

济源一中学生社团的评价模型图

济源一中学生社团的构成

学术科技型
- 瞭望时政社
- 生命科技协会
- 生命科学园
- 青萌领导力社团
- 万有引力社
- 物理践行团

学科拓展型
- Σ数学社
- 魅力化学社
- 疯狂英语社
- 英语梦想社
- 英语宣讲团
- 英辩圆桌
- 英语学习技巧社
- Magic Club
- 星缘地理社

文化传播型
- 启智爱国社
- 青果文学社
- 朗读天下播音社
- 网弘国学社
- 朗声放歌诵读社
- 微讲团

社会公益型
- 城市环保美容社
- 霞客行
- 传媒社
- 语轩校报社
- 绿色化学社
- 阳光心理社

体育艺术型
- 飞扬美术社
- 完美制造社
- 星空合唱团
- 青阳音乐社
- 武术社
- 羽动人生
- 时空舞蹈

兴趣爱好型
- 新能量图文社
- 青岚微视频
- 拍客摄影社
- 知行社
- 常青藤话剧社
- 揽月手工社
- 信息技术爱好者协会
- 技术与探索

济源一中学生社团的构成模型图

委进行审批。（三）校团委审批后，将结果告知申请社团主要负责人。（四）申请成立的社团应在审批通过后一周内，在年级团总支或德育处指定时间和地点公开招募社团会员。（五）申请成立的社团应在审批通过后两周内，以公开的形式宣布社团成立，并公开选拔社团社长，由年级团总支、德育处负责监督。

各社团须在每学期开学后两周内进行学期注册备案，填写《济源一中学生社团学期注册备案表》并报送学校团委。注册备案表中写明社团辅导教师、社团学生负责人、本学期社团活动计划等内容。

每学期初的学生社团注册备案工作，是对全校各社团进行管理的重要一步，可以对社团的生存状况、活跃状态、活动计划等方面进行摸排调查，以便对社团进行有效的引导和管理。

学校规定各社团活动必须在不影响课堂学习、不违反学校纪律的前提下进行，一般每月不少于一次。各社团可在每次活动前一周内推出活动宣传画，经德育处审定后张贴在公告栏。各社团如需印刷材料、刊物等，需交德育处审定通过后方可印刷。

各项社团活动均须上报学校团委，经审核批准后方可进行。否则即为违规活动，校团委有权对其进行终止。活动结束后，社团应将活动资料以书面和电子文档形式报送校团委。

社团活动审批流程是：填写《济源一中学生社团活动审批表》——辅导教师审核签字——年级团总支审批盖章——校团委审批盖章。

学校为各学生社团开展活动提供了丰富的校内校外活动场所，校内有图书馆、体育馆、游泳馆、运动场、天文台、实验室、电影教室、数理探索馆、家风家训馆等，校外有气象局实践基地、农科院实践基地、新农村实践基地等。

各学生社团开展的活动主要分为学科知识、文体艺术、公益服务、社会实践、劳动教育、传统文化、爱国教育等，每学年活动数量达到300项以上。

二、学生社团的奖惩

1.社团的表彰。为鼓励学生社团蓬勃发展，积极推进学生社团建设，努力提高社团活动水平，更好地发挥其在校园文化生活中的积极作用，学校团委定期开展学生社团评奖活动。2018年以前为每学年表彰一次，2019年之后为每学年表彰两次，即每学期表彰1次。表彰项目有"优秀学生社团""优秀社团辅导教师""优秀社团干部""优秀社团成员"等四项。

2.社团的惩罚。学校规定，对违反管理制度的学生社团，将视情节给予警告、严重警告、勒令整改等处分，并将社团负责人上报学校给予处分。如：违反法律法规或学校规章制度；不接受学校团委的管理和指导；全学年没有任何社团活动，机构涣散；在每学期初限定时间内未完成会员注册和社团注册；从事与社团宗旨或学生身份不符的活动等。

3.社团的解散。学生社团有下列情形之一者将被解散：受勒令整改处分，经考核仍不合格的；受到大量的社团成员或其他人员投诉并查证属实的；造成重大责任事故的。

三、社团文化节——多元育人的平台

学生社团活动是由学生自发创办，并聘请相关学科教师指导的实践性团队。我校于每年5月份前后会举办一届社团文化节，目的在于鼓励学生社团蓬勃发展、展示社团风采、繁荣校园文化、提高广大学生综合素质、彰显辅导教师育人素养。

每届社团文化节会根据实际情况确定相关主题，如2016年为"共舞社团风采，绽放文明之花"；2017年为"繁荣校园文化，助力文明创建"；2018年为"发挥社团育人功能，塑造学生核心素养"；2019年为"为祖国点赞，为青春喝彩"；2020年为"防控疫情彰显青春力量，勇挑重担绽放绚丽之花"。

每年的社团文化节，参与的社团学生人数在1000人以上，参与的辅导教师人数在150人以上，辐射师生人数在5000人以上。学校团委负责对社团文化节进行统筹规划，各社团辅导老师和学生具体参与实施各项活动。社团文化节是集中展示社团育人成果的文化盛会，学生在相互的交流和切磋中，活跃校园学习氛围，提高学生自治能力，丰富课余生活，互相启迪，增进友谊。

社团节学生现场展示

四、学生社团主要特色

1. 形式多样，趣味盎然。济源一中各社团基于自己的社团特点，采用更适合自己社团特点的形式，开展趣味盎然的活动。数学社常常组织同学们参加知识竞赛，让学生在安静独立的思考中，感受思考的魅力；朗读天下播音社负责学校的广播事宜，每周三的校内广播是同学们每周的期待；完美制造社组织学生进行绘画、陶瓷等创作，让学生感悟艺术之美；物理社组织学生动手做小实验，让学生亲身体验科学的奥妙；微讲团给学生提供充分表达自我的机会，激发学生的表达欲望，使学生能够流畅准确地表达自己内心的想法和对时事热点的评论。

2. 关注现实，奋发有为。济源一中各社团与时俱进，始终与时代同频共振。微讲团举办"这，很中国"主题演讲比赛，引导学生关注社会热点问题，表达自己的所思所想；网弘国学社将经典与现实相结合，采取通俗易懂的形式，让学生走进经典，传承经典；环保社关注身边的不环保现象，倡导大家绿色健康生活。

3. 精益求精，注重品质。济源一中各社团立足学生发展，致力于建设精品社团，组织高质量活动。每个社团的每个活动，都经过辅导老师和年级团委以及学校团委的认真审批，审批通过后，方可举办相应活动。整个过程要求严谨、真实、高效。

【校本展示】

济源一中学生社团活动审批表

活动主题	校园植物的识别及标本制作活动		
主办社团	生命科学园	辅导教师	吴鹏霞　岳蕙颖 贾大勇　司婷婷
举办时间	2019年10月27日	申请场地	无
所需设施	无	资金来源	自筹
活动负责人	司婷婷	联系方式	XXX
活动简介	一、确定活动时间、路线、参与的学生名单。 二、在指定的地点集合，宣布活动纪律，不乱走动，不破坏校园植物。 三、带领学生认识校园植物。 四、告诉学生如何分清乔木、灌木和草本植物，增长生物学知识。 五、分小组完成标本制作，按时更换标本纸。		
辅导教师意见	签字：　　　　　　　　　　年　月　日		
年级团总支意见	年　月　日	学校团委意见	年　月　日

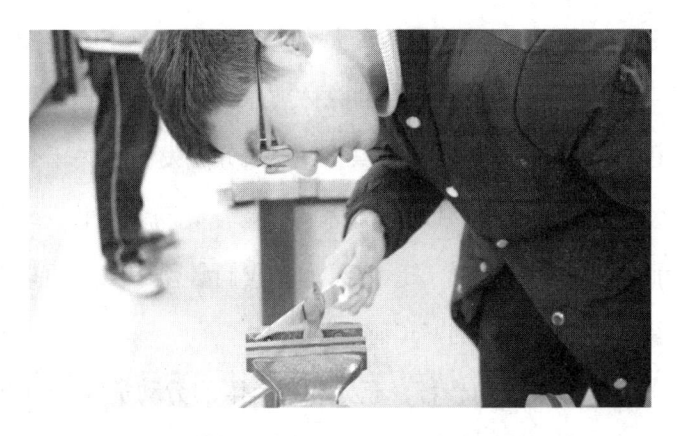

"技术与探索"社团活动

课程 7：劳动课程，在知行合一中成长

习近平总书记在全国教育大会上发表的重要讲话中把"劳动教育"列入全面发展教育理念，具有重大战略意义。

劳动教育是马克思主义劳动观的重要内容，重视劳动教育是马克思主义的重要主张。中国共产党人继承和发展了马克思、恩格斯的劳动观，在中国革命、建设和改革的伟大实践中，始终高度重视发挥劳动教育的价值功能，并将教育同生产劳动和社会实践相结合，贯穿于各个时期党的教育方针之中，进一步丰富和发展了马克思主义劳动观。

然而，随着社会的快速发展，劳动教育的方式方法与学校文化课学习的需求的矛盾越来越大，直接的刚性需求越来越小，价值引领的作用越来越弱化。最近几年，社会上出现了鄙视劳动、不想劳动、不爱劳动、不会劳动和不珍惜劳动成果，转而崇尚不劳而获、崇尚暴富、贪图享乐等，深层次反映出部分人在价值认同上出现了偏差，因此劳动教育独特的育人价值亟待弘扬。

党的十八大以来，习近平总书记立足于新时代历史方位，对劳动和劳动教育做出重要论述。2018 年全国教育大会上，习近平总书记要求把劳动教育纳入培养社会主义建设者和接班人的总体要求之中，明确提出构建德智体美劳全面培养的教育体系。2020 年中共中央、国务院发布《关于全面加强新时代大中小学劳动教育的意见》（以下简称《意见》），对新时代劳动教育做了顶层设计和全面部署，意义重大，影响深远。我们必须增强全面贯彻党的教育方针，抓好新时代劳动教育的紧迫感、责任感。

济源一中历来重视劳动教育，充分利用有限的劳动资源，创新课程内容，探索劳动教育新方式，在学生中弘扬劳动精神，培育能够辛勤劳动、诚实劳动、创造性劳动的时代新人。2018年8月习近平总书记"新时代劳动教育"观念提出后，学校积极响应，深入研究文件，研究劳动教育如何与学科教育融合，以及劳动教育与高考的关系，同时开展了一系列劳动实践活动。2019年，即开始着手"劳动教育"制度建设；2020年学校适时将劳动教育列入了2020年学校发展规划，着力完善制度安排、场地建设、课程研究；2021年的学校工作规划中，依托劳动教育基地、社会力量、家庭合力，更细化了推动劳动教育深入课堂、深入实践、深入发展的具体措施。

一、课程地位

1. 中华人民共和国教育部制定2017年版、2020年修订的普通高中课程方案中，所有分科科目和综合科目的总学分为88学分，劳动教育为国家必修课程，占6个学分。具体如下：

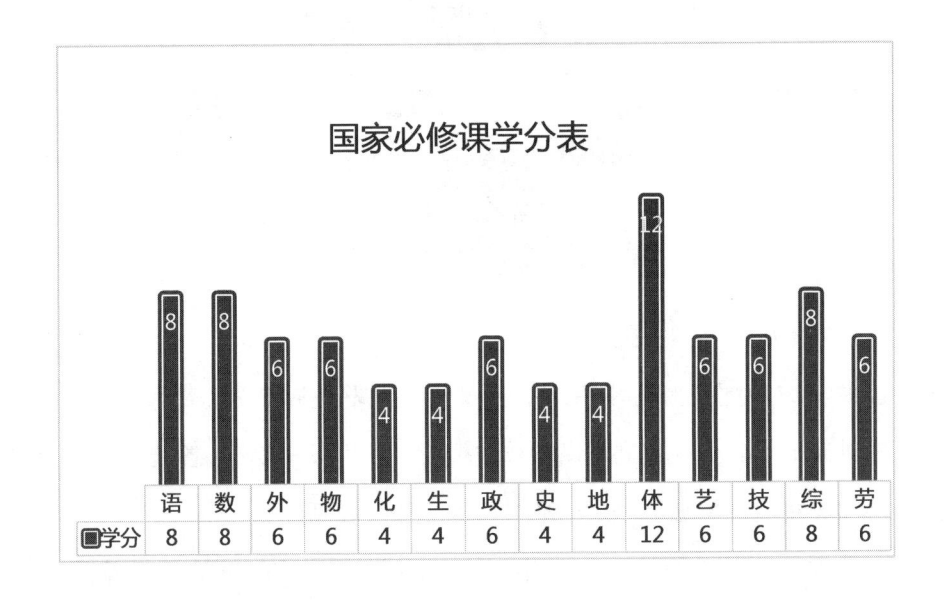

国家必修课学分表

	语	数	外	物	化	生	政	史	地	体	艺	技	综	劳
学分	8	8	6	6	4	4	6	4	4	12	6	6	8	6

2. 济源一中劳动教育进入课堂，每周一节课

2020年冬学段课堂内容安排

第一周	《致敬英雄 自强不息》，回顾抗疫史，宣传英雄，学习英雄
第二周	《劳动意义的教育》，了解马克思和党对劳动教育的主张
第三周	《如何提高班务劳动效率》，洒扫、擦玻璃效率
第四周	《家长进课堂》，介绍职业特点、职业感受，提高大家职业认识，增进大家职业体验
第五周	《我来做道菜》，引导参与家务劳动，提高生存生活能力。
第六周	《酒精消毒剂的使用》，渗透安全教育，激励学生学科学习
第七周	观看视频《大国工匠》，第四季第一集：大勇不惧，讨论分工的重要性，普通劳动的意义
第八周	《家长进课堂》，介绍职业特点、职业感受，提高大家职业认识，增进大家职业体验

二、校本课程体系

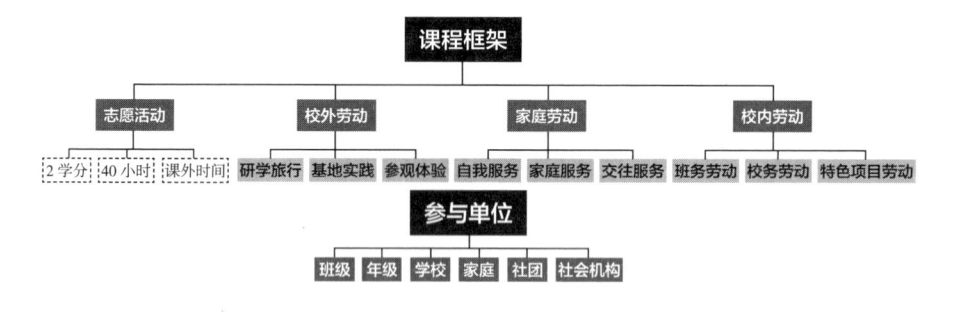

课程框架
- 志愿活动：2学分、40小时、课外时间
- 校外劳动：研学旅行、基地实践、参观体验
- 家庭劳动：自我服务、家庭服务、交往服务
- 校内劳动：班务劳动、校务劳动、特色项目劳动

参与单位：班级、年级、学校、家庭、社团、社会机构

三、师资力量

济源一中现配备有劳动专职教师2人，兼职教师2人，劳动基地2个，聘请校外辅导员2人，成立了以校长为组长，各年级副校长、各处室主任为副组长的领导小组；建立了一系列基本的保障和实施制度。

每一次劳动活动的开展，都需要多个部门的支持和协调，尤其是到校外时，更需要协调上课时间、注意出行和劳动过程中的安全。因此辅导老师的活动方案、活动内容、活动场所和安全预案都需要仔细考察和审批。因此要特别

注意以下几点：

（一）对学生的安全教育和组织

高中学生的身体和智力发展都到了一个比较成熟的阶段，朝气蓬勃、敢想敢做，但是往往忽视身边的隐患，如果不对学生做出统一规划和组织安排，学生极容易遇事"一哄而起"，导致各种意外的发生，这给学生本人及其家庭带来无可挽回的痛苦和损失，因此安全责任重于泰山，学校把安全教育放在重中之重的位置。

（二）转变教育观念

纵观以往的安全教育，"不许""不要""不能""不准"等命令限制性的语言无论说多少遍，离开有效的组织管理，效果总是微乎其微。大多数学生听到这样的话语，根本不会入心，甚至会产生"你不让干的我就要试一试"的逆反心理。如何对学生进行行之有效的安全教育呢？这就应该从教育观念和教育方法上进行改革。

教师应该放下师长的架子，在进行教育时少用甚至不用命令限制性的词汇，师生之间的关系不是管教和被管教的关系，而是朋友关系，是互相提醒、互相帮助的关系。教师应该做到平易近人，让自己有亲和力，多和学生交流谈心，让学生感到老师是可以信任的朋友。在此基础上可以通过各种方式让学生自己参与制定规则。比如提出开放式问题："如果不注意这些会造成什么严重的后果呢？""天热了，我们又要怎么办呢？""雷雨时，你是怎样做的？如果方法不正确会怎样？"面对老师提出的问题，学生觉得好像老师在向他们征求答案，从而使他们有一种亲切感，激发学生的积极性进而发表自己的看法、观点。这样学生更能记住安全常识，了解应该怎样保护自己的人身安全。

（三）事先申请，依据规定进行

制度是为了更好地实现目标而制定的。它为行为做出规范，为实践提供依据，从而为目标的达成起到促进和保障的作用，也对风险和意外起到了规避的作用，因此规章制度是非常重要的。活动的组织者必须依照制度开展活动。比如，根据学校的风险分担制度，学生外出必须购买保险。

（四）集思广益

劳动活动的安排要具有综合性和创新性。如何确定活动内容？达成什么目标？风险在哪里？需要用到什么工具？谁来协调合适？需要多少辅导老师参与？需要学校哪些部门协助？如何分工等巨量的工作，往往不是一个人能做出来的，这就需要展开集体合作和多部门协调。同时，也需要参与人员集思广益，制定出合理、有效的活动规划和方案。因此集思广益、协同工作，集中大家智慧和力量是非常必要的。

【校本案例】

一、特色项目劳动：3D 打印劳动实践活动

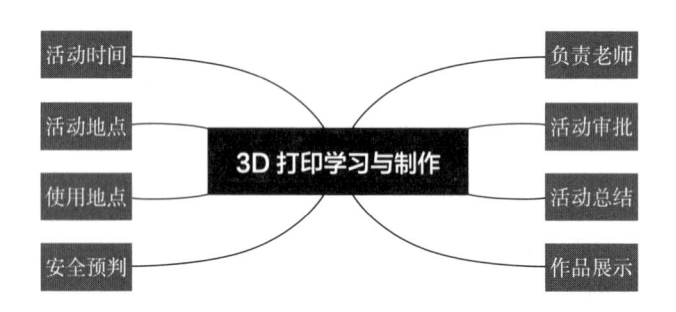

3D打印劳动实践活动活动方案

活动主题：3D 打印实践活动——小凳

参与人员：技术与探索社团

辅导教师：刘雨雷

举办时间：2020 年 11 月 2 日

申请场地：校园

资金来源：自筹

活动负责人：张延聪

活动简介：

1. 进一步熟悉 123D Design 的操作界面。

2. 掌握 123D Design 用鼠标进行视图操作的方法。

3. 学习并掌握变换－移动／旋转、基本体－长方体／圆柱体、构造－拉伸、修改－压缩／倒角／圆角命令。

3D 打印小凳劳动实践活动掠影

2020年11月2日张敬尧同学正在制作小凳建模

学生的小凳作品

活动过程：

一、教学引入（3分钟）。

二、123D Design 用鼠标进行视图操作＋学生操练（10分钟）。

三、制作小板凳二＋学生操练（20分钟）。

四、保存文件（5分钟）。

五、练习与巩固（12分钟）。

六、点评总结（10分钟）。

七、活动反思。本次活动课，同学们学习得很快，轻松掌握了视图的变换操作。在制作小凳的过程中，练习了相关命令，做出了精美的模型。但同时应注意到，同学们掌握的熟练度还不足，观察还不够细致，也存在着共性问题：复制出的实体没有及时挪走。

二、校务劳动

校园环境建设是一种潜移默化的无声教育，这种教育是学生在课堂上、教科书中无法找到或看到的教育。济源一中，占地面积515亩，学校大，又是一所百年老校，有深厚的历史底蕴。我们充分利用校园环境，植入劳动因素，让校园的每个角落都散发出劳动教育的氛围。

我的树花我来浇。一年四季，校园四周的迎春花、樱桃花、黄桷兰等次第开放，让学校始终氤氲在淡淡的香气中，令人赏心悦目、心旷神怡，如同走进一座美丽的花园。每年植树节，德育处都会开展植树护树活动，领养班级树，号召同学们爱护花草树木，给校园的植被浇水、松土、修枝、挂牌……让学生参与到学校的绿化中来，在劳动实践中培养学生珍惜劳动成果的品德，养成勤俭和艰苦朴素的好作风。

我的农场我种植。我校在实验楼楼顶空地建设了"知行园"农场作为劳动实践的场地，学生利用课余时间进入农场劳作，拿着工具进入基地亲自播种、施肥、除草、浇水、除虫等，在教师的带领下体验种植的辛苦和收获的快乐。

除了见证蔬菜的种植和收获，学校植物众多，上百种植物在这里成长，每个品种都悬挂着知识介绍的图框，常常看见学生三五成群围在植物前细心研究，在学校许多地方你都能看到与劳动有关的文字、图片、实物等。劳动无处不在，这样的体验基地培养了学生积极主动的工作态度，也锻炼了他们吃苦耐劳、克服困难的坚强意志。

我的垃圾我分类。学校在操场、楼道口和班级中设置了分类垃圾桶，这类垃圾桶主要分为可回收垃圾、不可回收垃圾。学生定点定时将收集到的垃圾统一进行处理，在学校刮起了垃圾分类风。不仅如此，我们还将学生的垃圾分类的意识推广发扬到家长中去，影响到家庭，然后带动全社区。我们深信，垃圾分类可以培养学生作为社会公民的义务感和责任心。

环境氛围营造是催生学生成长的深厚土壤。学校这些劳动氛围的创建不是散点的体验，而是让学生习得正确的劳动观念，养成主动的劳动习惯，培养积极的劳动情感，获取丰富的劳动知识，发展创新的劳动思维。对学生来说它是一个立体的、多彩的、富有创造力和吸引力的无声教材，它让学校每一个角落都能润劳，每一分气息都能熏陶。或许，我们的环境创建还承载不了这么多内容，但我们期待通过学校的教育，让学生找到自己的劳动坐标、学会生存、学会劳动、积极生活、享受快乐。

【校本展示】

济源一中"热爱劳动、美化校园、做快乐粉刷匠"劳动实践方案

活动背景

冬季来临，气温骤降，虫子蛰伏待机。出于关心保护学校树木的良好心愿，我社团决定在紧张的学习之余，安排两次"热爱劳动、美化校园、做快乐粉刷匠"劳动实践活动，为生活区树木涂白，从而为学校的建设发展做出自己的一

点点贡献。

活动目的、意义和目标

（一）了解树木"涂白"的作用和其中包含的知识。

（二）通过劳动实践锻炼意志，提高认识。

（三）完成近400棵树木"涂白"工作。

资源需要

刷子和小滚30个，小桶30个。

手套3副。

宣传横幅两个。

后勤服务公司指导人员及材料准备。

活动开展

（一）前期准备

1.2020年12月3日，总务处和学生发展中心了解到社团劳动实践的需要，积极支持，专门采购了所需的刷子、小滚、小桶、手套、横幅等。

2.经德育处批准，确定第一次活动时间：2020年12月7日12：30至14：00。（附年级批准参与学生名单）

（二）具体安排

1.活动时间

第一次：2020年12月7日12：25，全体集合列队。

第二次：2020年12月13日14：30，全体集合列队。

2.分工分组

（1）配料、送料组。

（2）专家指导组（后勤人员）。

（3）其余两人一组，一组一次一棵树。

3.悄悄原则

午休时间所有人悄声进行。

活动中应注意的问题及细节：

1.不要弄脏衣服和地面。

2.注意保护眼睛。

3.总结提高劳动效率。

活动负责人及主要参与者：

负责人：知行社辅导教师张琦、周永丰。

主要参与者：知行社全体成员。

【劳动掠影】

劳动实践活动

【活动总结】

2020年12月7日和13日，学生分别利用午休和周末时间，按时集合，列队整齐前往生活区，在后勤服务公司工人师傅的协助下，按照分工，迅速进入状态，从生活区南边的环路开始，斗志昂扬、满怀热情，共计用时3个小时，共涂白道旁树270余棵。当看到树木整齐的白色装饰，大家都很开心。限于时间，活动结束后，学生迅速进班上课，辅导老师张琦和周永丰负责清洗劳动工具。

活动中特别让人感动的是学生的劳动热情和奉献精神。这次有5名学生自带工具，有的是借来的，有的是刚买的；多数学生的衣服都弄脏了，大家都是在哈哈大笑中毫不在意，展示了普通劳动者本色。特别是13日，天气阴冷，有学生牺牲周末休息时间赶来，王呈允同学嗓子哑得说不出话，李旭蕊同学衣衫单薄毫不退缩，社长汤嘉浩、刘旭烨、刘玉洁、原艺杰等几乎所有人都展示出来"弯得下腰，出得了力"的普通劳动者的精神风貌。

活动中面临的直接问题是劳动服装的缺乏，难点问题是学生的热情在40分钟左右开始降低，需要不断地鼓励、提气。不过这更说明了劳动实践活动的必要性。学生每次的活动时长都超过1.5个小时，也说明学生得到了磨炼，达到了活动的目的。

四、校外劳动

劳动最光荣，劳动最崇高，劳动最伟大，劳动最美丽。劳动教育是济源教育系统当前推行素质教育的重要内容，是全面贯彻党的教育方针的重要内容，是学生适应社会生存与发展的必要条件。劳动教育课程是济源一中的校本课程，让学生走进工厂、走进农村、走进社区体验劳动，上一堂生动的社会实践课，是济源一中开展劳动实践教育的重要举措。

济源示范性综合实践基地是"全国中小学生研学实践教育示范营地"，是我校学生开展校外综合实践的重要基地。定期到基地实践，这样有利于学生在校外劳动教育实践基地开展形式多样、内容丰富的实践活动，形成具有综合性、实践性、开放性、针对性的劳动教育课程体系，为济源一中探索开展校外劳动教育实践活动提供经验和借鉴。

济源一中已与市农科所、市气象局、市科技馆等合作，设立多个校外劳动教育实践基地，持续深化与企业、农村的友好合作关系，不断开发校外课程资源，拓展学生学习和体验的空间，让学生走出课堂，走进工厂，走进农村，走向广阔的社会，在劳动中学习，在实践中成长。目前，济源一中"学农"活动已打造成我校一张响亮的劳动教育名片。

【校本展示】

济源一中刨洋葱劳动实践活动方案

为了进一步落实劳动教育，帮助学生树立劳动最光荣、劳动最崇高、劳动最伟大、劳动最美丽的信念，培养学生热爱劳动和劳动人民的情感，提高学生的劳动技能和素养，我校决定组织学生走进田间刨洋葱，让学生真正在劳动实践中成长，在劳动体验中收获。

一、劳动教育时间

2020年5月25日

二、劳动对象

2018级学生代表

三、活动方案

1.晁晓霞老师负责联系农户，并请农户准备好劳动工具。

2.由于交通工具受限，晁晓霞老师和成琳老师自己开车。

3.上午8:00在德育处门口集合，整队出发，计划11:40返回学校。

4.从2018级每班挑出1至2名学生参加。

5.劳动结束，要求每位学生交一篇劳动心得，并在班里展示，供其他同学学习。

四、注意事项

1. 教育学生要听从指挥，不随意乱跑，不破坏农作物。

2. 教育学生注意安全，小心使用劳动工具，不要伤到自己。

2020年5月25日，学生分工协作，拔洋葱、剪洋葱秆儿　　"刨洋葱劳动实践"学生心得

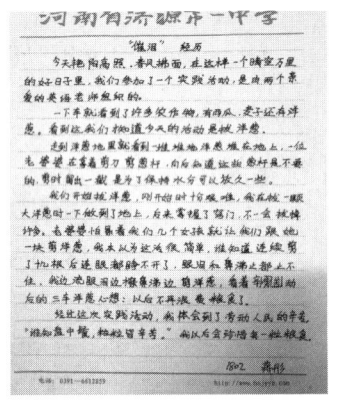

五、活动总结

这次刨洋葱劳动教育实践活动，不单单是组织学生走出校园、走出都市，走进户外、走进田野，放松心情、释放压力，让孩子们的天性得到释放和发展；更重要的是，让他们通过"出力流汗"，体会衣服沾满汗味和泥土的感觉，体验不曾经历过的辛苦劳作，见识课外新鲜知识，比如拔洋葱技巧、团队协作等，感受自己劳动成果时的满足与愉悦，从"入耳入眼"到"入心入脑"，一改"少爷""格格"脾气，懂得珍惜劳动成果和幸福，触发学生奋发学习、报效祖国的热情，才是这次劳动教育课的真正目的。

"一粥一饭当思来之不易，一丝一缕恒念物力维艰"，劳动中，学生深切地感受到种子破土而出、结出果实的艰辛和一餐一饭的来之不易。在把洋葱归仓的过程中，学生的合作意识、吃苦耐劳的品质得到培养，劳动意识、劳动能力得到提高。他们在劳动心得中分析了各种刨洋葱方法的利弊，从实践中提炼出最佳刨洋葱方法，也总结出任何事情都有方法，要讲究技巧，不能蛮干。孩子们为自己的辛苦付出而感动、自豪，明白了只有劳动才能收获的真理，从劳动中获取了丰富的情感体验，也得到了价值观的提升。他们下定决心要珍惜在舒适的教室里学习的机会，努力拼搏，为自己的目标而奋斗。

总之，在这次活动中，学生的收获让我们带队老师十分惊喜，这也激发我们不断发掘丰富多样的劳动实践的信心，让更多的学生参与进来，让他们在劳动中收获，在劳动中成长。

五、成果呈现

目前，济源一中劳动教育已实现课程化、常态化。劳动教育与德智体美并驾齐驱。我们充分利用有限的劳动资源，创新劳动课程内容，组织学生参与校园卫生保洁、绿化美化、志愿服务和家务劳动等。每周有劳动课，设立劳动周，建立劳动基地，做到校内、校外、家庭相结合，教育引导学生崇尚劳动、尊重劳动，让学生在劳动中发现自己的潜质，从而收获美好的人生。

从2019年至今，在学校常规劳动教育活动之外已开展主题劳动活动20余次，大多为社团和班级劳动；校外进入田间地头活动5次；家庭劳动竞赛2次，劳动周（寒暑假）3次。学生既得到了体验锻炼，获得一定的劳动技能，也解放了思想，提高了认识，精神面貌有了很大的改变，家长普遍反映孩子更积极向上了。同时我们学校也编印了劳动教育校本课程资料《家乡的古建》《木工制作》《劳动者之歌》《学科教学与劳动教育融合—教学设计案例》《劳动教育纪实》等，劳动教育取得显著效果。

济源一中先后获得"首批全省中小学劳动教育特色学校""河南省中小学知识产权普及教育实验基地""河南省十佳素质教育实验基地"等荣誉，在全市乃至全省劳动教育工作中起到示范引领作用。

课程 8：电影课程，别样的教育世界

电影与教育联系紧密。作为一种媒介，电影承载着丰富的内容，有着强大的表现力与艺术感染力，蕴含娱乐、审美、教育等功能。对于正处于教育启蒙阶段，人生观、世界观、价值观正在形成之中的中学生来说，电影的影响尤为显著，其教育价值也更加凸显。2018年12月，教育部、中央宣传部联合印发《关于加强中小学影视教育的指导意见》，提出"力争用3—5年时间，全国中小学影视教育基本普及，形成中小学影视教育的浓厚氛围"。

当前，各级教育行政管理部门、一线校长与教师也已认识到影视教育的重要性，开展了形式多样的影视教育探索，不少学校开设了电影课程。但电影课程毕竟是一个新生事物，目前尚处于萌芽阶段，表面看来呈百家争鸣、百花齐放的蓬勃发展之势，但实际存在不容忽视的诸多问题：忽视电影对于孩子成长的教育价值，选片带有盲目性，课程内容缺乏整体规划、教学方式缺乏创新；没有制定出统一的课程标准、开发出相应的教材；高品质的电影资源难以获取；影视课程开展的时间难以保障，硬件设备、观影场所等都有极大的限制。

济源一中电影课程的设置是出于学生发展的需要，将电影课程与德育相结合，以更好地解决班级管理中的系列问题。电影课程以教育学和心理学为依据，根据不同年龄阶段孩子的心理发展特点，结合其现实中出现的各种问题，借助电影故事的力量引领孩子道德和心理发展，从而设置相应的课程体系。

一、电影课程的基本类型

目前，电影课程类型多样，综合来看，主要有以下几种：

1. 德育电影课

德育电影课主要是围绕德育教育与班级管理问题开展的电影课。教师结合班级学生的学习、生活实际情况，围绕班级有可能存在的问题，选择合适的电影。德育电影课的形式灵活多样，可以精选一部电影进行主题探讨，也可以根据同一主题剪辑几部相关电影片段进行串接，以达到聚焦问题、助推问题解决的目的。

比如一个新的班级，不仅需要规则的约束，更需要梦想的引领，如何带给班级梦想和方向，并且把这种梦想和方向内化为每一个孩子内在的认同呢？我们通过开展"梦想教育电影专题"让孩子们看到教室发展的可能性。电影《疯狂动物城》让孩子们看到英雄的兔子朱迪的成功来源于她疯狂的梦想和疯狂的努力。一个班级的成功同样如此，一个有梦想的班级才会为每一个成员提供更宽阔的成长舞台。

2. 学科融合电影课

学科融合电影课是指以学科教学为主体，借助电影来帮助学生达成学科学习目标的电影课，影片的选择必须服务或服从于教师的学科教学。对此，各学科教师都可以形成自己学科专属的电影课程资源库。

比如在语文学科的学习中，很多中外名著都拍成了经典电影，教师可借助电影让学生进入对相关篇目的深度学习与多维度认知。如《骆驼祥子》《海底两万里》《巴黎圣母院》《悲惨世界》等都可以名篇与名著电影相结合进行学习。

再比如在思想政治学科的学习中，需要深化政治学科的核心素养，主要包括政治认同、科学精神、法治意识和公共参与。我们精选电影《建军大业》《建国大业》《建党大业》《开国大典》等电影培养学生的政治认同和国家意识，通过《美丽心灵》《盗梦空间》《流浪地球》《接触未来》等电影培养学生的科学精神，通过《肖申克的救赎》《杀死一只知更鸟》《永不妥协》《被告山杠爷》《马背上的法庭》等电影培养学生的法治意识。

3. 电影赏析课

影视赏析课从影视专业角度引导学生赏析电影，学习电影的语言、镜头、取景、拍摄等知识。比如，上海北虹高级中学高二年级电影课《唐山大地震》，授课教师采用影视单元教学法，用4个课时的时间，学习"运用影视语言表达情感"主题。第1课时主要学习如何运用剧本架构推动情感表达，第2课时学习如何运用画面语言塑造情感表达，第3课时学习如何运用声音语言烘托情感，第4课时是"我的微电影分享"。学习整个单元后，学生了解了电影制作的基本原理，对镜头、语言、画面、音效也有了一定的把握，并能动手拍摄一些小剧本、微视频。这种专业的电影赏析课对授课教师的专业素养有更高的要求。

4. 主题电影教学

主题电影教学是针对某一重要主题设计系列电影课。影片的选择上也是服务于主题教学的，教师根据不同的主题设计不同的电影课。

比如挫折教育的电影主题，是引导孩子如何正确看待挫折，直面困难，学会运用积极的方法去解决问题，从而顺利实现成长的专题。我们推荐的第一部电影《草房子》，电影打动我们的是四个孩子应对困难和危机没有选择一味地沉沦，而是积极地应对，从而逃脱命运的扼制。推荐的第二部电影是《叫我第一名》，电影告诉孩子们当挫折来临时，与其消极抱怨不如积极面对。推荐的第三部电影是《听见天堂》，电影通过现实展示一个盲童如何发现自身的优势，扬长避短，通过自身的成长带动他人和社会成长的故事。

再比如生命教育的主题，生命教育引导孩子理解生命，热爱生命，进而无限扩充生命的价值和意义。推荐的第一部电影《南极大冒险》，呈现的是人与狗之间的相互救助，体现了对生命的关爱和珍重。推荐的第二部电影《莉莉周的一切》，呈现了现代网络世界里的孩子轻视生命，电影告诉孩子网络世界同样需要珍爱生命，与青春同行。推荐的第三部电影《辛德勒的名单》，体现了在绝望处境下，生命的价值高于一切，正如电影最后获救者送给辛德勒的戒指上镌刻着的犹太人名言："救人一命等于拯救全人类。"

5. 电影社团

电影社团是以学生为主体，围绕电影某一方面的主题开展多方面创造性活动的团体。中小学校常见的电影社团主要有表演社、微电影制作社、拟音社、配音社、海报社、剧本创作社等，电影社团通过在实践活动中激发学生的主动性与创造性，提升学生的综合能力。比如，某电影社团以"垃圾分类与环保发电的实践与探究"为主题，结合对环保部门、垃圾处理部门、垃圾发电工厂等机构的实地走访调研掌握的信息，将垃圾分类及发电的整个处理过程以微电影的方式呈现出来。

二、济源一中电影课的实施

为促进中小学电影课程更好的发展，需在课程内容、教学方式、实施路径等方面把握住一些关键问题，突破局限与困境。王晓琳老师主持实施济源一中电影课程规划，设计了高中三年系列电影课。

高中一年级

高中一年级的孩子在高一的前半年，有一个学习方式的转变和文理分科的选择，可以说是比较重大的选择。所以这一阶段的电影我们既注重心理的引导，又注意他们职业的选择和人生规划的引导，关注校园安全和社会责任，培养孩子们的国际视野与人文关怀。我们精选六部电影，通过电影解决他们面临的各种问题，引领其成长。

高一阶段		
1.《少年的你》(中国)	自我认同	选择理由：校园欺凌
2.《横空出世》(中国)	家国情怀	选择理由：科技强国
3.《阿甘正传》	社会责任	选择理由：全心全意
4.《阿凡达》	自然情怀	选择理由：人文精神
5.《钢的琴》(中国)	家庭关系	选择理由：理解亲情
6.《汪洋中的一条船》(中国)	家校共育	选择理由：共渡难关

高中二年级

高中二年级是学生人生一个重大的爬坡期，他们在学校的学习和生活中会对自己放松，这一时期也是他们青春期觉醒、谈恋爱、打群架，甚至上网追星等各种问题出现的关键时期。所以这一时期电影课程的主题侧重于心理上的疏导、行动上的规范、规则上的加强、理想信念的鼓励、人际关系方面的拓展等重大主题，我们精选了六部电影，通过电影引领其成长。

高二阶段		
1.《心灵捕手》	自我认同	选择理由：心灵解放
2.《战狼2》(中国)	家国情怀	选择理由：爱国情怀
3.《十月的天空》	社会责任	选择理由：社会理想
4.《卡特教练》	人生规划	选择理由：飞得更高
5.《逆光飞翔》(中国)	家庭关系	选择理由：人间温暖
6.《老师好》(中国)	家校共育	选择理由：相互理解

高中三年级

高三年级的孩子既面临学习和考试的巨大挑战，又面临职业的选择与困惑。在疫情蔓延的特殊时期，他们面临的压力更加巨大，所以这一时期的电影选择我们不仅加强对他们的心理引导，更注重他们人文精神的形成、国际视野的拓展，以及家国观念的深化和人生规划的引导。我们通过电影引导他们既会独立理性思考问题，又能积极勇敢面向未来，懂得职业操守和社会责任与担当。

高三阶段		
1.《布鲁克林》	自我认同	选择理由：人生选择
2.《攀登者》（中国）	家国情怀	选择理由：爱国主义
3.《中国机长》（中国）	社会责任	选择理由：职业与责任
4.《流浪地球》（中国）	自然情怀	选择理由：生态国际观
5.《摔跤吧！爸爸》	家庭关系	选择理由：亲子关系
6.《四个春天》（中国）	家校共育	选择理由：爱与责任
7.《流感》	社会关注	选择理由：疫情电影

2019年济源一中成立了"晓琳电影课程工作室"，与北京师范大学传媒学院、天津师范大学影视学院合作开发中学系列德育影视课程，把一线教师的研究与高校的理论指导结合起来，让课程既有专家教授的理论指导，又有一线教师生动活泼的创造与实践。

电影课是观影课但不只是观影活动，重要的是观影之后的研讨和引导，以及后续的拓展和延伸。一般而言，中小学电影课主要包括"选择与观影""研讨与提炼""拓展与深化""体验与创造"四个环节。

【校本展示】

少年经风雨，成长遇彩虹
——《少年的你》

一、电影信息

导演：曾国祥

类型：剧情／爱情／犯罪

制片国家／地区：中国

上映时间：2019年

二、荐影理由

成长是每一个人都绕不过的旅程，是每一个人都避不开的话题。每个人的成长过程就像是化茧成蝶，在这个过程中，高中阶段仿若最后的挣扎，孩子们面临最繁重的学业，面临成人前青春期最狂热的躁动，面临着来自家长和学校最大的期盼，面临着对未来人生最艰难的抉择……这最后的挣扎是最痛苦的磨砺，只有经历了，战胜了，才有可能完成这最美好的成长。所以我们选择了电影《少年的你》，呈现了在这种艰难的境况中，主人公如何突破重围，完成成长的蜕变。有助于孩子们在这一阶段完成对自我的认知，顺利成长。

三、观影准备

1.知识准备

什么是校园欺凌？

2.活动准备

（1）搜集近三年校园欺凌事件，观察此类事件的发展变化趋势。

（2）谈谈你对校园欺凌的看法，假如发生在你自己或身边的人身上，你会如何应对？

（3）找出关于此类案件的法律法规，研读这些法律法规。

四、电影精读

电影围绕即将长大成人的少年展开，有校园内即将高考的高中学生，有校园外无家可归的小混混。这些不同的少年有着各自的痛苦和无奈，有着各自的艰辛和问题，但是他们有一个共同的愿望就是变成大人。但是正如电影里所说的，"从来没有一节课教我们如何变成大人"，所以在他们成长的路上有那么多的坎坷和成人社会也无法解决的问题，有那么多无法调和的矛盾冲突。这一路上风雨飘摇，有眼泪，有鲜血，但是当他们真正长大的时候，也会发现曾经也有人拼命保护过他们，曾经的痛苦都是我们认识这个世界所必须要承受的，最终与过去的自己达成和解，并最终热爱这个世界。

电影中主要展现的问题有三个：第一个是校园欺凌事件，所有置身于这个事件中的学生、老师，以及应该为这件事负责的学校和社会。第二个是原生家庭的教育缺陷。第三个是成长中的少年如何应对成长过程中的各种问题，以及在这个过程中"三观"的确立、对自我和社会以及世界的认同。

校园欺凌

电影中女主人公陈念是一个即将高考的高三学生，她的同班同学胡小蝶因校园欺凌而跳楼自杀后，她成了下一个被欺凌的对象，只因她是唯一一个在胡小蝶死时为胡小蝶盖上校服的人，愿意帮助胡小蝶的人。而在这个过程中，所有的人都采取的是一种事不关己高高挂起的态度。在胡小蝶死时，她们不约而同地拿起手机拍照，同时也在不约而同地后退远离，这时唯一走上前的陈念就成了另类，她太显眼了。另外在电影镜头中显示的那一条条在手机上飞速传播的信息，透露出这些旁观者并不是不知道胡小蝶为什么自杀。但是那一个举起手指挡在嘴前的闭嘴表情埋没了事情的真相，同时也成了下一个被欺凌者的催命符。所以在另类的陈念成为下一个被欺凌对象时，同学们表现出的是更加冷漠的姿态。

旁观的不仅仅是这些学生，老师、警察、学校、社会都是旁观者。班主任在陈念第一次被欺凌时对全班说的是"离高考还有几天了，还搞这种恶作剧"，他把这种欺凌定义为一场恶作剧，同时轻描淡写地告诉陈念"和同学的关系还是要处理好，但真有人欺负你，一定要告诉我，学习要管，生活我也要管"。老警察在劝说年轻气盛的小警察时也说"这种校园欺凌的案件最复杂了，没有直接的证据，无法进入司法程序，最后还是得交给教育部门去办"。学校说我们对校园安全很重视，学校和老师一定会保护你的。社会说我们有警察，有法律，会保护未成年人健康成长。结果是校园欺凌的事件越来越多，当欺凌真正来临时他们的保护是那么的无力，是那么的缓慢。就像电影的结尾，当主人公长大时，欺凌仍在继续。我们看到的仍然是欺凌者的嚣张和无知，被欺凌者的痛苦和无奈，是旁观者的冷漠，是社会仍需改善的事实。

教育启示：

没有人想要看到欺凌事件的发生，那些冷漠的旁观者或许就是下一个欺凌别人或是被欺凌的对象。所以当事件真实发生的时候，每一个人、学校和社会都应该做出积极的应对措施，阻止冷漠的蔓延。同学们能给被欺凌对象一个微笑，陪他走一段回家的路，说出事情的真相，可能就阻止了一场悲剧的发生。学校积极开展心理健康教育，时时注意学生的举动，加强家校合作。社会也要关注这个问题，完善法律法规，给孩子们创造一个更好的成长环境。

家庭环境

一个人成长的环境给一个人带来的影响是巨大的，电影中给我们呈现了不同的家庭环境，以及在这样的环境中成长的不同少年。

第一种家庭就是主人公陈念的家庭，她同时也是电影中被欺凌的对象。生活在单亲家庭，有一个卖假面膜被骂骗子的母亲，有一个不能打开窗帘时刻会被人堵上门来催债的家。所以陈念是自卑的，在被欺凌的胡小蝶想和她做朋友时她是懦弱的，在被警察询问的时候说自己不需要朋友，在被同学嘲笑母亲是骗子时无力反驳抗争。但是陈念的母亲对陈念的爱又是不容置疑的，母女之间感情深厚，所以陈念也是坚强和坚韧的，所以在她柔弱冷漠的外表下有一颗柔软火热坚强的心，她接纳了小北，看到了这个小混混好的一面，最终她才能和小北共同走过所有的艰难，长成了一个大人。

第二种家庭就是保护陈念的小北的家庭。小北是一个被父母抛弃的无家可归的小混混，所以他从小就学会用暴力在这个社会上生存。他的成长环境无疑是最惨烈的，他的家庭教育是永远缺失的。但是这个在外人看来无恶不作的小混混也有着自己的痛苦和无奈，他的生活是他没有办法选择的，是他不负责任的父母和社会制度的缺失造成的。这个小混混的心里也有着最美好的一面，就像他嘴上说着不愿意学习但是心里的渴望一览无余。

第三种是主导欺凌事件的魏莱的家庭。家庭条件优渥，社会地位高，父母都在各自的领域取得过很高的成就。正因为如此，在女儿的校园欺凌事件中，面对警察问话时一副趾高气扬的样子，软硬兼施，熟谙社会规则，理所当然地认为自己的女儿没有错。这样家庭出身的魏莱，背负着父母太重的期望，在父母和同学面前永远是一副单纯、善良、开朗、阳光的样子，是父母心中的骄傲，是老师心中的好孩子。她本来可以拥有一个美好的未来，但是这么沉重的期待压在她的身上。当一个孩子不得不在所有人面前扮演他们所期待的角色时，她内心的阴暗就要通过别的途径发泄；当她找不到一种合法合理的途径时，欺凌弱小的同学就成了她的发泄口。所以魏莱走向了死亡的结局，也留给家庭永远的伤痛。

在电影中还有一些典型的家庭，比如在老警察口中的留守孩子，父母常年在外打工，一年也就见孩子一次，甚至几年一次，对孩子的关心太有限了。他们教育孩子的方式也很容易走上极端，要么是只关心物质一味溺爱，要么就是简单粗暴的暴力压制，就像电影中在走廊上毫不留情打孩子的爸爸。

教育启示：

没有父母不爱孩子，但是每个家庭都有自己的无奈，大人有着孩子们无法理解的艰难和不易，孩子们也有父母不能理解的痛苦和无奈。所以不同的家庭环境造就了不同的家庭矛盾，家庭教育良莠不齐，最大的问题是父母和孩子之间的交流和沟通不够，尤其是在学习压力较大的高中生活中，父母与孩子相处的时间大大缩短，所能够聊的话题也只剩下成绩、分数和大学。在这样的环境下，双方都不能及时地了解对方的情况和心理，压力和矛盾日积月累，总有一天会以意想不到的方式爆发。所以家庭教育中，交流和沟通是第一位的。在这个过程中，唯有父母长久的陪伴和关爱才是打开交流沟通之门的钥匙。同时社会也要建立健全各项制度，给小北这样无家可归的小混混也能提供一个保障，让更多的留守儿童也能回归家庭。所以家庭教育问题是一个从个人到家庭、到学校、到社会的全方位问题，每一分子都应该贡献一分力量。

少年成长

在电影中最感人的是主人公陈念和小北互相帮助、互相扶持、互相温暖、共同成长的情节。陈念由一开始斩钉截铁地说自己不需要朋友，说自己与小北不是一路人，到最后真心接纳小北，共同走过了艰难的时光。在电影的后半段，陈念失手杀死魏莱，小北为她顶罪，这是少年人的情谊，是喜欢就可以付出一切的情谊，这样的少年情谊是单纯的，是不计一切代价的；但同时也是孤注一掷的，是不考虑未来的沉痛的付出，是少年意气。所以在警察的帮助下，陈念最后的认罪是真正的成长，是成年人负责任的态度，是承担一切的勇气，他们隔着窗户相视一笑的瞬间，才是真正的长成大人了。所以他们也才能在最后迎来美好的结局，英文课上的三句话也是他们放下沉重的心理负担，放下沉重的过去，敢于直视过去的一切伤痛之后发现仍有美好的体现。

教育启示：

每个人的成长都要付出代价，有的人在沉重的代价之后化茧成蝶，有的人仍是毛毛虫，有的人却再也不能挣脱束缚自己的茧。当我们面对即将化茧成蝶的种种痛苦和折磨时，最主要的是坚定自我，坚持自己的准则和底线，同时不断地寻找和调整自己做人的方向，找到一条适合自己的路，去过完属于自己的精彩人生。

五、电影沙龙

电影中呈现了高中生这样一副面孔，他们在自己的同学死时，第一反应不是上前救助，而是拿起手机拍照；在被欺凌者的凳子上故意被倒上墨水时，他们选择低头沉默；在被警察询问时，他们掩盖真相；在手机上毫不顾忌地讨论同学的死亡，在班级里毫不留情地嘲笑同学的家庭。好像大家都这样做了，我如果不做我就是另类。本该是最亲近的同学，却对同学的苦难视若无睹，还要在需要的时候踩上两脚，只要事情不发生在自己身上，永远都是一副冷漠的态度。

问题讨论一：电影中主人公的同学们明知道自己的同学在遭受欺凌却选择一种漠不关心的态度，为什么会出现这种现象？

学生角度：这是一种少年人天真的残忍，是"三观"尚未成熟的体现。在他们还没有形成自己的一套处事方式之前，他们的行为都是集体行为，是一种人云亦云的处事方式，所以这个时期是需要对他们的心理和行为做出正确引导的。

高考氛围：中国的高考是公平的也是残酷的，在这样的背景下，学生的学习压力巨大，他们背负着来自各方的期盼，心理的压力可想而知。当这种压力无法找到一个合理的途径正确释放时，心理势必会发生变化，产生不可预料的后果。而学校在一定程度上也对学生的这方面需求关注不够，导致高中生问题层出不穷。

社会角度：随着社会发展，文明进步，社会问题也越来越复杂化，人性问题的探讨被提上了重要日程，关于人性的冷漠、人性的缺失导致的悲剧屡见不鲜。当成人世界都在默认这一种处事规则时，处在成长期的孩子们正在从家庭、社会接受一种什么样的教育。

问题分析：人性的缺陷是一个很难从根本上解决的问题，电影中呈现的少年人的冷漠绝不仅仅是少年人的冷漠，我们能做的且必须要做的就是通过后天的良好教育和不断完善的社会规则去保证每一个少年人长成一个合格的社会中的人。

电影中的陈念其实是幸运的，她不像电影开头遭受欺凌跳楼自杀的胡小蝶，也不像中间向她求助的欺凌者，她遭受了校园欺凌，但是她最后有了小北的保护，有了郑警官的帮助，也有同学李想虽然懦弱但是始终想要帮助她的心。但是现实中大多数的受害者是像胡小蝶一样孤立无援的，是始终求助无望的，他们没有一个"小北"，甚至在没有直接证据时找不到一个能帮助他们的警察，大人们不能给孩子庇护时，谁能来保护这些受欺凌的孩子呢？

问题讨论二：作为学生最长时间生活和学习的学校应该为避免校园欺凌事件做出什么努力？

教师角度：在关注学生成绩的同时及时关注学生的心理健康，重视班级文化建设，形成良好的班风，使每一位同学都能参与到班级活动中，让同学们认识到团结和合作的重要意义，从心理上认知自己是集体中的一分子，不搞小团体。

学校建设角度：第一，成立心理咨询师团队，并且能定期开展心理健康课堂，多开展一些心理健康活动，让处于高压力学习和生活中的学生能够找到合理的方式释放压力，缓解紧张的神经。第二，定期就校园欺凌为主题进行宣传活动，如果发生此类事件需严肃处理，让学生充分认识到校园欺凌的危害以及带来的后果。第三，加强校园安全建设和家校合作，防止校园欺凌事件在校园里和校园外发生。

问题分析：学校作为学生学习和生活的主要场所，应该承担起主要的责任。学校不仅仅是学生学习知识的场所，同样也应该成为学生各方面成长和成熟的基地，所以学校需要全方位保障学生的健康成长。

六、综合探究

做一份校园欺凌的调查问卷：

（1）以一个班级为调研单位调查遇到过校园欺凌的孩子有多少。

（2）受到校园欺凌后有多少人能心理自愈？有多少人能进行心理救助？

多年来，济源一中以"电影课程工作室"为依托，研究、探索、开发、推广电影课程。近几年，王晓琳老师编写了9本"电影课"著作，申报的"中小学德育电影课程的实践与创新研究"被河南省教育厅作为优秀创新成果参展第五届中国教育创新成果公益博览会，她也先后参加了全国第一届中小学电影课程论坛、第三届中小学电影周、中国国际儿童电影节高端会议等。新冠疫情发生后，电影工作室开发的"三阶九段"系列电影课程驰援湖北，在湖北教育厅与腾讯合作平台上线，为疫情期间的湖北省及全国师生提供电影课程支持，送上来自愚公家乡的一份特殊慰问。2020年秋，受沪江教育邀请，通过cctalk线上课程的形式，王晓琳老师为希望工程2万多所学校的学生开设了一学期的"希望之光"电影课,给予希望工程以学校电影课程支持。

电影如同一道光,温暖着孩子的心灵。济源一中让电影走进教室,让电影课程更多更好地在学校落地,让学生在成长的过程中遇见最好的电影,让最好的电影润泽心灵,是当下及未来我们的追求。

独特的校本电影课程开发让济源一中影视教学走在全国前列,特色电影课程享誉全国。

课程 1:体育课程,用奋斗定义人生

体育与教育并生共存,要把体育锻炼更好地融入教育环节。学校体育是教育的重要组成部分,体育承载着丰富的内容,强大的引导力、表现力与感染力,蕴含着健康成长、锤炼意志、健全品格等无可替代的教育功能,对正在形成人生观、世界观、价值观的学生来说,其教育价值不言而喻。当学校教育理念发生重大和新的变革时,体育尤其是学校体育也会随之变革。国家体育总局、教育部联合印发《关于印发深化体教融合促进青少年健康发展意见的通知》(以下简称《意见》),《意见》的实施将对我国青少年体育带来一场全面的深刻的变革。习近平总书记也多次引用1917年毛泽东在《新青年》上发表的文章《体育之研究》:"为何体育?……何为体育?……如何体育?……"

近十年,济源一中竞技体育实现了突破性、跨越式发展,尤其是竞技体育作为学校课堂体育教学的补充和延展,对学校发展的积极作用毋庸置疑。深度重塑学校体育教育传播思维成为体育核心素养、体育与健康学科核心素养及身体素养的关键途径之一,这也是新时代我校体育教育实践多样化"以体育人""体教融合"路径研究的重点议题之一。

济源一中在多样化办学体系框架下着力发展体育特色,十年征途铸就了高水平运动队管理体系和体育特色品牌。

一、常态训练，汗水与智慧铸就冠军之路

体育走向辉煌，在摘金夺银的背后是济源一中教练团队的默默付出，他们在实践中形成了一些行之有效的方法和理念。

（一）教练意识的成就之路

野性。比赛跟高考一样，必须有绝对的自信。自信的资本是什么？主教练告诉队员的是：资本是高质量的训练过程，没有这个过程你就自信不了，那叫自大！当然更高级别的比赛，比如省运会，不光要自信，还需要有野性。想拿第一，你还必须得狠！主教练时常教育队员要对自己狠点，别让你的身体那么好受！几乎不鼓励学生，更多的是用激将法。因为哄出来的运动员，关键时候大多扛不住！

主教练想了很多方法锻炼队员的野性。最常用的方法是摔跤和橄榄球，因为这两个运动项目对抗性最强，能很好地提高队员的野性和抗压能力。但我们用的方式可能更"残酷"，如：不管什么方式，只要你能把球带到规定区域就算你赢！当然这样的训练风险也很大，主教练要承担更大的责任和压力。也曾经出现意外，在一次摔跤比拼中差点儿把一名主力队员的胳膊摔骨折，主教练在医院整整陪队员一夜，直到第二天队员的父母来到。这让这名学员几乎两个多月不能正常训练。但随后在省十一运会上该运动员依然不负众望取得了一枚金牌。究其原因，激发学员的潜在野性，确立舍我其谁、必争第一的信念，正是获得胜利的必备条件。

陪伴。主教练大多带队多年，碰到过很多队员因家庭原因或者性格方面出现问题的情况，教练员必须去关心和陪伴。学员张燕慧，因为家庭原因，父母都不在身边，这个时候思想波动就是最大的问题，自卑、不自信。学校教练员就用大量时间来陪她谈心，耐心做思想工作。高二那年，她因为贫血和身体原因不能正常训练，教练员在将近五个月的时间里，一周两次往返洛阳陪她看中医。最后张燕慧以 400 米 57 秒 4 的优异成绩考上了北京体育大学。2020 年她毕业，毅然决然返回母校任教，成就了回报师长、回报母校的一段佳话。刘乙霖（现就读北京大学），高中训练期间生大病，思想出现波动，教练员耗费大量时间，一次次的沟通，一次次的疏导，一次次的加油鼓劲，找来毕业的师姐跟她谈心疏导，鼓动所有队员在训练中一起陪伴她、鼓励她、安慰她、给她力量。其中有两年的时间她的训练状态、成绩、思想等大起大落，我们的教练员陪着她一起走过了那段艰难之路。省十三运会，她一人获得了 2 块金牌。

部分队员在简陋训练室给教练员过生日

坚持。成功总是不容易的。到高三临近北京大学高水平测试前两个月，运动员刘乙霖患病，必须回家治疗。运动员崩溃了，哭得不行！作为教练遇上一个好苗子不容易，初二开始准备到现在近 3 年半，一切都没了！没办法，只有再来一年。接着就是漫长的治疗，三个月后，差不多可以恢复训练，但是药还不能停。因为所服的药里大部分是激素，来校后的她虚胖得连教练员都不认识她了，哪里还像个运动员！因为大部分都是激素药，所以她的竞技能力、力量恢复慢得想让人崩溃，中间这名运动员几次产生不想上学、受不了的想法。但不管怎样，她还是坚持了下来。一直恢复 4 个月后，药停，水平才开始快速恢复，但这时离这一年的北大测试，也只有 3 个月不到了。因为冬天天气冷、地硬，跨栏项目跨跳的多，害怕腿受不了再受伤，她就去广州找个大学训练了一段时间。没办法,这个时候的学校、家长、教练、孩子,都在全力以赴,用尽全力去努力加速恢复。一直到去北大测试,从主教练内心来说,她真的没有恢复到最好。但也不能对学生明说,只是鼓励她:相信教练,更要相信自己!2019年她顺利以高水平运动员身份被北京大学录取,成为济源第一个考上北大的高水平运动员,实现了济源一中乃至济源示范区高水平运动员被北大录取的突破,堪称体育奇迹。

刘乙霖获奖后与教练卢伟强接受河南电视台采访

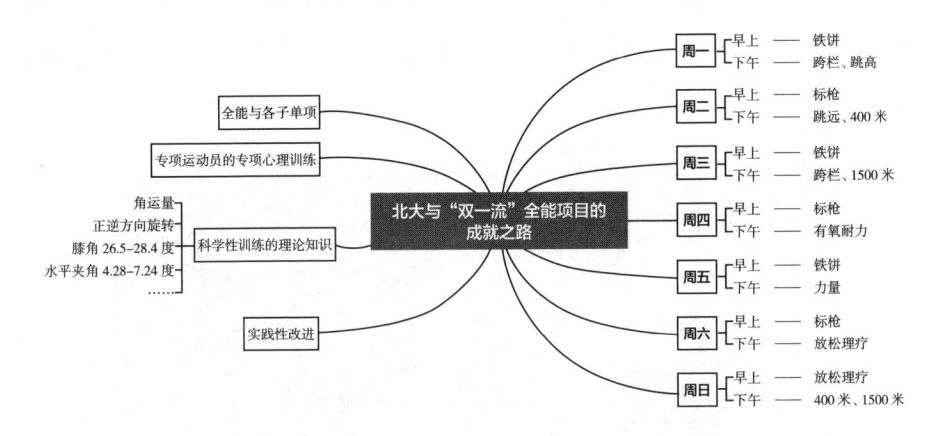

北大与"双一流"全能项目的成就之路

- 全能与各子单项
- 专项运动员的专项心理训练
- 科学性训练的理论知识
  - 角运量
  - 正逆方向旋转
  - 膝角 26.5–28.4 度
  - 水平夹角 4.28–7.24 度
  - ……
- 实践性改进

	早上	下午
周一	铁饼	跨栏、跳高
周二	标枪	跳远、400米
周三	铁饼	跨栏、1500米
周四	标枪	有氧耐力
周五	铁饼	力量
周六	标枪	放松理疗
周日	放松理疗	400米、1500米

(二)北大与"双一流"全能项目的成就之路

思想。从表面上看,训练就是每天大量的重复技术练习,不断地进行体能训练,枯燥且乏味,但其实训练的要求是螺旋式上升的,在此过程中就要不断地激发学生的内驱力，这就要在持之以恒的训练中，多鼓励、肯定学生。要想在训练中出成绩，关键是要"持之以恒"坚持训练，让学生在训练中逐步理解和掌握运动技术。体育训练工作是一个循序渐进的过程，没有半点捷径可走。正如同孩子的成长需要激励，每一个孩子都希望自己是成功者，都期待着收获肯定和赞誉。著名教育学家第斯多惠说："教育的奥秘不在传授，而在激励、唤醒和鼓舞。"让学生体验到成功的喜悦，当学生取得成功后，产生自信心，就是新目标、新成绩的新动力，随着新成绩的取得，心理因素再次得到优化，从而形成进步的良性循环。积极创造机会，不断地让学生取得"我能行"的成功体验。在科学理念指导下进行成功体育的教育，收获的必是体育训练的成功。教练员在训练中一定要严格要求，秉着对学生负责任的态度，做到"严中有爱、严中有信、严中有法"。

科学。科学的训练是效果的保障。跨栏项目对起跨腿技术的要求在跨栏项目中尤为重要。跨栏过程中跨越栏架时要求起跨腿伸不直，其中起跨腿技术就涉及了"角动量"。当运动员起跨时，就获得了向前的角动量（从正面观点看，是顺时针方向旋转）。跨栏步腾空阶段的初期，头、躯干和手臂有向前

悉心指导与帮助

的角动量，摆动腿也有相等量的角动量，但方向是向后的（逆时针方向旋转），这两种角动量实质上是抵消了。因此，身体向前的角动量是靠起跨腿带来的。在摆动腿越过栏架后，起跨腿的角动量转移到摆动腿上，这样才能使摆动腿积极下压。

目前跨栏技术对摆动腿技术强调"以摆促蹬、摆蹬结合"。从现代短跑的摆动腿技术引申到跨栏的摆动腿技术，优秀运动员在运动过程中，摆动腿始终快速摆落，以"鞭打式"积极落地。现代跨栏摆动腿的技术是摆动腿随起跨腿蹬伸进行的同时，大、小腿折叠应适宜。优秀运动员摆动大、小腿最小折叠膝角在 26.5—28.4 度之间，缩小了前摆的半径，加快了摆动的速度，使得摆动速度的惯性力对起跨腿的伸起到了脚压紧地的作用，同时获得强有力的支撑反作用力，起到了快速提伸攻栏的作用，以摆动腿前摆来带动身体朝攻栏方向充分前移。步幅的充分前移，使身体重心投影点至起跨支点的这段距离增长，使起跨角度变小。身体重心腾起角度小，小的身体重心腾起角度有利于运动员快速过栏。摆动腿超过水平的高度，优秀运动员摆动腿的大腿与水平夹角在 4.28 度至 7.24 度之间，充分的前摆是运动员必须具备的攻栏技术。

（三）清华女篮与"双一流"的成就之路

日常。王家宏在《中国篮球运动管理系统优化配置的研究》一文中强调，篮球运动是一个通过日常管理来维护其发展的运动项目，球队的管理工作应该放在第一位。教练员每天早上提前十分钟到训练场地，记录队员的训练到达时间来观察队员们的训练前状态；晚上训练结束，督促队员们认真吃饭、多吃饭、吃好饭。教练对队员的日常学习生活进行严格管理，以便在发现队员学习、生活上的问题时能够及时进行纠正，引导队员有一个积极向上的学习、生活和训练的态度。教练和队员的师生情谊就像母女之间的关系，彼此交心，

```
先进理念落实 ── 科学训练                                          ┌ 早上 ── 田径场
                                                          周一 ┤
          梯队                                               └ 下午 ── 跑跳投基本训练
          训练  ── 管理
          比赛                                              ┌ 早上 ── 田径场
          习惯养成                                        周二 ┤
                                                          └ 下午 ── 力量训练
教练团队建设
先进的器械设备 ── 完整作战计划         清华女篮与"双一流"的    ┌ 早上 ── 田径场
先进的技战术体系                    成就之路          周三 ┤
                                                          └ 下午 ── 技战术训练

              ── 查漏补缺、问题铺摆                          ┌ 早上 ── 田径场
                                                      周四 ┤
                                                          └ 下午 ── 力量训练
访美培训学习
篮协学习   ── 教练员能力培养                                ┌ 早上 ── 田径场
高校学习                                               周五 ┤
                                                          └ 下午 ── 力量训练

                                                          ┌ 早上 ── 田径场
                                                      周六 ┤
                                                          └ 下午 ── 技战术训练

                                                          ┌ 早上 ── 放松理疗
                                                      周日 ┤
                                                          └ 下午 ── 力量训练、基本功训练
```

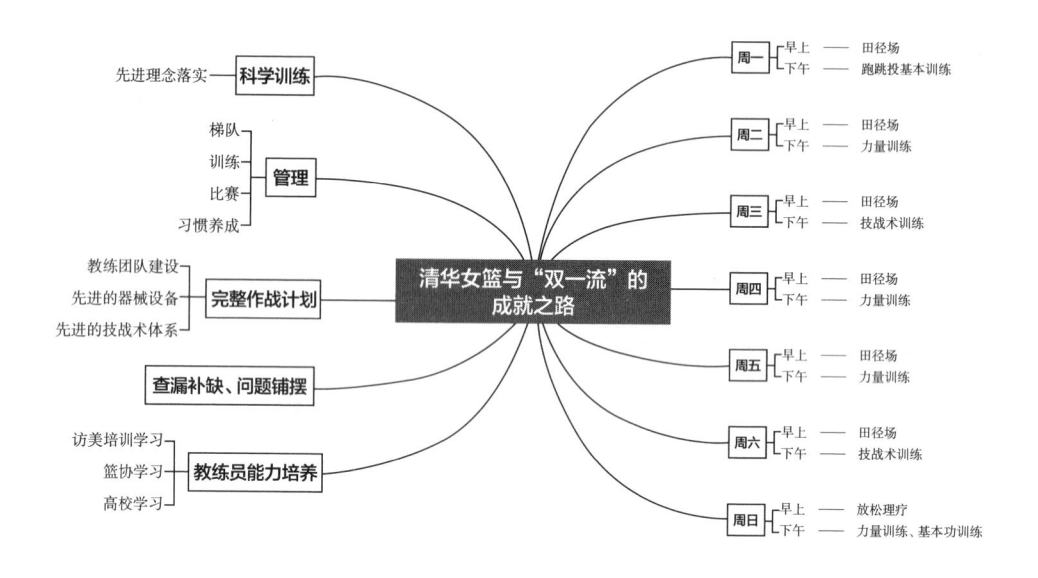

这种良好的氛围促使了球队更好地向前发展。

问题。济源一中女篮身处济源，济源是老百姓口中的"小地方"，总人口仅70万余人。在此情况下，想要招到身高和身体素质兼佳的队员难上加难，招收的本地队员平均

日常训练与指导

身高不足170厘米。有些队员不仅身高没有优势，身体素质也不好，基本功也差，都要从高一开始慢慢训练，从基本功和战术意识练起。这需要很长的时间，每天训练时间又有限，好不容易有一个队员能够练成型，就要面临考学的压力，在兼顾训练时，难免会考虑不到队员们的身体、睡眠和学习等各种因素。因此在平时的学习中，基础薄弱，学困状态凸显，因此诸多管理要求也不由自主地降低了。一方面使得学生在高一、高二阶段文化课基础薄弱，另一方面兼顾文化课的同时，训练强度就会降低，因此一届队员的竞技年限太短，

队员的可持续发展性不强，不能保证球队的人才储备基数，从而使主力队员的毕业给球队造成极大的损失和影响。

补缺。下沉式梯队管理，全段式训练理念，注意中、小学的挂钩，把学生的培养和训练工作深入到小学、初中，以保证"苗子"的来源，并为日后的衔接训练打下基础。做好学校队伍的衔接工作，建立起良好的制度优势和政策保障，以保证在来年的比赛中有充足的生源。

二、"体育兴校"，打造特色育人品牌

多年来，济源一中坚持强身健体和特色立校、多样化发展和"以体育人"的体育理念，课堂教学、课外活动和社团组建相衔接，扩大培养基数，增大学生的兴趣培养。本着提高技能，群体与竞技相协调，协同"五育"相促进，真干、实推体育核心素养的培养理念，我们采取了以下措施。

(一) 为体育提供良好的硬件设施和专业的教师团队

济源一中体育设施设备全国领先。学校拥有一支经验丰富、技巧娴熟、年富力强的体育教师团队，采取"走出去，请进来"等方式组织教师参加多种培训活动，甚至出国深造。同时聘请专家、优秀教练员到校指导，举办多种全国性的大型赛事，增加了学校教师与不同地区优秀教练员的沟通交流，对老师们在专业训练、名声培养等方面起到了潜移默化的作用。

近几年来，学校竞技体育取得了辉煌的成绩，这归功于教练员每天起早贪黑的付出和他们专业的系列训练计划，再加上队员们几近残酷的坚持训练、加练。以女篮教练宗星星为例，为准备全国比赛，她常年潜心研究战术和技能，大年三十还在坚持训练，正月初三又开始训练，学生仅仅过了不到三天的寒假，而她自己几乎没有休息。付出终会有收获，济源一中女篮每年都会夺得全省甚至全国的冠军。

诸如此类牺牲节假日没日没夜付出的并不止一个人，在排球、乒乓球、足球等主教练中已成为常态，他们坚信练到极致，就会成功。

（二）多层次合作，普及项目专业发展是基础

学校业余活动的全面开展，始于2007年济源一中青少年体育俱乐部成立之时，目前已培训社会会员达万余人，先后被评为"国家级青少年体育俱乐部""国家示范性青少年体育俱乐部"。学校依托俱乐部寒暑期面对社会开展多类体育项目培训推广，组建了业余篮球、田径、排球、乒乓球、武术等兴趣爱好社团、特长队等，已发展成为济源一中的特色校本课程。

专业的高层次发展，加大人才的纵深培养体系。以各类专业教练员为基础，要求持证上岗，强调外在建设与内在提升并行。济源一中青少年体育俱乐部和恒大阳光足球俱乐部强强联合，充分利用职业足球教练员甚至外籍教练员，大大加强了学校足球队的建设；选调优秀教练员通过国家层层选拔考核以学者身份出访美国犹他大学，学习篮球训练课程……以各类项目专业团队为依托与专业教练员团队组建队伍，特长运动员达到270人左右，积极参加市、省、国家各级各类赛事，以赛促训，培养高水平运动员，更是深研冠军之路校本课程，发展专业项目的必备条件。

（三）在学生基数小、体育生源有限的情况下，抓好梯队建设是关键

学校为形成梯队建设，注重声誉宣传和普及实践的并行发展，每年都在校园文化中展示济源一中特色体育精神，并及时进行社会宣传，激发青少年参与体育活动的热情；每年济源一中青少年体育俱乐部都会举行各类项目的邀请赛，主要对象为初中生和全国高中类高水平队伍，并为获奖运动队颁发相应奖励。协同社会各类民间团体组织的各类赛事，尤其是全国知名的球迷赛事，形成一定社会影响，营造济源市的运动氛围，引领普及各类运动项目，因为只要做好九年义务教育阶段学生的运动基础建设，才能更好地选拔出人才，学生的发展才会更加长远。

(四)打造体育特色成就未来

近年来,济源一中通过一系列行之有效的工作,构建专业训练课程体系,内化为"冠军之路"校本课程,竞技体育取得了辉煌的成绩。学校也先后承办多项国家级体育赛事,运动员竞技水平再上新台阶,彰显了学校深厚的综合实力。学校竞技体育正立足河南,走向全国。2020年12月,济源一中女篮在耐克全国高中篮球联赛比赛中,荣获全国第五名,这是河南省历史上最好的成绩。2020年11月,济源一中女篮、男排代表河南省,参加第14届全国学生运动会预选赛,其中,以济源一中女篮为班底的河南队,战胜全国强队河北队、浙江队及海南队,杀入全国八强,进入全国决赛,这也是河南女队历史上最好的成绩。济源一中女足今年有两位运动员入选全国最佳阵容。在省级比赛中,我校的田径、篮球、排球、乒乓球、足球、武术等项目都位居河南省前列。

近年来,各运动队在各级各类比赛中摘金夺银,累计18个项目获得河南省冠军,田径、篮球等5项全国冠军。2019年度有28人获国家一级运动员称号,70余人获国家二级运动员称号,女子田径运动员刘乙霖被北京大学录取。2020年,84位运动员获得国家运动员二级称号,22位运动员获得国家运动员一级称号,其中女篮队员王小青、男子田径队员王志鹏均被清华大学录取。每年都有多名运动员被北京体育大学等体育院校录取,彰显出学校体育建设的成果。

济源一中体育工作的真干、实推大发展,擦亮的不仅仅是学校品牌,也成了学校的识别标志,是学校精神的象征,更是我校得以持续发展、薪火相传的价值理念的体现和形成。学校体育工作扎实开展并取得了显著成效,先后荣获了"全国群众体育先进单位""全国学校体育工作示范学校""全国足球特色学校""全国青少年校园篮球特色学校""国家示范性青少年俱乐部"等荣誉。

竞技体育已成为济源一中的一面旗帜，体育教育也成为学校特色教育的一张亮丽名片！

【校本展示】

武术课程

青少年作为国家发展的后备人才，其健康水平是影响国家富强、民族振兴的重要因素。但近些年来，肥胖、近视、体弱等问题日益成为影响青少年身体健康的重要因素。中国武术是民族传统体育项目的杰出代表之一，具有强身健体、育德修心等功能，一直以来深受青少年的喜爱。

武术作为我国优秀的民族传统体育项目之一，在数千年的发展过程中，融入了儒家、道家、佛家思想，同时和中医学、美学等相互促进、相互融合，从而形成了世界体育史上独有的现象。中国武术当中蕴含着深厚的中华民族文化：如武术的礼节礼仪当中蕴含的"尊师重道"的儒家思维；武术技击当中蕴含的"以静制动""以弱胜强""以柔克刚"的道家思想；武术习练当中蕴含的"自强不息""刚健有为""崇文尚武"的民族精神等。可以清楚地看到，中国人独特的思维方式、行为规范、价值取向等一系列民族特点在武术中都有集中的反映。难怪有专家学者说"武术——中国人的存在方式"。所以说将武术项目纳入学校教育的一部分是十分重要的，学生不仅通过对武术的学习达到强身健体的目的，同时武德武礼更能洗涤学生的心灵。

一、已有成果

1.武术队的功能与职责

①弘扬中国传统文化，传承中国功夫，做好传统文化进校园工作。

②丰富校园体育竞赛项目，提高学生武术竞技水平，助力学校体育竞赛

成绩。

③做好每日常规训练，合理安排竞赛计划。

④关注高考新政策，合理备考。

2. 本部门的发展历史

①2017年5月以学校社团形式组建成队。

②2018年5月队员首次参加武术比赛。

③2019年1月队员首次参加专业课高考。

④2019年8月首次武术专业学生考入本科学校。

⑤2020年8月武术队正式成为学校体育运动队的一支新生力量。

3. 武术队规章制度

①武术队的宗旨是："崇尚武德，勤学苦练，弘扬武术。"

②武术队以服从济源一中校园规章制度，坚决服从学校各级领导思想为基础。

③队员应坚决维护武术队名誉，不诋毁、污蔑本队，违者予以退队处理。

④队员之间应团结协作，有较强的组织性、纪律性。

⑤武术队开会、活动迟到者应向老师说明情况方可参加开会或活动。如在开会、活动期间有事需离开，应向老师说明情况，不得无故离场。

⑥尊重老师和同学，并且礼貌对待，不得出现打架、斗殴、辱骂他人等现象，违者按相应校纪处理。

⑦队员严禁向其他队员发起挑战，违者按相应校纪处理。

⑧应积极参加日常训练和校内活动，不得无故缺席，有事应提早向老师请假。

⑨在训练当中应服从老师安排，不得顶撞老师。

⑩训练时应穿规定、合适的服装，不能穿着有碍训练的服装。

4. 本部门现有成果及培训活动

①参加中小学武术比赛、河南省武术锦标赛、"武韵中原"武术交流大赛、

学生升学等活动，并取得优异成绩。

②参加"教练员"培训班、河南省学生武术竞赛规程修订研讨会等培训活动。

5.参与主要活动

参加校内外的活动有：①田径运动会开幕式；②成人礼；③高考百日冲刺；④校内社团文化节；⑤校外武术比赛等活动。

二、武术课程

1.结合我校武术学员水平及培养目标具体课程内容如下：

武术基本功

①竖叉（左右）、横叉、下腰（可四肢触地成桥）

②五种腿法（正踢腿、里合腿击响、外摆腿击响、侧踢、后踢）

③三种屈伸性腿法（弹腿、蹬腿、侧踹腿）

④两种扫转性腿法（前扫腿、后扫腿）

⑤跳跃动作（腾空飞脚、旋风脚、腾空外摆、侧空翻、侧空翻转体、旋子、旋子转体）

⑥跟头跌摔动作（前滚翻、鱼跃前滚翻、后滚翻、前空翻、后手翻、后空翻、前滚翻＋侧摔＋鲤鱼打挺、乌龙绞柱等）

武术套路

根据竞赛与升学考试需求，选取下列武术套路作为日常主要训练内容：自选套路（拳术、刀术、棍术、剑术、枪术、太极拳、太极剑等）

规定套路（国际规定一套长拳、刀术、棍术、剑术、枪术）

（国际规定三套长拳、刀术、棍术、剑术、枪术）

传统套路

一类拳术、二类拳术、三类拳术、四类拳术、42式太极拳（剑）及其他太极拳、太极器械。

武德武礼教育

"未曾学艺先学礼，未曾习武先习德""拳以德立，无德无拳""武德比山重，名利草芥轻""心正则拳正，心邪则拳邪"等诸多武术（武德）谚语都体现了武德在武术教育中的重要作用，也是中华民族优秀传统美德的重要传承途径。在日常的训练课中，不仅仅是单一的技术传授，同时讲授武德武理；不仅可以有效提高武术竞技水平，同时学生对武术的全面认识也可"增光添色"，乃至有利中华优秀传统文化的传承。

三、具体各阶段教学内容

根据我校学生培养目标、课程原则、指导方向，武术课程应分为两大板块：武术技术与武术文化修养。技术动作又分为基本功、武术套路等；文化修养包括武德、武礼、武理等内容。

1. 无基础学生主要学习内容为：

基本功：包括手型、步型（步型变换）、肩功、腰功、腿功、手法、腿法。

（1）基本手型：拳、掌、勾。

（2）基本步型：弓步、马步、仆步、虚步、歇步。

步型变换：马步单鞭、弓步冲拳、仆步穿掌、歇步冲拳、虚步亮掌等。

（3）肩功：通过压肩、肩绕环等方式发展其肩部柔韧性。

（4）腰功：通过前俯后仰、下腰、涮腰、翻腰等方式发展腰部柔韧性。

（5）腿功：通过正压腿、侧压腿、劈叉等方式发展腿部柔韧性。

（6）手法：冲拳、推掌。

（7）腿法：正踢腿、侧踢腿、外摆腿、里合腿、弹腿、蹬腿、侧踹腿、后踢腿、前扫腿、后扫腿。

翻腾跳跃动作：腾空飞脚、旋风脚360°、腾空外摆360°、侧空翻、旋子。

跟头跌摔动作：前滚翻、鱼跃前滚翻、后滚翻、前滚翻+侧摔+鲤鱼打挺、乌龙绞柱等。

武术套路

对于初步接触武术套路的学生学习内容从五步拳、长拳一段等基础套路开始，随着习练水平的提升可上升到传统一、二、三、四类拳术的学习，以及基础武术器械的学习，如：阴手棍、少林刀等。

此阶段教学过程应采用"讲授法""示范法""练习法"。讲：精讲多练、讲述动作要领、发力方法、在实战中的技击含义。讲授过程中结合示范法，示范所讲动作，使学生直观感受学习内容，便于更好掌握所学内容。同时指导学生有序对所授内容进行反复练习，达到熟练掌握。

2.有一定基础的学生

基本功：除上述内容，增加平衡、腾空跳跃动作难度、高难度跟头动作、专业竞赛套路学习及练习。

平衡：提膝平衡、扣腿平衡、燕式平衡等。

翻腾跳跃动作：旋风脚540°、720°；接马步或跌竖叉；腾空外摆540°；侧空翻转体；旋子转体360°、540°、720°。

腾空动作连接：单飞脚+旋风脚、旋风脚+旋子转体、侧空翻+旋子转体等难度。

跟头：前空翻、后空翻等。

竞赛套路：拳术、刀术、棍术、剑术、枪术、太极拳、太极剑等。

（国际规定一套长拳、刀术、棍术、剑术、枪术）

（国际规定三套长拳、刀术、棍术、剑术、枪术）

传统套路

一类拳术、二类拳术、三类拳术、四类拳术、42式太极拳（剑）及其他太极拳、太极器械。

此阶段教学过程应采用"少讲多练",学生熟读竞赛及考试规则,把日常训练当比赛,训练场当赛场,以求达到高水平竞技状态。

四、短期训练计划

早训:周一(长距离耐力跑)、周二(上肢、下肢力量)、周三(有氧＋核心力量)、周四(上肢、下肢力量)、周五(长距离耐力跑)、周六(心肺冲击)、周日(随机调整)。

晚训:周一(腿法＋跳跃)、周二(步法＋跳跃)、周三(随机调整)、周四(套路组合及分段练习)、周五(套路组合及分段练习)、周六(模拟赛场整套练习)、周日(模拟赛场整套练习)。

上述内容为短期训练计划,训练计划随气候、竞赛时间及要求、升学考试时间及要求等情况随时进行调整,以适应当时需求。

综上,高中武术课程内容的构建主要以增强学生体质、健身、防身、修身、升学为课程目标;以整体性、系统性、因材施教为课程开展原则;以增添校园文化、洗涤学生心灵、拓展学生升学道路、传承传统文化为方向指导,以武术基本功、武术套路、武德、武礼、武理为主要教学内容,从而全面提高学生身心健康水平,达到继承弘扬中华优秀传统文化——武术的目的。

课程2：美育课程,用艺术唤醒生命

美是纯洁道德、丰富精神的重要源泉。美育是审美教育、情操教育、心灵教育,也是丰富想象力和培养创新意识的教育,能提升审美素养、陶冶情操、温润心灵,并激发创新创造活力。

培养全面发展的高素质人才,美育课程起到了重要的作用。学校美育是构建德智体美劳全面培养的教育体系中极为重要的一环。学校美育是立德树

人的重要载体，坚持弘扬社会主义核心价值观，加强中华优秀传统文化、革命文化、社会主义先进文化教育，引领学生树立正确的历史观、民族观、国家观、文化观，陶冶高尚情操，塑造美好心灵，增强文化自信，这些都是高考选拔人才的重要考查内容。

济源是全国最早把艺术纳入中招考试的城市，音乐、美术各占30分，计入中招总分。经过十余年的发展，形成了浓厚的艺术教育氛围，大多数学生都能掌握美术及舞蹈、声乐、乐器中一项或几项艺术技能，学生艺术素养得到普遍提升，为学校美育的发展提供了坚实的基础。

多年来，济源一中全面推进新时代美育改革，在发展学校美育的形式上进行积极探索和实践，重科研，强师资，抓落实，增活力，不断弘扬中华美育精神，坚持以美育人，以文化人，引导学生在美育实践活动中增强文化自信，增进对民族文化的理解和热爱，提高学生审美能力和人文素养。

一、一流的设施设备，专业的教师团队

学校建有集声乐、器乐、舞蹈、美术等为一体的美育中心，设施设备齐全，为学校进行美育科研活动奠定了良好的基础。

为了加强美育教师队伍的发展，学校坚持"走出去，引进来"的战略，带领教师们外出深造交流，邀请艺术名家进校指导，引领教师们研究讨论国家最新美育方针，以开放包容的姿态支持艺术的发展。当维纳斯的残缺美、梅兰芳、《梁祝》等出现在高考题中时，艺术教研室及时对美育在其他学科的渗透做了专题研究，并对高三学生做了《高考中的美育》系列专题讲座，学生受益匪浅。2020年暑期学校中层以上领导干部培训班，学校邀请体育艺术老师做专题讲座，为转变师生片面追求升学率，探寻体育美育高质量发展路径和方法提供有益思考，促进学校走高水平的多样化发展之路。

二、普及与专业发展相结合，不断提高艺术教育质量

学校美育课程开齐开足。坚持"人无我有，人有我优，人优我精"的特色品牌建设思路，将美育普及与专业培养相结合，成立艺术特长班，组建学校艺术团，设有合唱团、舞蹈团、民乐团等专业社团，成立学生艺术社团。组织学生参与各种艺术活动，每年12月份的美育节已成功举办19届，有力地促进了德智体美劳相辅相成、相互融合，育人导向更加凸显。我们的艺术教师，抓住美育精神下的艺术科研，创作艺术作品，扮靓校园，举办书画展，将学校的艺术氛围推向新的高度。2021年，我校的音乐厅项目即将竣工，届时又将助推学校美育教育更上一层楼。

【校本展示】

美育的校本实践

习近平总书记在全国教育大会上发表重要讲话时强调，要全面加强和改进学校美育，坚持以美育人、以文化人，提高学生审美和人文素养。青少年是国家的未来，他们的素养决定着国家的文明程度，着力提高学生审美素养，教育引导学生成为有大爱大德大情怀的人，是教育工作者义不容辞的责任。高中阶段如何落实"以美育人"，通过哪些实践活动和路径可以提高学生的审美和人文素养是值得我们研究和探讨的问题。

一、美育与学科教育的融合

我国著名教育家蔡元培先生非常重视美育与学科教育的融合，曾提出："美育者，应用美学之理论于教育，以陶冶感情为目的者也。"在教学过程中要依据学科的特点和规律，充分挖掘各学科所蕴含的美育因素，给学生创造美的氛围，使学生在愉悦中获得知识，在潜移默化中实施美育。美育应该是所有学科

教育共同追求的最高境界。

我校在多样化办学背景下的具体做法是：

1.提升各学科教师的美育素养和育美能力，促进各类学科课程与美育的有机结合。

（1）开展面对全体教师的美育专题培训。

2020年9月，郑燕博士（在读）对全体教职工做了美育讲座，旨在解决各学科教师的课堂美育意识、提高教师的美育素质、促进各学科课程与美育的有机结合。

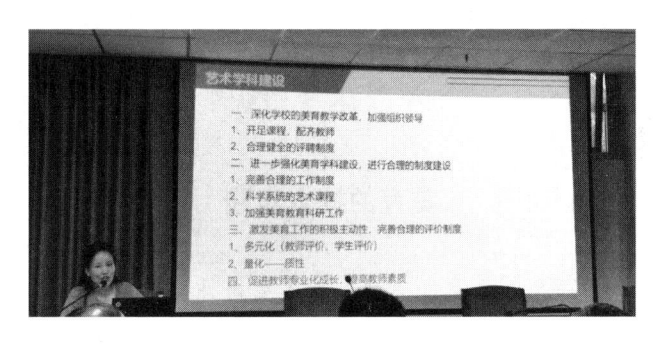

专题讲座

（2）充分挖掘各学科知识的审美因素，在课堂教学中实行审美化教学。

各学科的知识内容中都不乏审美因素，如语文教学可以让学生认识语言美，感受、欣赏文学作品的美，并积极培养学生用自己的语言创造美；体育教学可以让学生认识人体的运动美、力量美、姿态美，在自由、舒展的运动中表现美、体验美；数学教学可以让学生认识数学科学的结构美、匀称美、秩序美、和谐美。在课堂教学中，教师如能点拨学生发现知识美的闪光点，引导学生进入美的鉴赏和领悟之中，必将激起学生极大的学习热情和兴趣。

审美教学的实质就是通过诱发和增强学生的审美感以提高教学效果，使学生在愉快求知的气氛中，获取知识的营养和美的享受。另外在课堂教学中，教师的仪表美、语言美、教态美、师生关系的和谐美也都是一种无形的美育，使学生在审美快乐中掌握知识。

2.美育教师先行，面对全体学生开展"艺术美唤醒生命美"系列讲座。

济源一中美育中心充分发挥自身专业优势，积极探索美育和其他学科的融合，面对全体学生开展"艺术美唤醒生命美"系列讲座，通过春风化雨般的艺术体验，让美育唤醒生命、培植情怀、传承血脉、强化信仰。

"艺术美唤醒生命美"系列讲座

美育中心卫伟老师开篇第一讲《中国传统哲学及音乐思想》，以《论语》"兴于诗，立于礼，成于乐"为切入点，具体讲解了中国传统哲学以及以孔孟、老庄为代表的音乐思想，让学生在水墨光影中感受中国传统文化的魅力。

美育中心张松涛老师讲美术学科与其他学科的融合，着重讲了美术在人文、历史、地理及光影中的渗透，引领学生从文人个体情感的抒发、关心民生疾苦、融入家国情怀来理解作品创作者思想观念的改变。

张松涛老师的讲座

美育中心欧阳靓老师分别从什么是民间舞蹈、民间舞蹈的起源与发展以及中国民间舞蹈的文化类型、动态特征等方面，由简到繁、深入浅出地带领大家了解学习中国民间舞蹈艺术的特性、地域差别、民间舞蹈和传统文化的关系等舞蹈知识。

欧阳靓老师的讲座

二、以研促教，做好美育校本教材的开发研究工作

济源一中美育中心全体美育教师深入研究音乐、美术的学科素养，在集体备课方面增加复备和课后整改两个环节。复备主要解决同学和教师所提的意见和建议，集体教研，共同成长。课后整改是每位老师依据自己上课的实际情况进行交流，例如，课堂环节设计的好坏、问题提出的准确性、学生在课堂上的

整体反映、学生参与度与教学设想的差异等。

"以美育人、以文化人、以美培元",究其根本是"立德树人"。济源一中美育中心依托音乐、美术的必修教材,研发校本教材《音乐学科融入社会主义核心价值观校本课程》和《美术学科融入社会主义核心价值观校本课程》。以音乐为例,在讲音乐鉴赏必修第四单元《国之瑰宝——京剧》时,讲梅兰芳"蓄须明志",突出关键词"爱国",这是京剧大师梅兰芳的品格美。这两本校本研修教材旨在树立学生正确的人生观、价值观、世界观,这是"以美育人""立德树人"的重要途径。

如果说上面两本教材的德育意味显而易见,美育中心还研发了《声动一中·情系中国》和《舞蹈鉴赏》两本校本教材。《声动一中·情系中国》共分校园情怀、家国情怀、雄心壮志和青春梦想四个篇章,以我校"课前一支歌"为依托,精选50首经典歌曲,通过课前10分钟的学习,每周唱好一支歌。《舞蹈鉴赏》分为舞蹈概论和作品鉴赏两部分。舞蹈概论包括舞蹈的艺术本质和审美特征、舞蹈的审美属性、舞蹈美育的根本和各舞种风格的简介四个部分;共收录整理了19个经典作品,其中包括中国古典舞、中国民族民间舞蹈、芭蕾舞、现当代舞和中国现当代舞三部大型音乐舞蹈史诗。通过对舞蹈基础知识的介绍和古今中外经典作品的赏析,使学生了解、吸纳中外优秀艺术成果,加深对多元文化的理解和尊重;培养高雅的审美品位,树立正确的审美观念;发展形象思维,提高感受美、表现美、鉴赏美、创造美的能力;促进德、智、体、美、劳的全面和谐发展。

三、建设多维度、立体的拓展性美育课程,促进学生全面发展

开齐开足上好国家规定课程,即在音乐、美术两类基础艺术课程外,我校另开设一些拓展性美育课程,如戏曲进课堂、手势舞、书法、泥塑、剪纸等手工设计制作美学课程,让学生进入审美现场体验。这类课程是非理论类实践课

程，鼓励学生从自身审美体验和发展需求出发予以选择，并在实践中促进审美素养的提升。

手工设计课

剪纸课

活动展示

济源一中"星空合唱团"屡次在全国中小学生艺术展演活动中获得全国一等奖，现已成为我校的响亮品牌。下面以星空合唱团为例，具体分析我校的艺术团建设成就。

【校本案例】

星空合唱团的实践与探索

合唱作为一项艺术实践活动，是中学音乐教育的重要组成部分，它不仅涉及乐理知识、声乐技能，而且要求学生之间有高度的协作精神，在实践过程中培养集体主义和团队凝聚力，达到心灵的和谐与统一。

济源一中星空合唱团在以下几个方面不断进行实践探索：

一、团队建设

（一）合唱团团员的选拔

首先，基本选拔。从学生对音乐的感知、对节奏的把握、对乐理的拿捏等方面进行筛选。此外，还要考察学生听音能力和音质是否圆润洪亮，是否具有对音乐较强的感染力和声音表现的张力。其次，重点选拔。在基本选拔的基础上，要深入地了解初选团员的个人素养，也就是被选拔上来的学生是否喜欢"合唱"这种方式，因为个别学生非常喜欢表现自我，彰显自我，可能缺乏团队的意识，那么这样的团员即使音乐素养再高，也可能在团队合唱中起不到主力作用，可能还会不利于团结。再次，深入了解。就是深入了解每一个团员是否具备优秀的个人素养，简而言之，就是要"对人虔诚，对事认真"。我们组建合唱团不是为了风光亮丽，不是为了艺术的噱头，而是实实在在地要进行合唱训练、排练，还要进行彩排、表演。实际训练的过程可能是比较枯燥的，需要学生有足够的耐心、有充足的耐力坚持下去，就像马拉松长跑一样，我们不仅要跑，还要跑好。除了赛跑，我们还要学会在筋疲力尽的瞬间，欣赏一下沿途的风景。

在合唱团组建之初，要创造机会或者平台让合唱团能崭露头角，要在表演中让学生找到自信，要让他们体会到合唱的魅力所在。然后创造机会，激励队友。让每一位学生都感受到自己是这个团队中不可或缺的一员，甚至产生没有我这个团队是不能尽善尽美的这种感觉。同时还要加强团结，做好声部的划分。

（二）判定适合团队发展的奋斗目标

目标既是动力，也是团队成员努力的方向。切实可行的目标能够引导团队成员朝着一个明确的、充满希望的方向前进。共同的目标能够发挥团队成员所有的潜能，鼓励队员在可行性前提下克服困难、激发斗志，让队员沉下心来刻苦学习，取得较高的学习效率。因此，艺术团制定出一套可持续发展的共同的奋斗目标，有近期目标，也有长远目标，并得到学生的共同认同，从而成为大家努力的动力，共同打造属于自己的品牌。

（三）制定明确的管理制度，并严格落实纪律要求

纪律是做好一切工作的保证。完善的、执行有力的纪律能够规范团队成员的行为，维护团队良好的风气，提高办事效率，也能促进团队学习水平的提高。一是严格的考勤制度。队员不能轻易迟到、早退或旷课等，必须对队员的考勤严格把关。二是严格的课堂纪律。在课堂上，队员必须专心致志地投入到每次的训练之中，比如上课不能聊天、用手机、吃东西等。教师在团队建设过程中要做到令行禁止，团队才会战无不胜。

（四）实时地对学生进行激励

没有激励就没有竞争，没有激励就没有干劲，没有激励就不可能充分调动合唱队员的学习积极性，也就不可能创造更高的效益。美国哈佛商学院詹姆斯教授的一项研究表明，一个人如果受到激励，就会发挥他全部潜能的80%，没有受到激励，其潜能只能发挥出20%，可见激励对于团队工作而言是不可或缺的。这说明建立有效的激励机制十分必要。适时有效的激励可以促进合唱队员发掘自身潜力，带动整个团队的士气。

（五）加强指挥的自身建设

一个优秀的合唱团，必须有一个好的指挥，一个有人格魅力、有威望的指挥。同时，指挥要慧眼识才，知人善任，还要有较好的沟通能力，协调好个人与合唱队之间的关系，能让成员更好地理解团队的共同目标，理解合作的好处，能增强团队成员之间的凝聚力，有益于增强团队的合作气氛，能使团队成员认识到合作的重要性。指挥更要以身作则，严格要求和规范自己，不断加强学习，提高自身专业素养。

二、科学合理安排训练

合唱团每周的训练时间和地点固定，制定规范的训练计划，并根据实际情况做好调整，重抓落实。

采取个别指导和整体训练相结合的方式，进行专项训练。合唱要想唱好，音准和节奏都要重视。音准的培养先从中声区进行指导和纠正，以中间带两边的训练模式，拓展至高声部和低音部。在发声的训练中，要强化学生科学的发声，不可以用假声，告诉学生将最原始的声音表现出来，假声不但不能唱准音准，还会养成不好的发声习惯，会影响合唱的效果和表现力。发声训练的步骤"哼名—气息—母音"。前面提到合唱排练的场地必须有一架音准较好的钢琴作为辅助，让学生通过钢琴的弹奏判断和训练音准。音准和节奏上要把握好节拍的快慢，要详细区分单音、和弦，要模拟演唱练习。

重视学生的发声训练。发声的训练是为歌唱做准备的，只有科学地发声才能唱出美妙的歌曲。合唱艺术也是同样，在一定程度上，合唱的发声比独唱更难把握，因为合唱中每一个个体要跟随整个团队的节奏进行歌曲演绎，要随着指挥师的指令进行高低声音的变化。发声训练要让学生懂得歌唱的位置、共鸣、气息三者的关系，只有三者和谐统一，才能把握声音的变化。让学生通过体位的变化，例如，半俯身、含半口水等感受发声的原理。在周而复始的训练中，让学生感受发声的技巧。要引导学生在集体中找到声音的共鸣，因为这就是合唱的魅力所在。发声训练要把握好闭口哼名、口型竖起、开喉等训练。在合唱声部的训练中把握好个体和整体的关系，在试唱中加深学生对声部的了解和把握。重点练唱训练，使学生乐感上有较大提升，培养合唱的意识。

合唱练习

和声训练及声部间的和谐统一。由于合唱是多声部织体，合唱队员的内在和声感觉如何对合唱声音质量的好坏有直接的影响。著名指挥家杨鸿年曾说："一个合唱队员如果只是从谱面上如何唱，而内心并不能感受到旋律运动的倾向与色彩，那么他还是不能达到对音准的真正要求。内在听觉并不是玄妙而不可捉摸的，它来自实践，取决于艺术修养的深浅及正确的训练方法。"由于各种律制的原因以及旋律音程与和弦各音倾向性的原因，音和音之间的距离也不是绝对的，合唱队员应随时养成倾听邻近的声音以及整个音响的习惯，做出相应调整，以达到声部协和。如六度、七度的大音程要单面扩张，演唱要扬着唱，二度、三度的小音程要单面收缩；增音程要扩张，减音程要收缩；八度、四度、五度音程要高要纯等。

合唱做到声部间的协调统一，不仅要注意解决声部间音准的把握，还要注意声部间音色的协调、音量的控制协调等问题。音量和音色的真正配比关系必须依照作品风格、作者要求及和声排列位置来具体安排。各声部只有音量和音色相当，才能形成纵向的音响效果，才能唱出具有丰富和声效果的多声部音乐。

加强对作品的理解与感受。音乐活动最主要的方式是通过声音来表达某种思想和情感，而声音从产生和接受两个方面来讲都是和听觉密切相关的。从声音的接受方面来说，对音乐要素音高、音强、和声、织体等方面进行有理解的听，可以加强对音乐的感受能力，有助于音乐记忆力的提高和音乐经验的积累；从创作的角度来讲，丰富的感受力能够使音乐家按照同样的规则接受信息，唤起丰富的音乐记忆，产生运用自如的灵活状态，形成丰富的创造性想象，创造出美好的音乐。

合唱创作中必须了解合唱作品的历史背景、作者的创作风格、构思意图，运用内心存在的多种音乐表象进行组合及艺术的再现。业余合唱团的演唱需与作品内容相符合，才能恰当表现作品所反映的喜悦、忧思等情绪或反映某种场景。合唱中，强调演唱者内心对音乐作品的感知、理解和思维非常重要，比如在演唱中世纪宗教音乐的时候，提前了解教会音乐风格、演唱特点等要素，在头脑中对音乐所透露的声音信息有大概的了解，这样在演唱中对这类音乐质朴的和声风格、直声唱法的演唱、简单流畅的旋律特点等就会有清晰、明确的认识。

在济源一中音乐教研组郑燕老师的坚持和努力下，济源一中合唱团一步步建立、发展、完善了起来，并取得了一系列优秀的成果。在全国第四届中小学生艺术节展演比赛活动中，合唱《水母鸡》荣获全国一等奖；在全国第六届中小学生艺术节展演比赛活动中，合唱《月亮今晚就要出嫁了》《Chindia》，荣获全国一等奖。

三、深入推进学校美育评价改革，保障美育健康发展

济源一中为深入推进学校美育评价改革，保障美育健康发展，于2018年成立济源一中美育中心。美育课程以艺术课程为主体，主要包括音乐、美术、书法、舞蹈、合唱、戏曲等课程，并开展丰富多彩的社团实践活动，在学生掌握必要基础知识和基本技能的前提下，着力提升文化理解、审美感知、艺术表现、创意实践等核心素养，帮助学生形成艺术专项特长。

有关美育评价改革，重在以下三个方面：

1. 在学校美育评价过程中突出美育的本体属性。

学校美育可以在课程设置、课程目标和课程体系建设等方面，全过程导入美育评价。按照《关于全面加强和改进新时代学校美育工作的意见》要求，切实做到"完善课程设置""科学定位课程目标""加强教材体系建设""开齐开足上好美育课"，不断"深化教学改革""丰富艺术实践活动"。按照《深化新时代教育评价改革总体方案》要求，"把中小学生学习音乐、美术、书法等艺术类课程以及参与学校组织的艺术实践活动情况纳入学业要求"。

2. 在学校美育评价中进一步明晰内涵与外延，重视美育过程和实效的评价。

济源一中美育中心于2020年6月对高一年级全体学生进行了美育测评，又于2020年12月对高一、高二全体学生进行美育测评，于2021年1月对部分学生进行美育实践活动及专长测评，"以评促建"，不断"推进评价改革"，既注重艺术基础知识和技能，又关注艺术实践，全面地对学生进行美育评价。

3. "树立学科融合理念"，注重"五育"并举。

在学校美育评价中破除学科思维定式。美育是"纯洁道德，丰富精神的重要源泉"，而不是一门或几门学科的教育。所以，在学校美育评价过程中，

要"树立学科融合理念",注重"五育"并举、相互融合,注重在美育课程、艺术实践、教师的育美能力等方面开展美育评价,发挥美育在德、智、体、美、劳全面培养教育体系中的重要作用,构建学校"大美育"的教育体系。

四、多样化办学背景下美育实践成果

济源一中先后有 80 多个艺术节目在省部级比赛中获奖,《朝霞》《阳光网络》《且吟春雨》等节目到香港、马来西亚展演。2019 年 5 月,学校合唱团荣获全国第六届中小学生艺术展演一等奖,这是我校艺术团第五次参加展演活动,成为全国参加展演活动次数最多的学校。疫情防控期间,学校合唱团"云合唱"被多家网络广泛转载,新华网点击量超过 100 万。全体师生积极创造艺术作品,《信仰》《我的祖国》等微视频在网络热传,并在"学习强国"等媒体上发布,传播了正能量,为全校师生共同抗疫贡献了精神力量。

每年高考,均有一大批特长生被中央音乐学院、北京舞蹈学院、中国戏曲学院、中央美术学院等顶尖名校录取,彰显出学校坚持美育科研的成果。2019 年,音乐类学生高考双过线 58 人,美术双上线 136 人。近两年,考入中央音乐学院 2 人,中国音乐学院 3 人,中国戏曲学院 2 人,中国传媒大学 3 人,中央美术学院 4 人,一批优秀特长生被其他艺术名校录取,彰显出学校多样化发展的成果。

美育成果丰硕,育人成效显著,受到学生、家长及社会的认可和肯定。教育部体艺卫司组织专家到校调研后,对学校美育工作予以高度评价,学校的美育成果享誉全国。

【成果展示】

1.第一届全国中小学生艺术展演活动:

舞蹈:《校园情怀》全国一等奖

2. 书法全国一等奖：

3. 第四届全国中小学生艺术展演活动：

合唱：《水母鸡》全国一等奖

4. 书法全国一等奖：

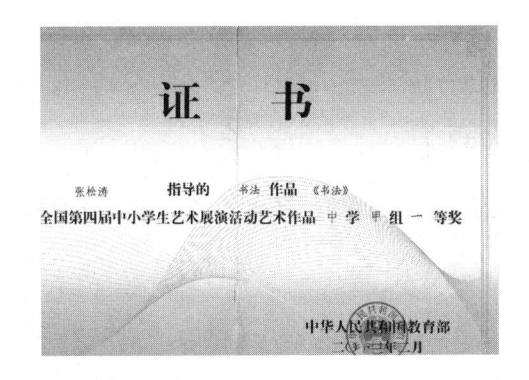

5. 第五届全国中小学生艺术展演活动：

书法一等奖

6. 第六届全国中小学生艺术展演活动：

合唱：《月亮今晚就要出嫁了》《Chindia》全国一等奖

课程3：国际部课程，培养具有国际视野的世界公民

随着俄罗斯与中国双边关系的日益密切，中方"丝绸之路经济带"建设和俄方跨欧亚大通道建设项目将促进中俄交流合作的不断深入，俄语人才非常缺乏，学生毕业后就业前景很好。2019年5月，由河南省教育厅批准，济源一中成立国际教学部（下文简称国际部）。该项目通过共享俄罗斯、白俄罗斯优秀的师资、教学内容和管理模式，采用小班化教学，为学生创造多样化、个性化、国际化发展的平台。通过系统教学使学生不仅能够掌握普通高中教学大纲的必备知识，同时还具备运用俄语进行学习和交流的综合实践能力，满足学生多元化、国际化教育需求。该项目在我校多样化发展进程中具有重要意义。

一、认识俄语

俄语是联合国的官方语言之一，俄罗斯联邦的官方语言，也是世界上母语使用人数和第二语言使用人数的第四大语言。使用俄语的人数占世界人口的 5.7%。

自"一带一路"实施以来，中俄以及"一带一路"沿线俄语国家之间的政治、经济和人文交流正趋于频繁。为顺应时代要求，迫切需要大量的俄语人才。

二、建设思路

实际工作中，我校国际部确立以"德育优先 教学降维"的观念为主导思想，首先紧紧围绕"立德树人"根本任务，设计一系列行之有效的德育活动，在文明礼仪、纪律观念、生涯规划、心理疏导等方面帮助学生调整心态，解决学生的心理问题，养成良好行为习惯，树立正确的世界观、人生观、价值观；其次，在教学进度、教学难度、教学方式上提出"教学降维"，低起点、慢进度、巧落实，帮助孩子发掘自身价值，重启学习自信，实现学习进步。

三、课程建设和教学活动

1. 课程设置

总体上，采取中国、俄罗斯课程相结合的设置方式。课程一致，国际班外语重点放在俄语课程，只是培养方向不同，英语课程比重减少。

学校开设的中—白俄高中国际课程合作项目旨在引进白俄罗斯先进的课程体系、教学方法和教学管理模式，结合我国国内普通高中课程的优势，使学生不仅能掌握国内高中大纲所要求的必备知识，而且具备运用俄语进行学习交流和综合实践的能力。参与该项目的学生完成所有课程后，可以直升俄罗斯、白俄罗斯、乌克兰等"一带一路"沿线俄语语系国家的多所世界一流大学，学习本科学位课程。同时，也可以用俄语代替英语参加国内高考。由于国内高考对俄语词汇量要求更低，所以更容易取得较高的分数，真正实现"留学和国内高考双保险"。

2. 国际班培养目标及各学段培养计划

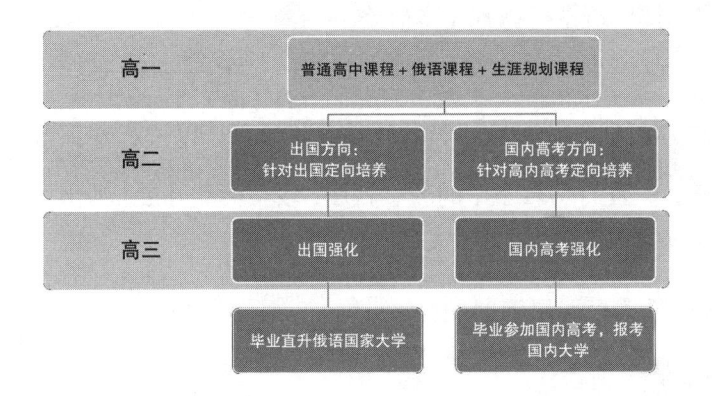

高一	普通高中课程 + 俄语课程 + 生涯规划课程
高二	出国方向：针对出国定向培养 / 国内高考方向：针对高内高考定向培养
高三	出国强化 / 国内高考强化
	毕业直升俄语国家大学 / 毕业参加国内高考，报考国内大学

3. 教学策略

以"低起点、慢进度、巧落实"为教学策略，要求教师扑下身子，深入了解学生的学习基础、学习能力、学习意愿，有针对性地制定符合国际部学生的教育教学进度、难度，有针对性地授课和练习，教学中有耐心、细心和爱心，帮扶学生找到学习乐趣，重启学习信心。

4. 教师选配

由于学生基础相对较弱，行为习惯有待提升，对于教师队伍的配置提出了更高要求，我校以有着丰富教育教学经验的中年教师为主，搭配富有青春活力的青年教师，打造出富有战斗力的教师团队，既有经验把关，又有共同语言，有效地拉近了师生距离，营造了良好学习氛围。

国际部实行教学责任连续，从高一选配后原则上不再调动岗位，使教师能够对国际部教学进行完整的三年规划，合理安排教学进度和教学难度。

5. 分层教研

为了保障更好的教学效果，我校将国际部教师统筹安排在一个办公室进行办公，教师对于学情的研究更便捷，能够进行实时的教学策略研修。国际部教师同时也参与各教研组教学研修，保证教师在业务能力、知识点处理、试题选择上的高水准。国际部班主任参与名班主任工作室研修、首席班主任德育校本研修、楼层班主任德育校本研修。

6. 教学评价

建立与普通班级有明显差异的教学评价体系，以过程性评价为主，以结果评价为辅，关注日常教学中的教学秩序、教学活动开展、师生民意评价等指标，不唯成绩论。

四、国际部德育课程管理

1. 管理理念

我校将"立德树人"作为一切工作的核心目标，以德育管理为中心工作，以"有性格、有理想、有风度、有温度"为德育管理理念，宽严有度，既有严格纪律又有温情关怀，以多样德育活动开展为载体提升学生的德育素养。

2. 常规德育活动

充分把握各种传统节日、革命纪念日及其他重要时间节点，把理想信念教育、爱国主义教育、公民道德教育和基本素质教育贯穿于常规德育活动中，精心组织安排"德育渗透课""国旗下讲话""课前演讲"等主题活动。

3. 特色德育课程

（1）礼仪教育

邀请专家开展文明礼仪教育讲座，教会学生如何优雅地行、坐、走、立，如何文明地待人接物，提升学生的行为审美，规范学生衣着服饰、物品摆放等日常行为。

（2）生涯规划教育

我校为国际班学生开设生涯规划课程，并把该课程纳入学生辅修课程体系，从而帮助学生清晰定位自己的优势，根据自己的兴趣爱好、家庭条件、未来发展等做出相对理性和科学的规划。

（3）互访游学教育

学校利用暑期组织师生到国外名校游学，和国外学生进行沟通交流，全方位增强学生国外适应能力，提升学生俄语口语及听力能力，让教师了解俄罗斯等著名高中的先进教育教学、德育管理模式。

五、俄语参加国内高考的优势

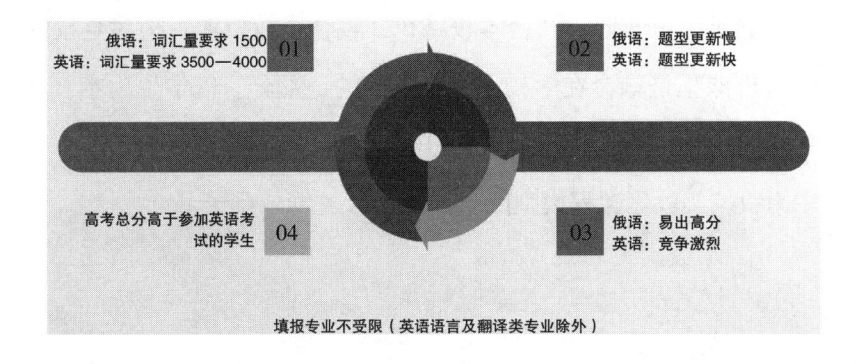

01 俄语：词汇量要求1500
英语：词汇量要求3500—4000

02 俄语：题型更新慢
英语：题型更新快

03 俄语：易出高分
英语：竞争激烈

04 高考总分高于参加英语考试的学生

填报专业不受限（英语语言及翻译类专业除外）

国际部的建设，是推进共建"一带一路"的教育行动，满足了一部分学生出国的需求，开启了学校国际化教育新征程。

课程 4：实验班课程，培育复合型、应用型人才

这里所说的实验班就是普通高中为具有基础学科特长或综合素养优秀的学生提供相应培养课程组建的班级。

相对于学校提供的统一的课程，实验班要设置更多可选择的、具有创新性、综合性、高阶思维的课程，培养德、智、体、美、劳全面发展的拔尖人才。

国家关于高中设置实验班的答复："高中教育不是义务教育，政府鼓励各级各类普通高中学校根据自身的传统和资源优势，办出学校特色，同时也关注每位学生潜能及其发展的兴趣，所以学校按照有关规定来举办实验班或特长班，是在政策允许范围之内的。"为每一个孩子提供相适应的教育也是教育公平的体现。实验班课程的设置就是为了满足实验班学生特长的需要，契合高校人才选拔需求。

我国发达地区的先进高中率先实践，在开足开齐国家规定的必修和选修课程之外，结合本校实际情况，还开设了丰富的校本课程，来保障学生全面而有个性的发展，满足学生志趣发展，提升学生综合素养，为学生的终身发展奠定基础。

我校也立足地区实际，结合本校特色，整合全校资源，构建全校的课程体系。实验班课程是融合在学校课程体系内的一部分。以学生为本，着力学生素养能力的发展，为他们日后能成为国家栋梁打下坚实的基础。

下图为我校实验班课程模型图：

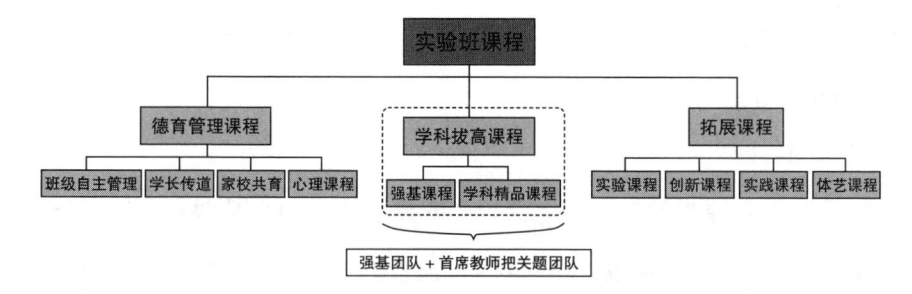

```
                            ┌─────────────┐
                            │  实验班课程  │
                            └──────┬──────┘
            ┌──────────────┬──────┴──────┬──────────────┐
      ┌──────────┐   ┌──────────┐   ┌──────────┐
      │德育管理课程│   │学科拔高课程│   │ 拓展课程 │
      └─────┬────┘   └─────┬────┘   └─────┬────┘
  ┌───┬────┼───┬───┐ ┌────┴─────┐ ┌────┬────┬────┬────┐
班级  学长  家校  心理 强基     学科   实验  创新  实践  体艺
自主  传道  共育  课程 课程    精品课程 课程  课程  课程  课程
管理
                    强基团队 + 首席教师把关题团队
```

以学生发展为中心，通过学校对国家课程、地方课程的校本化，构建适合实验班不同需求和特质学生个性发展的一套课程体系，包括德育管理课程、学科拔高课程和拓展课程。课程体系涵盖德、智、体、美、劳各个全面，聚焦核心素养、关键能力和思维品质的培养。

一、德育管理课程

班级自主管理课程：班级设置常务班委的同时，实施每人轮流当值日班长，按照《班级公约》管理班级，每日一总结。长期的班级自主管理课程实施，有利于培养学生的领导力、团队合作精神、主人翁精神等。

学长传道：优秀学长特别是优秀毕业学长定期举行讲座，分享经验，树立榜样。每年暑假是高考后"优秀毕业生宣讲活动"，寒假是"优秀学子交流活动"。

家校共育：全校层面，以优秀毕业生家长轮流举办讲座为主，邀请三个年级的实验班家长参会，传授高中育儿经验，分享家校共育心得。班级层面以家长会、家长委员会和班级活动为依托，规划班级发展，探讨全体或个体发展问题。

心理课程：从初中升高中的剧烈环境变化开始，作为原初中的佼佼者，在实验班学习过程中，面临学科增多、学法优化、学习压力加大，新授课到一轮复习、二轮复习的学习层次提升，学生心理容易滋生问题，而这种心理问题还具有一定的群体特殊性。作为尖子生，在励志心理和激励方式上也有别于其他学生。我校心理教研室和实验班班主任合作，进行筛选优化，制定适应实验班的心理课程。

二、学科拔高课程

强基课程：原来的自主招生课程，变成了现在的强基课程。根据济源地区生源数量有限、小初阶段竞赛参与率低等情况，所有高中阶段以强基课程为主，奥赛为辅。学校成立的强基办公室由数学和物理奥赛老师组成，从高一下学期至高三上学期由外聘团队和强基办每周举行数学和物理强基课程。利用寒暑假让学生参与外地强基短期培训课程。

三、学科精品课程

学科精品课程是教学的核心，也是我校实验班的核心课程。为了更好地研发和实施学科精品课程，学校专门成立首席教师把关题团队和建设名师工作室。下图为首席把关题团队与学科精品课程的关系图。

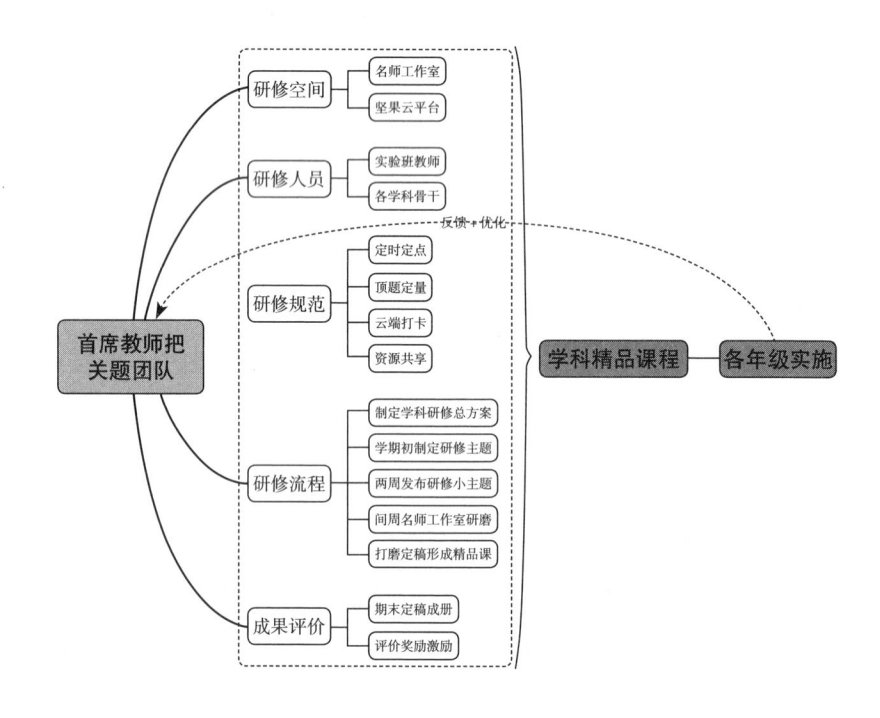

紧跟时代，勇于创新。根据《国务院办公厅关于新时代推进普通高中育人方式改革的指导意见》和《中共中央国务院关于深化教育教学改革全面提高义务教育质量的意见》的相关要求，随着清华大学、北京大学等重点高校强基计划政策的相继出台，我校需要进一步深化教育教学改革，转变教育方式。为了进一步促进学科优秀教师的成长并发挥示范引领作用和提高学生综合素养，学校遴选学科首席教师，成立首席教师把关题团队，旨在为学科教学教研和重点课程方面做些探索、力求突破，以此引领学校教师共研成长，提高教育教学质量。进行深度教研探究，在高考把关题等方面进行突破。九门学科，三个年级融会贯通。

首席教师把关题团队是济源一中首个集语文、数学、英语、物理、化学、生物、政治、历史、地理9门学科为一体，聚合高中三个不同年级教师的教研团队。每学科都包括三个年级实验教师和学科骨干教师，在首席教师的带领下进行主题研修，九个首席教师每学期还进行探讨。真正实现了学科内部研专业、出成果，学科之间共谋方向、方法和融合，三个年级共研修、达共识、成体系、能传承。

制定研修方案，确定研修主题，依计而行，久久为功。各学科制定本学科的研修总规划，并根据实际情况不断完善。每学期开学按照每两周一主题，制定本学期的规划。每两周发布一个主题，所有成员按照分工精心准备资料，然后在间周会议上进行团队打磨，会后修订定稿形成一期研修成果。

坚持规范，瞄准目标。首席教师把关题团队的研修总则是：定位名生、合作共享、专业引领、成果效果。团队坚持真教研，教研真。教研活动务必追求真实，避免把教研活动开成"聊天会""过场秀"，让我们这个团队真正成为济源一中的"尖刀班"，作风硬朗，研学理论，深度教研，吃透课标，把握高考，引领教学，把关突破！团队坚持不忘初心、牢记使命，立足于服务实验班教育教学活动，提高实验班教师的业务能力，提高实验班教育教学质量。探究尖子生培养过程中基础的夯实、薄弱的突破、能力的拔高、知识的拓展等方面的方法，让老师心中有方法，落实有抓手，结果有提升。这是我们研修的出发点和归属点。

搭建云共享平台，形成资源库，实现了网络虚拟共享传承。借助坚果云平台实现了云共享，研修记录表、研修过程、研修成果和本学科优质资源及时上传云平台，能够提高效率，共享资源，打造团队优质资源库。

名生培养不断突破，各领域开花，人数累积增加。2012—2020年共有69人被清华大学、北京大学录取，1人被牛津大学录取，3人被香港大学录取，20人被香港中文大学录取。

第三章
多样化特色办学的六大保障

学校高质量发展，核心是课堂教学和课程建设的不断优化。然而课堂教学和课程建设离不开强大的制度支持与保障体系，学校的治理体系、校园文化、教师发展、评价导向、家校共育、智慧校园，都是制约学校发展的重要力量。

第一节　校园文化，多样化特色办学的灵魂

校园文化，是教育长效发展的源动力。学校文化的构建，首先必须回答"建设什么样的学校""培养什么样的人"等根本问题。在教育竞争日益加剧的今天，一所学校只有准确进行文化形象定位，才能使办学指向更明确，也才能提升自己的核心竞争力。在一所学校，任何规章制度、组织结构、教育教学方法只有植根于相应的文化体系中，和学校特有的价值体系相吻合，才能实现科学发展观的愿景。也就是说，学校的"文化经营"才是更高层次的管理经营。只有基于文化层面的管理，才能突破目前学校管理的瓶颈，形成学校的文化品牌，并在此基础上形成文化场域，使师生都在一种文化的熏染与陶冶中，成为真正意义上的教育工作者，从而真正提升整体办学水平。

文化就是力量。它是精神力量与物质力量的复合体，是软实力的本质表现，也是硬实力的无形内核。文化是凝聚力、亲和力、渗透力和创造力的总和的根本概括。学校要持续发展，就必须从学校文化建设这一源动力上寻求根本的方法。

一、学校理念，多样化特色办学的指针

什么是办学理念？所谓办学理念，概而言之，是指学校对生存理由、生存动力、生存期望的深层次理性的思考。首先要明确三个概念。

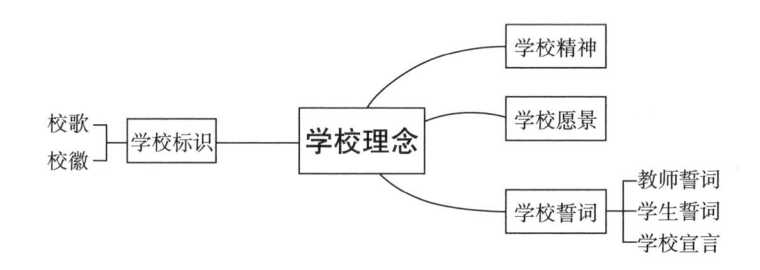

```
                                    ┌── 学校精神
          ┌── 学校标识 ──┐          │
校歌 ─┐   │              │          ├── 学校愿景
      ├──┤              │── 学校理念│
校徽 ─┘   │              │          │            ┌── 教师誓词
          └──────────────┘          └── 学校誓词 ─┼── 学生誓词
                                                  └── 学校宣言
```

理念：是人们经过长期的理性思考及实践所形成的思想观念、精神向往、理想追求和哲学信仰的抽象概括。

教育理念：是教育主体在教育实践及教育思维活动中形成的对"教育应然"的理性认识和主观要求。它是关于"教育的应然状态"的判断，是渗透了人们对教育的价值取向或价值倾向的"好教育"观念。

学校理念：办学理念是教育理念的下位概念，是校长基于"办什么样的学校"和"怎样办好学校"的深层次思考的结晶。办学理念，从某种意义上说，就是学校生存理由、生存动力、生存期望的有机构成。从内容上来说，包括学校理念、教育目的理念、教师理念、治校理念等；从结构上来说，包括办学目标、工作思路、办学特色等要素。办学理念的功能就是要回答学校的全部活动所涉及的三个基本问题：为什么？做什么？怎么做？这三个问题的答案共同解决了济源一中的终极问题：学校多样化特色发展的实质是什么？

(一) 学校精神:"弘毅笃行、致美致远"

学校精神是学校在长期的办学实践中自觉提炼的、被学校全体成员认同的精神支柱,它对全校师生具有导向和激励作用。学校精神是学校文化的体现和概括,是对全校师生员工在建设和发展学校过程中形成的群体意识和精神境界的总结、概括与升华。

脚踏实地才能积跬步以至千里,师生要一步一个脚印不懈进取,用点滴的努力才能汇成成功的河流;"弘毅""致美"既体现学校理念文化的体系性,又对师生提出了更具体、更深入的要求。

"弘毅笃行、致美致远",这是济源一中的学校精神,是独特的学校气质,也体现了我们的办学理念和方向。

弘毅笃行:弘毅,语出《论语·泰伯》:"士不可以不弘毅,任重而道远。"即抱负远大,意志坚强。笃行,语出《礼记·中庸》:"博学之,审问之,慎思之,明辨之,笃行之。"即切实地去实行。

培养师生的家国情怀,促使师生树立"以天下为己任"的人生理想,增强实现中华民族伟大复兴的责任感与使命感,践行愚公移山精神,以高昂的姿态、饱满的热情,脚踏实地、坚持不懈地去奋斗,勇于担负起推动中国社会进步的时代重任,让民族的未来充满希望,让祖国的明天更加美好!

致美致远:致美,语出《论语·泰伯》:"恶衣服而致美乎黻冕。"即涵养美的品质,达到最美的境界。致远,语出诸葛亮《诫子书》:"非淡泊无以明志,非宁静无以致远。"即实现远大理想。

培养、深化师生发现美、欣赏美、创造美、分享美的能力,使之具备美的心灵、美的情操、美的志趣、美的言行,最终形成"各美其美,美人之美,美美与共"的教育生态;勉励师生志存高远,追求卓越,不断升华人生梦想,不断实现自我超越,为创造更加远大、更加美好的未来而努力拼搏!

学校精神是一所学校历史上一代代校长传承下来的育人导向，一代代教师和学生的业绩、遗产、思想和风范的结晶，是学校教职员工和学生共同努力、长期积淀而成的稳定的共同追求的理想和信念，学校校长在其中起着举足轻重的作用。因此，选拔学校校长是培育和塑造学校精神的"核心"。学校校长是学校精神的传承者、倡导者，学校校长独特的人格魅力、远见卓识、学术造诣、教育理想、管理才能、智慧火花等决定着学校精神的取向及学校价值的提升。

(二)学校愿景："济济多士，源远流长"

我们的愿景：济济多士，源远流长。

济济多士：语出《诗经·鲁颂·泮水》："济济多士，克广德心。"即汇聚众多有才能的人。

济源一中重视教师队伍的建设和学生素质的培养。通过优化人才的选拔、培养和奖励机制，造就大批有学识、有涵养的教育精英，为学校的发展不断注入新的活力；通过深化课堂学习，开展科技、文艺和体育实践活动，激发学生的潜能，培养学生的才能，让每个学生都能成为有文化、有才艺、有能力的新时代社会主义公民。

源远流长：源头很远，水流很长。比喻历史悠久，根底深厚，具备长久的发展动力。

济水之源，秀水泱泱，水的灵秀带给济源无穷的智慧，成就了济源的绵绵文脉；愚公移山的伟大精神，历久弥新，熠熠生辉，成就了济源的创新精神。济源一中旨在汲取济源的历史文化精髓和创新精神力量，提升文化底蕴，促进教育革新，砥砺前行，锐意进取，推动学校实现内涵化、创新化发展。

学校愿景包含了对学校未来发展的美好设想，是承继性与前瞻性的结合，既有对学校历史的传承，又有对学校远景的展望。一所学校如果没有愿景，就像一艘没有航舵的船，一列失去轨道的列车，所以设定一个有指导意义的学校愿景，对于一所学校来说至关重要。

首先，学校愿景的确立，需要校园核心文化的统领。正如济源一中的核心理念"济济多士、源远流长"一样，它是一中的文化品牌，时刻引导着一中发展，培养学生德、智、体、美、劳全面发展。每个学校都有独特的校园文化，这种文化是在学校长期发展的历史积淀中形成的，例如，北京大学在校长蔡元培的指引下，坚持"兼容并包"的校园文化，遂成为新文化运动的中心，也由此产生了中国现代思想文化的大碰撞。学校文化代表着一所学校的信仰、态度和行为，在学校文化基础上产生的愿景，是富有生命力的愿景。

其次，学校愿景的确立，需要凝聚师生个人意愿。个人意愿，简单地说就是"我所思""我所想"。个人意愿随个体不同而千差万别，有的同学希望通过优异的学业成绩实现个人理想，而有些同学则更看重学校平台为他们提供的丰富资源，更看重为他们提供展现自己风采的舞台。个人愿景的主体不只是学生，还包括从事学校教学的老师们。教书育人是老师们的天职，也是职责所在，老师的愿景主要在如何有教无类地将所学知识传授给更多的学生。而无论是学生还是老师，都对学校发展有着共同愿望与设想，也就是学校成员所憧憬的学校未来理想的整体图像。这种共同愿景是他们个人愿景的提炼与升华，也是凝聚个人希望的重要纽带。

学校愿景的确立还需要校长的塑造。校长作为学校领导，不仅仅是学校的决策者，更是学校文化理念的引领者和学校愿景的畅想者。学校成员的沟通与交流都离不开校长的统率与领导。作为济源一中的校长始终把学校愿景"济济多士、源远流长"铭记在心，在校长的带领下，一中的教师职工更多的是扮演一种为学生服务的角色，而不是领导者的角色。在一中，校长经常召开各种座谈会，广泛听取学校各级领导、教职工、学生、家长的意见，通过真诚的沟通而获得共识，全校师生员工齐心协力，共铸发展蓝图，因此共同愿景成为学校的精神与灵魂。

一所学校的愿景对身在其中的教师和学生来说都有很大的影响。一中的教育愿景，针对的是学生个体与班级群体的和谐发展。班级是包含了学生个体的小单位，在班级里，大家通过对个人愿景的充分讨论和酝酿，形成全体认同并愿意为之而奋斗的班级共同愿景。建立共同愿景，能够让成员把个人愿景放到整个组织愿景中去实现。个人愿景的实现是学校整体愿景的基础，而在整体愿景的影响下，又能有效避免个人愿景中带有自私的弊端，最终达到多赢效果。

学校愿景凝聚着师生共同的理想愿望。具体到一中，我们的愿景是"济济多士，源远流长"，我们的教师和学生能够在学校最大限度地实现个人的职业价值和人生价值。学校大力倡导"以人为本"的教育理念，完善学校管理制度，采用人性化管理模式，借鉴先进的教育管理方式，尽最大努力在学校管理中激发教师和学生的积极性和创造性，从而使得教师和学生都获得积极向上的正能量。

"济济多士"便是教师的努力方向。这一理念让教师明确了自己的职责和使命，给予了他们克服困难的信念，激发了老师们的教学动力，进而给学生们带来了优质的教学，从而形成了一个良性循环。

(三) 学校誓词

教师誓词是学校全体教职员工在生活、工作和教学之中必须信守、坚持的责任与义务方面的信念，是简洁明了和催人奋进的宣传性、口号性语言。

学生誓词是学生在日常学习、生活中必须遵守的行为准则，是对学生进行思想品德教育的一个重要依据，也是催人奋进的精神激励。

学校宣言是学校就教育教学理想而对外发布的公告。它是学校理性形象的集中展现，是学校对社会的庄严承诺。

誓词是当人们想要郑重地表达对未来的决心时做出的庄严承诺。以最郑重的形式，在誓言接受者面前表明自己的意愿，都可以称为誓词。在济源一中，会听到怎样的誓词呢？知道誓词的意义吗？

每一个人的内心深处都会有各种不同的声音，而这些声音是可以帮助我们传递想法，表达追求的。那么，你知道我们的老师、我们的同学、我们的学校，有哪些声音吗？这些声音又代表着怎样的含义呢？让我们一起来了解一下吧！

学校誓词分三部分，教师誓词、学生誓词和学校宣言。

1. 教师誓词

我是济源一中的教师，在此，我庄严宣誓：

我志愿成为一名人民教师，忠诚党的教育事业，遵守教育法律法规，履行教书育人职责，引领学生健康成长，团结勤奋，文明进取；

润材以德，琢璞以心。做到有理想信念、有道德情操、有扎实学识、有仁爱之心，为教育发展、国家繁荣和民族振兴努力奋斗！

（1）誓词的解读

爱是教育的源头活水，德是做人的根本。从小到大，有各种关系陪伴着我们成长，其中"师生关系"对我们影响重大，生活中很多感受和体验都是老师教会我们用心领悟而获得的。当老师心中洋溢着幸福美好的情愫时，他的脸上就会有灿烂的阳光，而这些阳光会自然地照亮和温暖我们的心房；当老师情绪饱满，内心充实时，他就会自然流露出对我们细节的关注和乐于与我们真诚地分享的真情。从这一句誓词中，我们能够深刻地感受到老师是想用足够的力量去爱我们，去承担教书育人的使命。

我们欣赏一位老师，常常是因为这位老师有丰富的知识储备，并能用高超的教学方法让我们受益匪浅。也就是说教师的人格魅力来源于渊博的学识和教书育人的能力，教师的风范靠教会学生来体现。俗话说"欲给学生一碗水，自己必须有一桶水"，水也是有生命力的，这一桶水只有是活水，是充满生机、富有活力、长流不竭的活水，才能将学生知识和智慧的"池塘"越注越宽、越注越深。要使"活水"长流不竭，就需要教师不断探究，不断思索，反复研读课本，不断拓展自己的知识与视野。

教师在我们的学习生涯中扮演了至关重要的角色，他们扎实的教学基本功和深厚的知识内涵可以优化我们的课堂结构，在上好每一堂课的同时，让我们在愉悦的情境中学习，让我们在成功的尝试中学习。我校教师誓词事实上也是对真理性古训的一种坚持与发扬。

(2) 教师誓词的意义

爱是师德的真谛，教师只有爱润点滴，才能在教书育人的生涯中，看到自己和学生美好的一面，并努力去挖掘这些优秀的部分。也只有这样，教师才能在完善学生的同时完善自己，在提升生命质量的同时，让学生走上幸福之路。没有爱，我们就如同缺乏阳光和水分的植物，不能健康长大。同样，这对教育来说也就失去了本来的意义，如此便不会达到"教书育人"的预期目标。

2. 学生誓词

我是济源一中的学生，在此我庄严宣誓：

我为在这里学习而自豪！

我有知识、有思想，"乐学善思"是我的座右铭；我有道德、有志趣，"涵品养慧"是我的人生信条。今天，我们是一中骄子；明天，我们是祖国栋梁！

(1) 誓词的解读

乐学进智，用知识照亮人生。孔子说"知之者不如好之者，好之者不如乐之者"。兴趣是最好的老师，人的所有行为都是直接或者间接受自己意志支配的，而这种支配行动的意志的产生，必须要有足够的动机。外界的压迫或者一时的发愤可以暂时充当这种动机，但是任何单纯被动的行为是无法持续太久的；只有有了兴趣这个内在的动力，学习的行为才能够高效地持久下去，也只有充分发挥了自己的主观能动性，我们才能不断成就越来越好的自己，才能更好地承担起自己的责任。所以作为一名一中的学生，我们要乐学乐思，增长智慧，乐做学习主人。

乐学善思做勤奋少年。只是单纯学习好，却没有良好的道德修养也是不行的。同学们，你们试想一下，假使一个人非常有才华，非常有学识，可是他十分自私自利，品德败坏，他会一直成功、拥有一个完满而幸福的人生吗？意大利诗人但丁曾说，一个知识不健全的人可以用道德去弥补，而一个道德不健全的人却难以用知识去弥补。如果道德败坏了，趣味也必然会堕落，原本可以创造自己美好生活、实现自我生命价值的内在动力源泉就会变质，因此就无法向善，无法形成正确的人生信念，更无法准确地把握人生的发展方向和行动方式，从而生命没有质量和价值可言。

德行和知识相辅相成，每个人在生活中都会碰到好或不好的经历，关键看你如何处理这些外在的影响。只有当你既能用自己良好的德行和价值观去判断外物，把控好自己，又能用丰富的知识储备去解决所面临的问题，你就能从所有体验中汲取正面的能量滋养自己的生命，通过不断的充实和完善去寻求发展。如此善待生命的态度自然可以让我们成就发展，感受幸福，走向成功。

(2) 学生誓词的意义

很多时候，人们就像茫茫大海上的一艘帆船，世界广阔却不知驶向何方，尤其对于中学生来说，明晰责任的同时，也深感其重量，前行的道路总需要有方向性的指标作为我们的指引。学生誓词就是我们能够感受和补充的正能量。所以,一中的同学们,当你面对未来不知如何去做时,不妨回想一下自己说过的庄严誓词,从誓词中汲取前行的力量。

3. 学校宣言

王屋山下,济水之源。济源第一中学,沐浴山水灵秀,传承厚重人文;

遵循教育规律,成就名校品牌。为师者,进德修业,教学相长,文博气华立师德;

求学者,美言美行,知书达礼,文质彬彬成君子。育满园桃李,谱教育华章!

学校宣言是学校就教育教学理想而对外发布的公告,它是学校理性形象的集中展现,是学校对社会做出的庄严承诺。

(1) 学校宣言的解读

教育是科学,需要精益求精、脚踏实地的精神。认识世界,然后再客观地反映世界的本来面目,这是科学教育原理的真理性所规定的。这就要求从事教育科研事业的工作者要坚持真理并且不懈追求真理,用精益求精来不断取得成绩,用脚踏实地不断迈向成功。

教育是艺术,需要创新。我们教育的对象是人,人最重要的一个特征是个性化,对不同人的教育要采用不同的方式,因而教育需要因人而异,随机应变。学校努力发掘每位同学身上的闪光点,让每位同学都能实现个性化发展。教育同样是一门艺术,这个过程是需要不断创新和进取的,这也是我校一直探索和追求的目标。

教育是责任,需要担当。我们以优质的教育,优秀的师资,培养优秀的学生;教育是事业,需要坚守,我们以精干的队伍,精细的管理,成就精品的学校。温家宝总理曾经指出:"国运兴衰系于教育,只有一流的教育,才有一流的人才，才能建设一流的国家。"换言之，只有教育兴、人才兴，才有经济兴、国力兴。如此重大的责任，如此艰巨的使命需要以优质的教育、优秀的教师去担当，更需要以精干的队伍，精细的管理去坚守。只有这样，才会成就优秀的学生和精品的学校。

2. 学校宣言的意义

以誓词作为学校行动准则，在不断地纠正个体所存在问题的过程中，逐步形成我校全体师生的共识是学校宣言的核心意义。学校宣言就好比是一块吸铁石，用它强大的吸引力牢牢凝聚着学校全体师生的心。这种共同的目标和追求会激发全校每一个师生的责任感、荣誉感和归属感，从而形成强烈的向心力、凝聚力和群体意识。久而久之，当这颗凝聚群体智慧、期望和信念的种子植入每一位师生内心时，师生与学校定会得到长足进步和发展。

学校宣言是学校文化的载体。而所谓学校文化是一种具有个性的精神财富、文化氛围以及承载这些精神财富、文化氛围的活动形式和物质形态。作为学校文化的一分子，学校宣言以一种风尚、传统和特殊的教育力量的方式，通过文化熏陶、濡染和浸润，无形地融入集体成员的学习、生活各个方面，对每个师生都起着潜移默化的教育作用。

(四) 学校标识

学校标识符号主要包括声音符号和形象符号。

1. 声音符号就是我们的校歌《放飞理想的地方》

校歌是学校规定的代表学校的歌曲，是反映学校精神风貌的重要标志，它集中体现了学校的教育理念、办学特色、优良传统，是学校优良校风和教风、学风的高度概括，是引领学校发展方向的精神宣言。校歌是校园文化的重要组成部分，常常是一所学校对内的号召和激励，对外的形象展示和宣言，它反映的既有办学者、教育者的理想、要求、愿望，又有受教育者的感受、追求

济源一中校歌

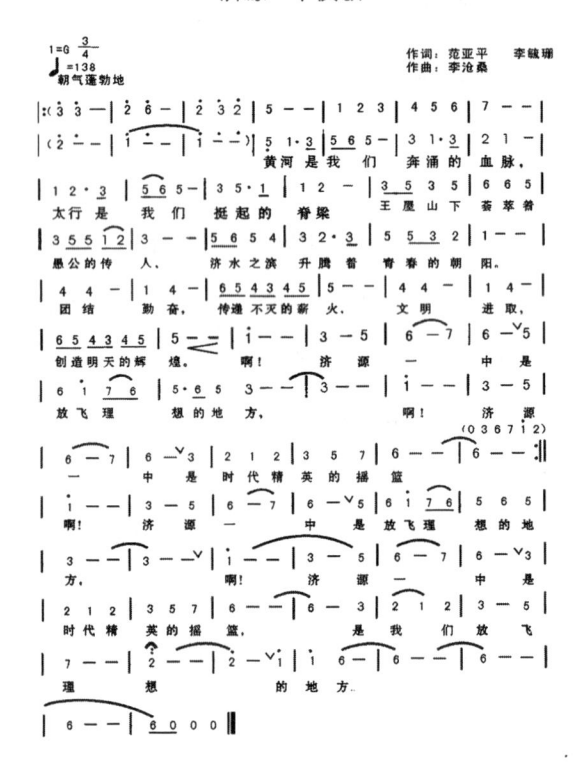

作词：范亚平　李毓珊
作曲：李沧桑

和成长心声。

一首悠扬的校歌，传唱的是一所学校的风华。在动人的音律间，在跳跃的音符里，流淌着叮叮淙淙如诗如歌的校园情怀，让校园的神韵就这样灵动地氤氲在我们的心中。没有校歌的校园总像是缺少了那么点空灵的气息，就像是没有星星的夜幕，虽深邃却平淡。

2004年10月，由校长范亚平、中国舞蹈家协会副主席李毓珊作词，中央民族歌舞团一级作曲家李沧桑谱曲的济源一中校歌问世，校歌不仅具有历史的厚重感，而且显示出奋发向上的时代气息，旋律雄壮激昂、气势磅礴，充分显示出了一中人继往开来、勇争一流、再创辉煌的精神面貌,深受全体师生的喜爱和广泛传唱。我们的校歌与校训精神相一致,与校风、教风、学风、学校愿景相得益彰,在学校重要集会和重大活动时共唱校歌,起到凝神聚力的作用,共同宣扬了学校的教育理念。

2. 形象符号就是学校 LOGO

校徽是学校徽章的简称,是一所学校的标志之一。校徽的主要功能是分辨人员、留存纪念和通过图案、文字来介绍学校的性质和教育理念,同时在佩戴校徽的时候也给佩戴者在无形中增加了纪律的约束,规范师生的行为,提高学校的知名度。

(1) 标志是根据济源一中教书育人的性质而定位,圆形象征圆满、凝聚、同心。整个外形是以济源一中校名中的拼音大写字母"JY"及"I"变形而成。1926,表明学校的建立时间和历史悠久。校名为 1956 年时任中国科学院院长的郭沫若先生题写。

(2) 色彩以绿色为主,象征希望,体现了中国园林式单位,整所学校清新、幽雅亮丽、蓬勃发展的活力。

(3) 标志左边有翻开的书页,寓意培养人才。教书育人,以教学为本。右边有水纹,象征一中是济水养育的文化景观学校,从而体现了地域文化。

(4) 标志整个造型同时又像一人形,积极向上富有动感,呈现了一中"以人为本"的办学思想。

在学校,学生校服上印有校徽,师生使用的笔记本、教案本,甚至贺年卡、纸杯、版面制作上也随处可见校名、校徽、校训,从细节上渗透学校的标识文化。独特的学校标识，在激励学生成长、凝聚学生精神、推动校园文化建设等方面发挥着重要作用。

办学理念是学校发展的总目标。在教学与管理工作中，理念文化是师生在学校学习生活中形成的价值观和行为准则的突出体现，是学校发展的灵魂。我们紧扣学校发展的需求，准确把握学校定位，坚持学校文化建设，不断完善学校理念，从而建构起"团结、勤奋、文明、进取"的学校特色文化。

总之，济源一中独特的办学理念，多个层面的展示，多种形式的渗透，寓博大精深的教育思想于喜闻乐见的形式之中，已成为学校多样化特色办学的指导方针。

二、"一训三风"，多样化特色办学的动力

"一训三风"，即校训、校风、教风、学风，不但是一所学校办学思想的集中体现，而且是其文化积淀的具体体现，为学校的整体推进和健康发展提供了不竭动力。透过"一训三风"，我们可以直观认识到学校育人的思想、兴校的智慧、存在的品格、发展的理念。同时，"一训三风"还是一所学校的历史凝聚、现实浓缩和理想展示，它们展示着一群又一群师生励精图治、开创未来、追求光明前景的坚定信念。在学校管理工作中，"一训三风"建设是学校管理工作中的一项重要内容，搞好这项工作有利于发扬学校的优良传统，办出学

```
                    一训三风
        ┌──────────┬──────────┼──────────┬──────────┐
       校训        校风        教风        学风

   知周万物 道济天下   团结 勤奋 文明 进取   润材以德 琢璞以心   乐学善思 涵品养慧
```

校的特色；有利于总揽学校的大政方针，促进学校各项工作持续稳定的发展；有利于增强全校师生的向心力和凝聚力，激发大家奋发向上的热情和勇气。

济源一中的"一训三风"，历经95年办学历程不断提炼，具有独特风格与鲜明气质，对学校师生具有规范、警策和导向作用，推进着学校各项事业的不断发展。

范曾先生亲题校训

（一）我们的校训：知周万物，道济天下

知即智——智慧充满了，对万事万物的大原理无有不懂，然后道济天下，做人也好，做事也好，做官也好，随便做哪一行职业，都可以达到救世救人的目的，因此不会有错误了。对学校来说，指勤奋探索，运用智慧改造万物；乐于奉献，按规律治理天下，实现经世济民的远大理想。

知周万物、道济天下，语出《周易·系辞上》"知周乎万物而道济天下"。

知周万物：即勤奋探索，不断拓展知识领域，对万事万物无所不知，成就渊博的学识。

对事物的完善认知，离不开系统的课堂理论学习和扎实的综合实践活动。济源一中从提升师生的知识储备和认知能力出发，通过研发校本课程、开展课题研究、优化课堂教学、举办社团活动等途径，增强师生对事物的认识和把握。让每位教师都能构建起完善的知识结构和知识体系，拥有广博的学识、精深的学问，实现对事物的透彻理解和领悟；让每位学生的视野更加开阔，思维更加敏捷，更具探索欲和思考力，更好地明白万事万物所蕴含的道理。

道济天下：即拥有高远的志向、博大的情怀、扎实的本领，从而济人利物，回报社会，振兴民族，报效国家。

古语"先天下之忧而忧，后天下之乐而乐"，正是对"道济天下"的有力诠释，而以天下为己任的理想和信念是催人奋进的不竭动力，是引领人走向成功、升华价值的向导。以此为认知，济源一中教师应具备强烈的事业心和高度的责任感，担负起传递教育薪火、培养强国栋梁、创造社会文明的神圣使命；学生则要具备追求卓越的信心、成就事业的雄心、回报社会的爱心、建设祖国的热心，为实现中华民族伟大复兴的中国梦而自强不息！

在新的形势下，学校与时俱进，在原校训基础上提炼出了立意更高远、含义更明确、训导性更强的新校训——知周万物、道济天下，成为新时期引领新方向的前进旗帜。

"知周万物、道济天下"八个字以高度凝练的方式体现了一种巨大的感染作用。尤其是在长时间的影响下，它会逐渐内化为学校师生的一种心理因子，赋予他们一种文化精神，主导他们的一言一行，充分实现自我，践行素质教育的内涵。校训本身具有巨大的号召力、鼓动力，"知周万物、道济天下"在很大程度上激励着全校师生，不断拓展知识领域，达到周知万物的境界。

校训对师生的要求：

1. 知周万物

学校不是单纯为适应社会教育需求而产生的产物，而是开启智慧、追求真理、弘扬真善、塑造品德的重要场所。不仅担当着培养人才、启蒙人生的重任，更重要的是为人类培养具有美好品德的接班人。而只有博学多才品德高尚的人，才能担当起引领社会发展方向的神圣使命。所以，我校将"知周万物"作为求学的标准和要求，将"道济天下"作为学生修身立德的重中之重。"知周万物、道济天下"就是时时刻刻提醒我们，在一中首先要学会的是做人。这是一切成就的基石，一切学问的根基。

2. 道济天下

"道济天下",语出《周易·系辞上》:"知周乎万物而道济天下。"要达到知识渊博、无所不知的境界,只有通过探索真理,掌握本领,以天下为己任,以"道"而经世济民,服务世界。

说到"道济天下",最容易联想到的就是水——善利万物而不争,居于最卑微的境地而滋养形形色色的生命。水不择善恶,而能兴善作恶;道兼济天下,而能演兴示衰。人间万象不过"兴衰"二字,大到政治军事,小到家庭个人,"其兴也勃焉,其亡也忽焉"。

不求大道出迷途,纵负贤才岂丈夫?追求时间自由的机缘诚然可遇而不可求,但发愿打造一个基业长青的学校还是可以翘首以盼的。上求大道下化众生,学校做强做大了,同样是兼济天下的善事。或许有人认为道太虚幻难以把握,其实房子中空方能住人,水壶中空可以沏茶,大道以虚纳实正是致天下之用的精妙之处。道不远人,人自远道,静心体悟,道在心中。

(二) 我们的校风——团结、勤奋、文明、进取

校风是学校全体成员在工作、学习、生活中表现出来的一种态度和取向,包括领导作风、教风、学风、学校传统文化精神以及学校探索活动的风气和氛围等。它能体现学校的办学理念、育人方针、学术追求和管理特色,是师生员工行动的座右铭。

团结:营造平等、宽松、和谐的教育氛围,以点燃教师的工作激情,激发学生的学习热情,引导师生精诚协作,实现教学相长,构建可持续发展的教育生态。

勤奋:勉励师生发扬愚公移山勤奋务实、不畏艰难、坚持不懈的伟大精神,勤勤恳恳做事,踏踏实实做人,忠于职守,孜孜不倦,为未来的人生打好坚实的底色。

文明：传承历史悠久、底蕴深厚的济源地域文化精髓，促使师生积累渊博的学识，树立优良的品德，陶冶高尚的情操，培养健全的人格，做传播文明、创造文明的时代先锋。

进取：激发学校师生奋发图强、追求卓越的豪情斗志，在教育教学的实践中，挖掘潜能，发展个性，倾我所能，扬我所长，尽情绽放自己的魅力。

"团结勤奋""文明进取"各具魅力，但又不可分割，它们是相辅相成、互为补充的，只有这样，才能形成整体的独特魅力，实现全面优质的健康风气。建设校园是构建和谐校园的一项具体行动，积极进取对促进学校的改革、发展、稳定具有重要意义。

正是在这一校风的引领之下，济源一中多年办学水平各项指标以绝对优势稳居全省前列，全市第一……每年都有一批优秀学生被清华、北大等"双一流"高校录取。2005年以较大优势成为首批河南省示范性普通高中。2017年被教育厅确定为"首批河南省普通高中多样化发展示范校"。2019年被评为"河南省文明校园标兵"。2020年被评为"全国文明校园"。济源一中师生持续发扬校风，取得了一项项丰硕成果，为推动学校多样化特色发展、实现中国梦砥砺前行！

（三）我们的教风：润材以德、琢璞以心

教风就是教师在师德修养、教书育人、科学研究等方面形成的良好风气。它依不同学校的不同特点表现出独有的特色和丰富的内涵，并通过学校全体成员的意志与行动，逐步形成和固化，成为一种传统和风格。这些传统和风格对学生的成长起着重要的作用，对学校的发展和建设产生深远的影响。

"润材以德、琢璞以心。"用德行浸润育人的每一个环节。学校实施了学科渗透的德育方案，各科老师充分挖掘学科德育因素，结合本学科特点，让学生在接受文化知识的同时接受思想教育。教师只有顺应学生天性，把学生当

作璞玉用心雕琢悉心培养，才能培养出品学兼优的人才。

1."润材以德"——教风之魂

教风就是教师风范，宏观上理解就是学校的教学风气、教学环境、老师的职业素质、道德素质、心理素质、精神风貌以及仪容仪表；微观上理解就是老师的育人理念、教学方法、教学水平、科研能力、敬业精神等所体现出来的良好风气。良好的教风不仅体现了教师个人的职业水平，更体现了学校的办学水准。

2."琢璞以心"——教风之形

德国教育学家第斯多惠说："教学艺术的本质不在于传授本领，而在于激励、唤醒、鼓舞。"济源一中希望以充盈美的教育，充满趣味的课堂，用心激励、唤醒、鼓舞每一个学生。为此，教师将美带入课堂，用美丽的语言、美善的品德、美好的言行，来感染、启发、拓展孩子的人生和视野；将趣味带入课堂，用兴趣引导学生，营造快乐自由的学习氛围，活力四射的课堂氛围，让学生主动地学、快乐地学、创造性地学。

教师是"托着太阳升起的人"，教师的一言一行既体现着学校的精神风貌，又在身心教育和发展中起着引导和示范的作用，这种作用甚至会贯穿我们的终身。因此，一所学校的教风是该校师生在潜移默化、知行并举中慢慢感受和学习到的，是任何教科书、任何教学手段都不能代替的一种精神力量。而良好的教风则来源于教师对学生的热爱、对教师职业崇高的使命感以及对教育本质的深刻理解。热爱学生是做好教育工作的首要前提，只有真正爱护学生、真正认可学生、真正替学生着想的老师才能够真正深入了解学生、引导学生，在学生中树立起威信；对教师职业崇高的使命感也就是责任感，则来自教师个人学识的积淀以及道德品质的高低，深厚的学识积累、崇高的个人品质，这些可以使得教师本人更深刻地理解教师职业的使命性，更好地担当起"人类灵魂的工程师"，他所教育出来的学生一定是品学兼优、思想健康、积极向上的人才；而教育的本质就是让学生学会学习、学会关爱、学会做人，在合作中学会分享，在竞争中学会共赢。

优秀的教风首先渗透在教师对教学内容、教学方法和教学改革的认识与实践上。首先，教师对自身知识的更新与扩展并将这种更新与扩展贯穿于教学内容的程度与水平，能很好地体现教师自身的专业素养与敬业精神；其次，优秀的教风来源于教与学的关系上，教师作为启蒙者，对学生的影响最直接、最深刻、最有感召力，学生获取知识的深度和广度在很大程度上取决于教师分析和讲解的深度和广度，学生研究、思考和解决问题的基本思路和思维活动方式也主要依靠老师的引导和提示。一位具有优良教风的教师，能使学生产生强烈的好奇心和努力学习的紧迫感，逐渐培养出学生提出问题、研究问题和从全新独到的视角解决问题的能力。而这种能力就是提高教学质量的重要保证，也是培养高素质人才的可靠保障。每一位教师都代表着学校的风貌，没有优良的教风就没有优良的学风，没有优秀的教师就教不出优秀的学生。

因此，教风的建设离不开每位老师的努力。每位教师的治学精神、敬业精神和治学经验都是学校教风的重要组成部分，是对学生学风塑造的活的教科书。在讲求合作共赢的新时代，建设具有学校特色的优良教风既为学校创立了品牌、树立了口碑，又为教师个人的成长打下了坚实的基础。

（四）我们的学风：乐学善思、涵品养慧

乐学，即好学，快乐地学习。善思，即善于思考。涵品，涵养品德。养慧，升华智慧。

我校通过"乐学善思，涵品养慧"，引领师生的行为、思想。在课堂上、在师生活动中，以"乐学善思，涵品养慧"为中心，努力从中体现出一中文化的内在含义。

学风是学生群体在学校学习过程中养成的稳定的、共性的、倾向性的良好精神风貌，是学习精神、学习态度和学习方法的集中反映，是保证学生学习质量与学习效果的精神基础。作为师生要准确理解学校的学风，并为之形成而不懈努力。

乐学善思：乐学，是好学有恒、乐在其中的学习境界；善思，是激活自我的学习体验。要在学习中，获得舒畅、幸福的感触；要在思考中，内化知识，增强感悟，碰撞出智慧的火花。孔子说"学而不思则罔，思而不学则殆"，学习与思考要相辅相成，不可偏废。要以学引思，以思促学，实现学思良性互动。

涵品养慧：中学阶段是知识积累和人生奠基的关键时期，学习与做人都是必修课。学生要先学做人，一点一滴积累美德，树立正确的人生航向；一言一行文明有礼，养成良好的行为习惯。学生还要激发学习的兴趣和激情，寓学于乐，寓乐于学，提高学习的主动性和积极性，时时获得新知，日日升华智慧。

九十五年弦歌不辍，九十五年沉淀凝练。"一训三风"，体现了济源一中深厚的文化积淀和丰硕的办学成果，是学校的品牌和形象、精神和灵魂，必将为学校的发展提供强劲的精神动力；激励着一代又一代一中学子，勤奋努力，全面发展，永争一流，有效推动了学校多样化特色发展，为国家建设做出应有贡献。

三、校园环境，多样化特色办学的基础

校园的环境文化是指校园所处的自然环境、校园规划格局以及校园建筑、绿化和文化传播工具等方面形成的文化环境。校园的环境文化必须处处洋溢

着浓厚的育人氛围。优美的环境给人以美的享受，以它的感染力唤起人们对美的追求，陶冶人的情操，使人心旷神怡，大脑更聪慧，思维更敏锐，行为更文明，激发人的上进心和求知欲。校园物质文化反映了学校育人的种种思想观念；同时，校园环境将对作为这种环境审美者的师生产生持久的、潜移默化的影响。

```
                    校园环境
    ┌──────┬──────┬──────┬──────┐
  硬件建设 花园式校园 雕塑 专题文化 文化宣传
```

校园环境是校园文化建设的基础。一流的校园环境，为济源一中学生形成良好的心理品格与正确的价值观念奠定了坚实的基础。

（一）一流硬件设施

济源一中新校区由清华大学建筑学院规划设计，于2004年投入使用，全校划分为行政区、教学区、运动区、生活区。图书馆、艺术楼、体育馆、游泳馆、田径场、学生餐厅等建筑，布局科学，功能齐全。音乐教室、美术画室、琴房、练功房、实验室、足球场、篮球场、多功能会议厅以及乒乓球训练馆等设施一应俱全，充分满足师生学习、生活的需求。尤其是2020年爱心企业捐赠400万元建设的数理探索馆，进一步完善了学校的场馆建设。

（二）打造花园式环境

近年来，济源一中秉承环境育人的理念，栽树8000余棵，品种达150余种，校园绿化面积达99000平方米，绿化率达45%以上。每种植物都标有物种信息，师生们犹如置身于园林之中，学校先后被评为"河南省园林单位""省级绿色学校""省级卫生先进单位"。

(三) 雕塑景观精致独特

学校中心广场周边安置了名人胸像雕塑，在建筑之间巧妙布置《竞帆》《滨海明珠》《冲刺》等雕像，南广场《放飞理想》雕塑，昂然昭示着一中人奋发、向上的精神状态。高耸挺拔的钟楼，四面显示时间，无时无刻不在提醒着广大学子要珍惜时光，奋斗青春。校园内"启慧路""书山路""穿石路"等道路纵横交叉、错落有致，"梦园""畅想园"一南一北，遥相呼应，"济渎桥""文昌桥""学苑桥"三桥依河而建，纪念学校校址变迁。学校南大门和行政楼楼顶，由文学泰斗郭沫若先生书写的校名，磅礴大气，彰显着学校的悠久历史。西校门景观石上由当代书画大师范曾题写的校风"团结 勤奋 文明 进取"，全校师生每次出入校门都能尽收眼底，并默记于心，进而施之于行。校园处处布满着游园景观，学生在思想观念、心理素质、行为方式、价值取向诸方面都受到熏陶、感染，实现学生时代良好性格的塑造。

(四) 专题文化处处育人

学校科学规划，精心设计了廊柱文化、班级文化、寝室文化、廉政文化等一系列专题文化，努力实现每一处角落都有育人功能。班级之间的墙壁、廊柱上安装了一系列中外名人、科普知识文化板，文明宣传语灯架上随处可见；每个班级外墙装置有展示板，大多班级设计有班徽、班旗；后勤服务中心举行优秀寝室评比，打造"家"文化；廉政警示语、案例巧妙布置，我校荣获"河南省首批廉政文化进校园示范点"称号。学校打造的"济源历史文化长廊"，成为教育学生爱校、爱家乡、爱国的有效载体。

例如：挖掘积淀，打造开放式校史文化。济源一中始创于1926年，三易其地，两度搬迁，校史资源丰富。学校校史馆面向全社会征集校友资源，主要以史实和史料为根据，用图文与实物相结合的方式，按照时间顺序反映学校95年的发展历程，展现一中的精神与内涵。每届新生第一课，就是参观校园及校史馆，了解学校发展轨迹，领略知名校友的风采，让每个新生接受人文熏陶，树立远大志向。

（五）文化宣传，完善校园文化阵地

校园广播站、校园电视台、校报、网站、橱窗构成了学校重要的精神文化阵地。校园电视台于每周日学生返校时播放，时长8至15分钟；广播站每天放学后、上课前播放轻音乐、英语听力、时事报道等，集信息、知识、娱乐于一体；校园网站界面新颖，资源丰富；校报每月一期，是展示师生成长风采的舞台，成为学校、学生和家长交流沟通的新平台；学校重视新媒体宣传，建立微信、抖音、视频号等网络新媒体，开展丰富的网络文化宣传，既展示有校园人物、功勋教师，又有历届名生、文明创建等专题内容，在潜移默化中发挥着育人功能。

多年来，济源一中把劳动教育贯穿于学生培养全过程，让班级成为校园环境整治的桥头堡，让学生成为校园环境提升的主力军，举全校之力高标准、常态化开展校园环境整治。特别是全国文明校园创建活动开展以来，学校对照创建要求，进一步完善了《济源一中环境卫生百分制双责考核办法》，考核办法充分发挥年级、处室、班级、学生会的主观能动性，使校园环境卫生治理，人人有任务，天天见行动。学校团委号召开展文明校园创建校园环境卫生志愿服务活动，各年级、各部门八仙过海，各显神通，充分发挥党员、团员、社团组织的先锋模范引领示范作用，先后开展了党员文明路、青年文明号、校园美容社团等志愿活动，饭后、课间、周末，校园随处可见"红马甲"忙碌的身影，更成为校园环境卫生整治的一道风景。在他们的影响下，全体师生自觉践行文明习惯，不乱丢乱弃、不随地吐痰，随之而来的是白色垃圾的自觉捡拾行动。各年级、各处室围绕部门卫生整治提升成立校园环境卫生检查火眼金睛小分队，大家自查、互查，相互为亮丽校园提升发现问题、改进问题，进一步细化

校园环境卫生整理标准。在做好过程考核的同时，重点看卫生整理效果。在全校师生长时间、多角度、全方位、拉网式的常态化卫生整治下，校园环境卫生达到随处可看、随处可摸、随处可坐的效果，校园里的每一栋楼、每一条路、每一块瓷片、每一个运动器材都一尘不染、干净如新。

2020年12月以来，学校实行校园环境卫生服务外包。环卫公司进驻校园后，学校在明确各部门职责的基础上，细化网格管理，落实主体责任，突出点、线、面管理模式，使校园环境卫生管控零死角。

校园环境卫生的整治提升也更加便捷高效，校园环境更加亮丽。漫步校园，花、草、树赏心悦目，楼、园、路文雅别致，字、画、像笔精墨妙，教室内书声琅琅，运动场精彩纷呈，处处洋溢着浓厚的育人氛围。

校园文化建设是一项周期长、见效慢的复杂的系统工程，需要我们实践和思考的问题还很多，但我们坚信：济源一中在学校文化建设之路上会创造更多奇迹，演绎更多精彩！

第二节　治理结构，多样化特色办学的前提

党的十九大开启了国家现代化治理体系与能力建设新时代，会议明确指出："全面深化改革总目标是完善和发展中国特色社会主义制度、推进国家治理体系和治理能力现代化。"实现教育治理体系和教育治理能力的现代化，是贯彻落实党中央重大决策部署的重要举措，是学校全面实现内涵式发展的内在要求、健康可持续发展的迫切需要，全面深刻地阐释了其重大意义。

一、学校治理主体的多元化

学校治理体系，就是在党的领导下管理学校的制度体系。而治理能力，则是指运用制度管理学校各方面工作的能力。治理体系是制度建设，治理能力是制度执行，二者密切相关，相辅相成。整体推进现代学校制度建设，是实现治理能力与治理体系现代化的有效抓手与核心所在。学校就是要通过重构学校与政府、学校与社会和学校内部关系，着力提升自主办学能力、内部管理能力和公共服务能力，强化以人为本意识、科学规范意识和开放创新意识，进而让治理能力与治理体系走向现代化。

实现基础教育优质公平，让优质教育惠及每个学生，是学校治理能力现

代化的价值追求。多年来，我校按照中央关于推进学校治理体系和治理能力现代化的要求，领导班子更加自觉地运用辩证思维、系统思维、创新思维、战略思维来谋划思路，以学校法人治理结构改革为突破口，加快推进治理体系和治理能力的现代化，率先取得改革成效，对济源示范区、周边县市乃至河南省基础教育多样化发展发挥出良好的辐射示范作用。

实践证明，形成以人为本、科学规范、善治共治、协调推进的治理体系，是推进学校治理能力现代化的有力保障。我们准确把握学校发展定位，合理规划，确立发展理念和实践策略，以学校章程建设为核心，以学校管理"扁平化、精细化、人性化"建设为载体，通过全面系统的制度供给、流程再造，建立起完备的制度体系，构建起狠抓制度执行的体制机制，保障和涵养出现代化的治理能力，使学校真正成为社会公认的培养人才的摇篮、教书育人的圣地、师生生活的乐园、改革示范的榜样。

【校本展示】

一、学校砥砺发展，管理面临新挑战

2004年，为了满足人民群众送子女接受优质普通高中教育的迫切需求，济源市委市政府多方筹资3亿元建设了济源一中新校区。新校区占地515亩，建筑面积20万平方米，教学规模108个教学班。2019年设立国际部，开展中、白、俄国际项目，每年4个国际班120人，开启国际化合作办学新模式。为破解城区大班额难题，发挥济源一中品牌效应，有效满足人民群众对优质教育资源的需求，2020年7月经示范区党工委、管委会同意，示范区教体局批准成立济源一中附属初中，与济源一中实行一体化管理、集团化发展。发展至今，济源一中管理本部120个教学班6000余人，附属初中一个年级8个班430余名学生，托管英才学校42个班，师生总数逾万人，学制跨初中、普通高中、高补七年，

被称作"济源基础教育的航母"。

随着学校综合实力不断增强，多样化办学发展迅速，学校管理、运行成本、组织形态等诸多方面的问题接踵而至。面对学制长短不一、师生情况复杂、超大规模的巨型学校，如果按照传统的模式来管理，必定会存在很大的难度：一方面管理人数太多，造成管理宽度太大，管理成本太高；另一方面职能部门应接不暇，造成学校监控效度、考核准确度的削弱。

创新是学校发展的不竭动力。学校要发展，需要管理创新；只有不断开拓创新，学校才能更快地、更好地、更有效地发展。在组织、结构上实行扁平化方阵，借鉴企业精细化管理，让管理重心下移。经过长期探索实践，济源一中走出了一条行之有效的规模办学之路。

二、组织创新，管理模式重建

学校规模变大了，一个年级多达40个班、2000余名师生，比普通的一所学校还大，在这种情况下，怎么管理？有人说，还按过去办。可是按照过去的老办法，学校各职能处室明显力不从心，效果不佳。有人说，分了吧，一个年级成立一个学校组织。这得费多少人力、物力、财力，岂不造成教育资源的浪费和教育效率的低下？

在这种情况下，学校领导听取各方意见，反复探讨，摸索出了一条新路子，就是在组织上实行"统一领导、条块联动"的管理模式，在结构上实行扁平化方阵。

所谓"统一领导"，就是要保证校党委、学校班子对学校全面工作的统一部署和领导。"条"式管理，就是将学校的整个管理层面分为行政、教学、德育、后勤4个方面，相应的职能部门分别为党政办、教务处、政教处、总务处等处室，各职能部门对各年级的相关工作进行协调、服务。"块"式管理，就是把年级当作一所"分校"，全校按年级分为三个年级部，每个年级部按照力量均衡的原则分为两个教学部进行管理。年级在学校的宏观调控下，对教师和学生、教育和教学具有全方位、多层面的管理权限。各年级可根据学校的有关管理条例，创造性地开展工作。

"统一领导，条块联动"的新管理模式，保障了各年级、各处室在校党委、行政班子的统一领导下，围绕学校的总体目标和阶段工作重点协调地开展工作，既相互合作，又相互促进、相互支持。新管理模式既避免了资源浪费、效率低下，又避免了学校一盘散沙的危险，使学校管理由"大"变"小"，化难为易，极大地方便了管理。"块"切小了，方方面面就都能管得到、管得细，问题就能抓得准、抓得牢，矛盾就能早发现、快解决，切实保证了各项管理纵向到底，横向到边。

管理重心下移，实施扁平化管理，是济源一中摸索出的又一种行之有效的管理模式。

济源一中是一所典型的巨型学校。如果按照传统的模式进行管理，一些职能处室整天都会陷入"救火式"的常规事务中，根本没有时间去统筹考虑学校的持续发展。况且，学校受示范区党工委、管委会和示范区教育体育局双重领导。如果按传统管理模式，仍然依靠原有职能处室对班级、教师、学生各方面的情况进行了解、考核、管理，必定会存在很大的难度，从而造成各处室对班主任、任课教师、职工岗位职责监控效度、考核准确度和管理强度的削弱。

为解决这一矛盾，济源一中采取了三项措施：一是减少中间管理层，实现组织结构扁平化，使学校继续保持小型学校敏捷、灵活、快速和柔性化的优点。逐步弱化教务处、政教处、总务处等原有职能部门的管理权，突出其服务师生、服务教学的意识，使其职能由管理逐步向服务转型。而在每个年级设立教学处和德育处，成为年级的"两翼"，分别负责年级的教学工作和学生的德育工作。二是建立有自主权力的工作团队即年级部，实现权力重心下移，扩大年级领导的责、权、利，在学校的统一领导下，三个年级部自成体系，拥有对年级所有教师的聘任权、考核权、评优晋升推荐权和相应的经费支配权，直接对校长负责；每个年级部由一名副校长或校委委员管理，依托年级教学处和德育处开展年级的教育教学工作。三是在三个年级部之间建立纽带关系，负责年级的三个副校长或校委委员分别分管教务处、政教处、总务处等处室，他们之间在工作中仍有一定的密切联系，不至于使任何一个年级游离于学校的整体之外，确保了三个年级形成一个独立联合体。

管理重心的下移，减少了管理层级，使得传统的金字塔状的组织形式被压缩成扁平状的组织形式，从而提高了管理效率，使学校管理更具有人文性、柔和性以及民主性，使教育教学规范有序，学校工作呈现出了蓬勃发展的良好局面。

这种组织上实行"统一领导、条块联动"，结构上实行扁平化方阵的新管理模式，确保了规模扩大之后的济源一中继续维持快速、健康的发展势头，从而走出了一条行之有效的规模办学之路，既做到了上规模，又做到了高效率，实现了既做大又做强的目标，借用经济学的术语来说，就是成功实现了规模经济，避免了规模不经济。

创新管理模式，扁平化管理，使济源一中走出一片新天地。

三、过程创新，走精细化管理之路

随着学校的规模越办越大，人员越来越多，管理的宽度也越来越广，而管理宽度的增加必然导致管理的失控。针对这种情况，济源一中借鉴先进企业管理办法，提出了"精细化管理"，探索"日事日毕、日清日高"OEC日清管理模式，在"细"字上做文章，在"实"字上下功夫，走精细化发展道路。

学校明确提出：人人都要树立领导意识，实行"谁主管谁负责，谁的课堂谁负责，谁的班级谁负责，谁的岗位谁负责，谁的问题谁负责"的责任分解与责任追究制度，用明明白白的制度，清清楚楚的"尺子"，保证工作扎扎实实开展。在管理过程中，要求每一个步骤都要精心，每一个环节都要精细，每一项工作都是精品，精心是态度，精细是过程，精品是成绩。

精细化管理使管理责任具体化、明确化，变一人操心为大家操心，形成权力层层有、任务个个担、责任人人负的利益共同体。通过落实管理责任制，人人会管理，处处有管理，事事见管理，工作细化到每个人身上，每个人都有各自的工作范围、工作内容、工作指标、计划进度，每个人在工作中既有压力又有相对自由度，从而真正发挥其主观能动性，发挥其自主管理的作用，做到了总账不漏项，事事有人管，人人都管事，管事凭效果，管人凭考核。

精细化管理是巨型学校管理的核心工程，它可以弥补巨型学校因管理宽度过大而导致的管理效率较低的不足，规范学校日常管理，明确管理目标，细化管理单元，改进管理方式，确保管理高效准确到位，形成带动学校良性发展的健康机制。

管理思路和模式的变革给巨型学校带来了新的生命力，巨型学校从传统的行政管理意识中解脱出来，树立教育就是服务的意识，努力构建充满人文关怀的服务体系，以关爱、理解、尊重为基础，为教师的专业发展创造条件，为学生的发展开辟更广阔的空间，营造宽松和谐的工作环境和学习环境，努力提升学校办学质量。

四、以人为本，打造创新型团队

学校管理分为对事的管理和对人的管理，其核心是对人的管理。其要旨是千方百计调动师生、员工的积极性、主动性和创造性，通过充分发挥人的主观能动性，来推动学校事业的发展。

然而仅仅依靠学校管理制度的规范、约束作用，往往使师生、员工处于被动的服从地位，有时会产生逆反心理，弱化制度的作用。这就要求学校领导采取适当的方法来实施制度，以弥补制度本身的不足。

对于扩大后的新一中，如果只靠目标管理、制度管理、量化管理等思路来严格管理行为，虽然能够保证学校的健康发展，却不能保证管理效率的最大化，也无法完全杜绝疏漏，还必须在严格管理中渗入人性化管理，作为对科学化管理的一种补充和完善。人性化管理通过科学化管理体现出来，科学化管理体现着人性，这样人性化管理才能落到实处，科学化管理也才能成功。人是有精神、有情感、有思想的，要提高其工作效率，就要不断鼓舞其精神、培养其情感、提高其思想。而这些不能只依靠一些开明的管理者去实施，要通过制定相关的制度加以保证。

教职工是学校的主人，既是管理的对象，又是管理的主力，参与学校管理是教师的根本权利。因此，调动教职工的工作积极性，使其参与学校管理是办好学校不可缺少的重要因素，为此济源一中提出了"以人为本、温馨服务、团队精神、跨越发展"的思路，合理配置人力资源，调动教职员工的积极性，最大限度地发挥其潜能，尽量做到"智者尽其谋、仁者播其惠"。

在以人为本的理念下，济源一中变以往单纯的行政管理方式向行政管理方式和科学管理方式相结合，变以往只注重思想政治工作向思想政治工作和关注师生个体成就需要发展相结合，广泛开展教书育人、管理育人、服务育人、发展育人活动。坚持以人为本的管理理念，积极采取正面灌输与思想疏导相结合、一般教育与榜样示范相结合、精神鼓励与物质激励相结合、学校发展与个体发展相结合，增强学校管理工作的实际效果。本着"管理即服务"的原则，结合教师日常学习、生活、工作等方面遇到的矛盾和问题，有针对性地提供多方面、多角度热情周到的服务。广泛开展心理健康辅导工作，及时排除化解由于工作、学习、生活等诸方面给教师带来的心理压力。为病重师生捐款、慰问困难教职工、开展多彩的文体活动，丰富师生精神文化生活。在500余名教师中，外地教师就占一半以上，他们来自全国28个省市，每逢元旦、中秋，学校领导就组织外地教师茶话会，与他们一起欢度节日，使学校的管理工作做到潜移默化、情理交融、润物细无声，人性化管理卓有成效。

五、深化法人治理结构，推动学校治理能力与治理体系走向现代化

2018年济源一中被省编办确定为"全省教育系统法人治理结构试点单位"后，示范区党工委编办会同组织、教育、人社、财政等部门，多次研究讨论济源一中作为法人治理结构试点单位的改革实施方案。

2019年5月22日，十二届市委全面深化改革领导小组第十七次会议研究通过了实施方案，明确了济源一中法人自主权，以及与之相适应的人权、事权、财权。

2019年6月17日，中共济源市委全面深化改革领导办公室下发《济源一中法人治理结构试点工作台账》，明确重点改革事项、牵头单位、完成时限。市委改革办、市督察部门对贯彻落实情况适时进行督察。

2019年8月16日，全省教育系统事业单位法人治理结构试点单位济源一中理事会召开第一次会议，明确学校理事会、监事会产生方式和理事会、监事会、管理层成员任用管理办法，选举了理事会理事长、监事会主任、理事会秘书长，通过了《济源一中章程》，聘用相关理事单位主要负责人、企业家、社会人士等15人组建济源一中理事会，标志着济源一中搭建了"四位一体"内部治理结构（即党委领导、理事会决策、行政班子执行、监事会监督），组成了决策权、执行权、监督权相对独立、相互制衡的组织架构，济源一中理事会进入实质性运转阶段，有效推动学校治理能力与治理体系走向现代化。

2020年由于疫情影响和示范区机构改革，加上校园疫情防控责任重大，各理事部门发生人事变动，重新选派理事开展工作。2021年2月2日，济源一中理事会在学校召开会议，听取学校工作汇报，审议2021年工作规划，正常开展工作。

【实践成果】

济源一中探索"三化（扁平化、精细化、人本化）"管理，深化法人治理结构，持续推动学校治理能力与治理体系走向现代化。经过多年的探索实践，学校实现德智体美劳全面发展，成为全国文明校园、河南省普通高中多样化发展示范校。尤其是在学校法人治理结构工作方面成效显著。济源一中法人治理结构试点工作开展以来，在省编办和党工委、管委会的大力支持下，组织、编办、教育、人社、财政等理事部门认真贯彻落实《济源一中作为法人治理结构试点单位的改革实施方案》，支持指导济源一中先行先试、创新发展，试点工作取得了阶段性成果。

一、建章立制，完善学校治理体系

2018年理事会换届后，济源一中逐步建立健全学校及理事会各种规章制度。通过了《济源一中章程》《理事会议事规则》以及《济源一中教师公开招聘办法》《济源一中教学质量奖励办法》等，形成《学校制度汇编》。完善议事规则，坚持理事会每学期一次例会；监事会半年一次，可列席参加理事会。学校初步构建了党委领导、理事会决策、学校行政班子执行、监事会监督的"四位一体"治理体系，建立相对分离、相互制衡、相互协调的权力运行机制，初步构建了学校治理体系的现代化。

二、办学自主权得到充分彰显

示范区编办会同区教体局指导学校构建现代学校管理机制，全力支持学校依法按章自主管理。2019年暑期，学校完成内设机构的调整，增设了纪检监察室和学生发展中心，按程序公开选拔5名校务委员、14名中层干部，24名中层干部调整岗位，激发了干部干事创业活力。2019年自主选调教师18人，2020年公开招聘教师30人，学校扩大用人自主权。

三、提供了强有力的财政支持保障

示范区财政局建立了试点单位经费保障制度，细化名校名生奖励机制，明确收入统筹使用权和学校资产处置权。尤其是2019年名生奖励220万元，2020年名生奖励90万元，极大地调动了教师工作的积极性。

四、建立了人事绩效激励机制

一是出台《济源一中绩效工资实施方案》，真正体现多劳多得、优绩优酬，充分调动广大教师的工作积极性。二是建立优秀教师奖励制度，制定《济源一中名师认定及奖励办法》，多途径筹措资金，加大对名师的奖励力度。通过社会企业捐赠、校友捐赠等途径为"济源一中优秀教师奖励基金"注入资金，多渠道增加教职工的福利待遇，进一步调动教职工的工作积极性。2018年企业捐赠40万元，2019年企业捐赠100万元，2020年济钢集团等企业捐款达500余万元，激发办学活力，学校软硬件得到进一步提升。

五、教学质量稳步提升，形成了济源教育品牌

试点工作开展以来，学校教育教学质量得到全面提升，各项指标均居全省前列。特别是在2019年高考，11人被北大、清华录取，7人被香港中文大学录取，清华、北大录取人数居全省普通高中第七位。2020年高考，9名学生考入清华大学、北京大学、香港中文大学，一大批优秀学子被C9、985以及"双一流"高校录取。济源一中为济源乃至河南基础教育做出了应有的贡献。

六、先行先试，成为全省多样化发展标杆学校

多年来，济源一中持续推进法人治理结构试点工作，改革效果日益显现，在德智体美劳全面发展的道路上已经取得了一定的成果，学校办学水平和美誉度日益提高。学校先后被授予全国文明校园、全国未成年人思想道德建设工作先进单位、全国五四红旗团委、全国国防教育示范学校、全国学校体育工作示范学校、全国学校艺术教育工作先进单位、全国中小学心理健康教育

特色学校、全国教育科研先进单位、河南省首批多样化发展示范校等百余项省部级荣誉称号，被清华大学等"双一流"高校确定为优质生源基地，在省内外享有盛誉。

新时代新征程，新发展新机遇。党的十九大为教育事业的发展指明了前进的方向。全面推进事业单位法人治理结构工作是大势所趋，为济源一中多样化跨越发展提供了良好机遇。区编办将优化资源，挖潜增效，积极作为，深化改革，力争在法人治理结构改革中把济源一中打造成一所高品质的中原强校、全国名校，成为全省乃至全国教育系统法人治理结构的示范单位，谱写河南省普通高中多样化发展的新篇章。

二、后勤服务社会化

后勤管理是学校工作的重要组成部分，为学校的教育教学工作的正常运行提供重要的保障服务。学校的后勤管理工作的好坏直接关系到教育教学质量的提高，关系到学校的发展。济源一中成立后勤服务中心，引进专业管理人才，建立竞争机制。实行后勤服务社会化，把社会服务和学校管理有机结合。搞好后勤管理工作，要树立后勤服务的意识，抓好常规管理，充分发挥后勤所有人员的主观能动性，积极创新，提高效率，实现学校后勤工作"管理育人、服务育人、环境育人"的根本目标，是做好后勤管理工作的关键所在。

学校后勤服务中心主要承担师生吃住两项重大任务，责任与压力都相当大。学校对后勤工作高度重视，坚持"以人为本，安全第一，科学管理，优化服务"的原则，狠抓常规工作，探索提高后勤服务效益的新模式新途径，努力实现后勤管理的科学化、规范化、制度化，为教育教学和学校发展发挥积极的保障作用。

【模型图】

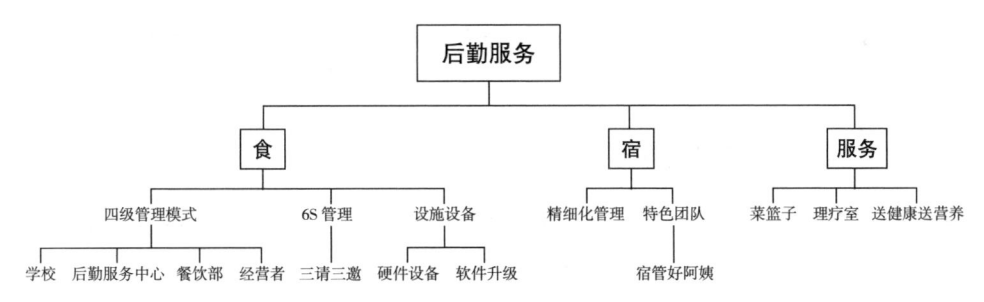

```
                            后勤服务
              ┌───────────────┼───────────────┐
              食              宿            服务
        ┌─────┼─────┐      ┌───┴───┐     ┌────┼────┐
    四级管理模式  6S管理  设施设备  精细化管理 特色团队  菜篮子  理疗室  送健康送营养
    ┌──┬──┬──┐    │    ┌──┴──┐        │
   学校 后勤 餐饮 经营者 三请三邀 硬件设备 软件升级  宿管好阿姨
       服务 部
       中心
```

【校本展示】

一、夯实基础保餐饮安全　完善机制求服务效益

学校有三栋学生餐厅，可容纳 6500 余人同时就餐。面对这样庞大的用餐群体，既要保证饮食营养全面，又要保证价格实惠，更要确保饮食安全，容不得一丁点儿闪失。

（一）健全组织机构，分层落实安全责任

高中学生正处于身心成长的关键时期，良好的就餐环境、科学合理的饮食结构至关重要。我们坚持把餐饮管理列为"一把手"工程，强化责任分层机制建设。学校层面成立了由校长韩玉奎任组长，由主管副校长、后勤中心主任等参加的学校食堂工作领导小组。领导小组负责制定学校食堂年度工作计划和各项管理制度，并定期召开会议，研究解决食堂工作中的重大问题。从学校到后勤服务中心，到餐饮管理部门，再到食堂经营者共分为四个层级，这四层共同对食堂的安全、卫生、营养负责，但各层所负责任不尽相同，学校负领导责任，后勤服务中心负宏观管理责任，餐饮管理部门负监督管理责任，食堂经营者负直接责任。学校与后勤中心、后勤中心与餐饮部门、餐饮部门与食堂经营者层层签订安全责任书，每个层级都有相对应的责任，是谁的责任谁承担，是谁的任务谁负责，确保食品安全无死角。

（二）加强基础管理，奠定食品安全基石

多渠道多形式投入资金加强餐厅硬件建设，努力做到硬件达到行业的高标准。

高标准配置餐厨设施：我们按照高起点、高标准的建设要求，努力创造安全卫生、优良达标的餐厅就餐环境和厨房操作环境。与托管餐饮公司协商一致，校方给政策，经营方出资金，按照卫生防疫部门的标准要求，聘请装饰装潢公司对餐厅进行装潢设计，对厨房功能区及厨具设备分布进行总体设计。按照环保部门要求投入资金，在加工间高标准配置了油烟净化设备和油烟在线监测系统，始终保持室内空气清洁。厨房配备的所有加工设备、洗涤设备、保洁设备和售饭菜设备均采用优质进口不锈钢作为外壳、台面和支架。

高度重视餐具消毒：国家规定"一冲二泡三清洗四消毒五保洁"，我们在蒸车消毒的基础上又投资十余万元增加多个高温烘干消毒柜，通过与托管餐饮公司协商，由经营方出资购置自动洗碗机设备，对消毒间进行改造，提高洗消的自动化，保证在消毒环节不出任何问题。

严把食品原材料进口关：在食品原材料采购上努力做到同行业最高标准，学校对米面油盐肉等大宗物品实行统一招标采购，各餐饮公司每天须到学校大仓库统一领取；招标时各餐饮公司可派代表参加，我们不但注重原材料的价格，更注重原材料的品质，坚决杜绝质次价廉、不合格食品流入校园。例如：在食用油采购上国家没有强制规定，但为了学生的健康成长，我们宁可多花些代价，确定一律采购非转基因油。对干菜调料粗粮等常用食品在严格考察供应商信誉、规模、质量的基础上，实行定点采购，确保进入餐厅的每一样原材料都是最优的。

严把食品原材料检测关：为了提升自身管理，我们率先配备食品安全快检设备，对蔬菜、大米、食用油脂、肉类、水产及其制品、蛋及蛋制品等食品，

是否含有农药残留物、甲醛、二氧化硫、亚硝酸盐、硼酸等多个指标进行检测，有效预防群体性食物中毒，全面护航校园食品安全。

自主研发五谷杂粮容器：为了保证食品原料先进先出先用，学校后勤餐饮部门自主研发了自动式五谷杂粮储存器，并通过了国家专利申请。2020 年 3 月自主研发的漏斗式五谷杂粮容器获得国家知识产权专利，漏斗式五谷杂粮容器做到先进先出先用。采购来的杂粮，从上倒入，从下取出，解决过去粮食存放在桶里不容易清理，桶底残留陈粮，造成变质从而引发食品安全事故的难题，彻底做到上进下出，先进先出先用，不留陈粮，无须清底，保证了食品安全。

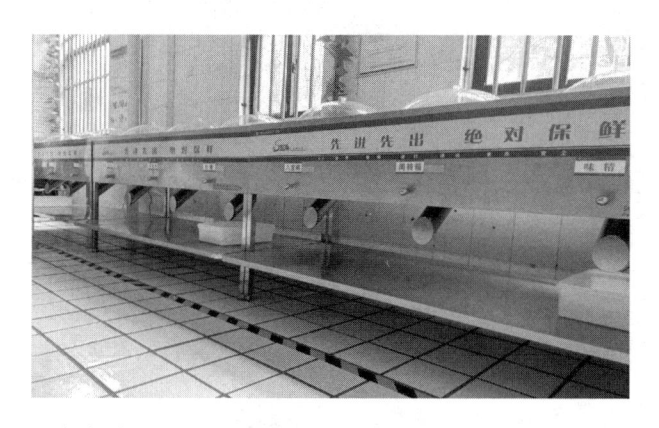

国家专利：漏斗式五谷杂粮容器

加强售饭系统自动化建设：学校与济源农商行、郑州新开普电子公司三方合作，银行投资、新开普提供技术，对一卡通售饭系统进行升级改造，并且开通手机 APP 充值服务，实现校园卡充值自动化，极大方便了学生在校园内的生活，进一步提高了校园管理自动化水平。

开通互联网＋后厨直播系统：随时随地都能通过手机、电脑实时查看餐厅后厨情况，接受社会各界的监督，构筑食品安全的铜墙铁壁。

在注重硬件建设、食品原材料的同时，我们也不断加强食堂内部管理，提升内部软实力。一是完善餐饮管理制度,先后制定和完善了《济源一中食堂管理办法》《食品中毒应急预案》等30余项规章制度,使食堂的管理有章可循。二是积极探索引进先进的餐饮管理理念,积极推行"6S"管理模式,不断提升管理的细节和管理的品位。三是大力开展餐厅文化建设活动,突出学生餐厅文化育人特色。对餐厅环境进行精心规划,让学生在餐厅里不仅能获取物质需要,也能够享受到文化的熏陶。各餐厅在文化建设方面贯穿育人这一主题的同时,又各具特色,或突出绿色健康,或突出点滴知识记忆,或突出励志教育,结合文明就餐、讲究卫生、爱惜粮食、助人为乐等基本要求,统一规划设计标语、版面,让每一面墙都能与学生交流,每一句话都能给学生启迪,使学生步入餐厅就能学到知识,受到鼓舞,养成良好的习惯。

(三)完善运行机制,全面提升管理效益

我校食堂在具体的管理模式上实行"市场调控、强化监管、多方参与"的社会化经营管理模式。市场调控就是:规定参与学生食堂托管的餐饮公司不少于三家,规避一家垄断经营弊病,通过公开、公平、公正的竞争,使饭菜的价格、品种、服务质量在市场机制下得以自主调节。做得好,营业额高,学生欢迎,就得到奖励;做得不好,营业额低,就受到处罚。目前,我校学生餐厅各类面食、营养粥、南北风味小吃,应有尽有,饭菜品种达几十种。同时,各餐厅还设立小炒订餐、免费汤等,满足不同层次的需要,使各种营养最大限度地得到科学搭配。

强化监管就是学校配备3名专职管理人员,负责食堂的具体监督落实,收集学生意见和建议,对经营者饭菜质量、花色品种、饭菜价格及利润等进行核实和监督。为了充分保证师生的生活质量,学校餐饮管理部门严格管控饮食价格,多年来,食品市场价格波动频繁,但我校的饭菜价格一直保持在较低水平,中、低价格的饭菜占到了全部饭菜品种的80%以上。而且各餐厅均开设了专门的爱心窗口，2.5元/份的早晚餐，5元/份的中餐，不仅保证质量，更是管饱供应，让寒门学子同样感受到家一般的温暖。

多方参与就是要畅通交流渠道，齐抓共管，改进食堂工作。建立食堂和师生的联系制度，学校每学期召开1至2次学生代表座谈会和家长代表座谈会，向学生发放《食堂情况调查表》，在充分听取学生和家长意见和建议的同时，提出食堂的整改意见和措施。坚持"三请三邀"模式，通过"学生接待日""厨房开放日"活动发挥好民主监督作用。"三请"即一请家长委员会成员，定期到餐厅监管，体验就餐；二请教师代表，随时对餐厅进行监督；三请学生代表，每周二、周五面对面对餐厅提意见建议。"三邀"即定期邀请经常到学校给学生送饭的家长，让他们到餐厅体验生活；邀请人大、政协、媒体代表以及邀请食品药品监督管理局等领导到我校餐厅进行监督检查。

经过多年努力，我校餐饮管理工作取得了一定成绩，学生满意率达90%，先后多次承接全国、省市各类体育赛事的饮食服务，均受到组委会的高度赞誉；在历次的省市检查中均受到好评，先后荣获"济源市食品安全管理先进单位""济源市文明餐桌示范店""河南省中小学校一级食堂""全国学生营养与健康示范校"等荣誉称号。

二、精细管理促素质提升　塑造团队建人文公寓

宿舍管理作为学校管理的重要一环，承担着诸多职责，包括保障学生安全、为学生提供良好休息环境以及帮助学生养成良好生活习惯等。自建校以来，后勤服务中心宿管办始终秉承"精细化管理"理念，致力于打造一支高质量的服务团队，不断优化组织结构，提升人员素质，提高管理水平。

（一）精细化管理

加强制度建设，完善档案资料。各楼在新生入学之初便建立起各类档案资料，常规工作记录有值班日志、学生出入登记表、维修记录等，其他还有学

生住宿明细、家长联系方式、特殊学生名单等。这些档案资料不仅可以确保楼内各项工作的正常开展，而且便于深入了解学生，实现有效管理。宿管办还专门制定了生活老师管理制度和学生管理制度，通过明确的制度规定促使管理规范化。

开展专项培训，提升人员素质。根据实际工作情况，宿管办定期组织全体生活老师开展各项培训活动，提升人员素质。如每学期初的消防知识培训及模拟演练、防震减灾演练等，提升应对突发事故的能力；对管理当中遇到的难题，专门邀请学校心理老师给大家上课，帮助了解学生心理，更好地沟通；还会结合当下社会教育热点问题，对如何预防校园欺凌开展专项讲座。

实行目标管理，进行阶段考核。生活老师管理方面，月初会建立本月份工作台账（任务清单），安排本月主要工作任务，明确时间节点；一日常规，精细到一天之内各时间段的工作内容，确保每一个工作环节都按要求做到位。学生管理方面，主要结合德育处，以反馈条、管理微信群、电话沟通、纸质留言等形式（主要工作方法）对学生纪律、卫生、安全各方面进行量化考核、情况反馈、培训督导。

在此基础上，对各楼工作采取例行检查、不定期抽查以及实时监督多种考核手段，并进行周排名、月排名。每周会公布一个楼内排名，对生活老师常规工作（卫生、纪律管理等）情况进行考核，以问题漏洞为导向，以落实整改为抓手，帮助工作人员发现工作上的问题，并督促其及时改正。每月会对各楼进行总排名，作为年终评优评先参考。

（二）特色引领团队建设

济源一中宿管好阿姨志愿服务团队，是在全校"学雷锋，树新风"活动中发展起来的。宿管好阿姨志愿者们以关爱每一名学生为准则，以践行志愿服务精神为宗旨，在公寓谈心、关爱帮扶、急救箱入公寓、缝补衣物、白色垃圾捡拾等方面开展了扎实有效的志愿服务活动。多年来，好阿姨团队帮过的学生、做过的好事，没人能数得清，她们的高尚品格和行为传播了精神文明的正能量。一系列的活动，使宿管好阿姨团队成为一支特别能吃苦、特别能战斗的优秀队伍，有这样一支后勤队伍，在宿舍管理方面赢得了学生、家长、社会的广泛称赞。在以后的工作中团队将以满腔热忱，不断提高服务水平，把真情和暖意带给学生，用真心和爱心谱写后勤发展的新篇章。

（三）努力方向

深化管理，建立多部门联合协作机制。建立后勤、德育、政教、内保联动协作机制，加强各部门协作，制定有效的奖惩机制、激励机制，把学生自我教育、自我管理与宿舍管理相结合，正确引导学生树立正确的价值观，促使学生养成良好的生活习惯，提高与人相处能力，帮助学生健康成长。

以学生为本，进一步提高宿舍管理者素质。加强对生活老师的教育和培训，尤其是责任心的培养，使生活老师能够真正把以人为本的管理理念融入宿舍管理工作中，把学生事当作自己事，及时解决学生遇到的问题。同时强化考核，对出现工作失误导致重大事故者，予以辞退。

构建美丽宿舍，加强宿舍文化建设。宿舍文化作为校园精神文化的组成部分，对学生成长、生活有着重要影响。通过构建美丽宿舍，开展相关评比活动，既丰富了学生精神文化生活，也提高了学生的动手能力，更能激发学生创新精神和勇创第一的劲头，真正实现德育、劳育相结合，促进学生多方面发展。

三、创新服务开拓新领域　　发挥优势彰显新特色

（一）疫情无情人有情，身边"菜篮"暖人心

群众利益无小事，民生问题大于天。2020年，一场突如其来的新冠疫情袭击全球，人们的生活节奏顿时被打乱。4月份，学生陆续复学，面临内有教学任务、外有疫情防控的窘境，济源一中的老师们除了繁重的教学任务，还为每

天的生计发愁。学校后勤服务中心发挥自身优势，腾出两大间仓库用房，多方筹资高标准装修，置办了冰柜、货架、收银台等设施，办起"您身边的菜篮子"，一头连着老师们的餐桌，一头连着蔬菜供应商。由学生餐厅协助，三个餐厅三家蔬菜供应商每日供应一些常用的生鲜蔬菜、冷鲜冻肉、烧烤酱料、养生杂粮等，零利润义务服务，小超市内还有茶台雅座、破壁机，若老师们来不及吃早餐，在这里就可临时解决。此外，"菜篮子"超市还建起了精品菜微信群，针对有特殊需求的老师，推出个性化定制服务，只要在群内发一条消息或打一个电话，马上为你定购，最大限度地满足老师们的各种需求。

（二）盘活闲置资源，开辟理疗服务

针对老师们常年伏案工作，易患颈椎病、头痛、失眠等职业病的特点，后勤服务中心利用闲置房间，全面改造装修，投资购置肌筋膜理疗仪、无烟艾灸仪、颈椎牵引正骨椅、头部熏蒸仪等多种理疗设备，并与市康复医院合作，聘请专业的理疗按摩师入驻，办起校内康复理疗中心，为老师们提供基本的诊疗康复服务。

"菜篮子"超市

开设康复理疗中心

（三）注重营养健康，助力高考冲关

高考是人生的重大转折点，牵动千千万万家长的心。即将走上高考战场的考生，生理心理都面临巨大的压力，为此，后勤服务中心要求各餐厅专门为高三学生推出免费桶装爱心汤系列，有鱼头豆腐汤、甲鱼豆腐汤等，营养丰富，能有效地为学生补充体力和能量。同时，邀请营养师进校园传授科学的膳食方法，今年请到了市人民医院营养科李雅娅主任，为全体200余名餐饮从业人员做了一场题为"合理膳食 助力高考"的专题培训。从一日三餐的食物搭配、烹饪方式以及高考前学生食谱建议等方面进行全面讲解，早餐粗细要搭配、午餐营养要均衡、晚餐要清淡饮食，保证孩子们高考前营养的多样化、科学化摄入。

综上所述，后勤服务在学校的整体发展中扮演着不可或缺的重要角色。后勤服从于学校发展大局，服务于教育教学需要，但也应与时俱进，后勤管理人员应具有超前思维，顺应新时期教育改革发展的趋势，因势利导，广开思路，大胆实践，优化学校资源，创新服务模式，为师生服务，替学校分忧，为学校的健康快速持续发展保驾护航。

第三节 教师发展，多样化特色办学的关键

百年大计，教育为本。教育大计，教师为本。朱永新教授认为："所有的教育问题，里面最重要最关键的就是教师。没有教师的发展，学生成长就成为无本之木；没有教师的研发，课程就成为无源之水；没有教师的实验，课堂就成为水中之月。"

根据2018年1月《中共中央国务院关于全面深化新时代教师队伍建设改革的意见》和2020年4月河南省教育厅印发的《河南省新时代中小学教师梯队攀升体系建设方案》，提出了"造就党和人民满意的高素质专业化创新型教师队伍，落实立德树人根本任务"的要求。高质量高中建设需要一支师德高尚并且具有较强的学术素养和研究能力的高水平教师队伍。为此，济源一中提出培育一批学术型教师和专家型班主任的目标。

一、学术型教师的培养途径——名师工程

济源市是一个省直管示范区，人口少，生源有限，尖子生一度流失到省城名校。这让我们清醒地认识到，要提高教学质量，抓好教师队伍建设是学校多样化特色发展的关键。

根据国内已有经验，学术型教师成长的一般路径是通过"常规教学、校本教研、校本培训"三个方面来培养教师的学术能力；特色路径是通过校级、市级、省级、国家级的论文、论著、课题、课例组织的"四级四类"专业研究来引领教师学术发展。

济源一中在教师全员培养上，从基础抓起。重点做好以下几项工作：

（一）铸师魂

加强师德师风建设，形成良好的教风学风。学校通过师德典型选树、师德事迹展示、师德演讲、签订师德承诺书、师德考核、评选"四有好老师""最美教师""最负责任心教师"、完善学生评教制度和师德监督体系等多种活动，加强师德师风建设，对参与校外有偿补课活动零容忍。

（二）练师能

我们紧紧围绕提高教育教学质量这个中心，通过教研组专业书籍共读、每年一届济源一中"十大读书人物"评选、岗前培训、青蓝工程、集体备课、推门听课、同课异构、教师说教、教师解题大赛、实验创新、优质课教案评选、参加各级各类赛课、模拟考试的诊断性反馈评价等措施，让教师在锻炼中不断成长，扎扎实实抓好教学常规，逐渐打造出一支结构合理、梯次发展的教师队伍，有效地促进了教师的专业发展。

（三）强科研

学校重视通过课程研究促进教师专业发展，科研氛围浓厚。2018—2020年，已结项的省级课题共有8项，市级课题29项。2019—2020年，已立项的省级课题有3项，市级课题16项。5项课题获得省级一等奖，2项课题获得省级二等奖。获奖、发表论文150余篇。10月我校承办了"全省2020年中小学校教育科研普及培训班"，会上做了专题报告并参观校园，与会人员对我校多样化发展成果刮目相看。11月，我校被评为"河南省教育科研基地学校"。

2019年我校"新时代普通高中多样化特色办学实践研究"被确定为河南省教育科学"十三五"规划2019年度基础教育重点专项课题，这是我市唯一入选的省级重点专项课题。目前，我们以此课题为载体，根据工作台账，稳步推进实践研究，梳理凝练学校多年的办学经验，取得了多项阶段性研究成果。

济源一中在学术型教师培养上，抓重点。

实施名师培养工程。近年来，学校以"韩玉奎劳模创新工作室"为研修基地，遴选了36位名师培养对象，精准培养学科骨干教师。按照名师工程培养方案，启动了"通识培训""分科培训""个体精进""项目研究"四个工程，为名师的成长和发展提供平台和可行路径。名师培养对象共研共读，同时通过感悟写作、共读分享、学科论坛、外出交流、课题研究，特别是间周校例会"教师说教、创客论坛"等活动，助力名师培养对象快速成长。此外，学校依托11个学科名师工作室，发挥其辐射带动作用，引领青年教师共同发展，极大提高了青年教师自身的成长意识和科研能力，助推教研共同体可持续发展。"名师工程"的主要目标是培养济源一中课程建设的骨干。

【校本展示1】

济源一中"名师工程"实施方案

各年级、各学科教研室：

百年大计，教育为本。教师是立教之本，兴教之源；名师是科研之基，兴校之坚。

为实现济源一中第三次腾飞，进一步提升我校知名度和美誉度，根据《中共中央国务院关于全面深化新时代教师队伍建设改革的意见》《教育部等五部门关于印发〈教师教育振兴行动计划（2018—2022年）〉的通知》《中共河南省委河南省人民政府关于全面深化新时代教师队伍建设改革的实施意见》以及《济源市"十三五"中小学教师继续教育工作指导意见》《河南省济源第一中学教师素养提升实施方案（2018—2021年）》文件要求，结合我校教师队伍实际，制定本实施方案。

一、指导思想

以习近平新时代中国特色社会主义思想为指导，立足我校教育实际，以教师综合素养提升为目标，以"名师工程"为载体，构建一支师德优良、理念先进、成果丰硕、育人成效显著的名师队伍，为我校第三次腾飞提供有力的人才支撑。

二、总体目标

以培养济源名师、中原千人计划中原教学名师、中原名师、河南省名师、省级骨干教师、省级学术技术带头人、全国名师为目标，以提升教师专业素养为核心，以名师工程为抓手，以名师成长活动为载体，本着"整体推进，分科实施，专项突破"的原则，通过三年的建设，力争到2022年，名师培养成效显著，为我校创建全国一流名校，实现第三次腾飞提供师资保障。

到2026年济源一中百年校庆时，产生在全国有一定影响力的中原名师、全国名师，三分之一的科目有代表人物涌现；申报国家教学成果奖并获二等奖；名师著书立说形成风气。

三、主要任务

实施"通识培训""分科培训""个体精进""项目研究"四个项目。开启"名师培养对象"的成名成家意识，为名师发展提供通道。

四、主要措施

原各学科名师工作室活动仍照常进行，学校提供研修场地、学习经费支持，以"散养"的方式，促成在全国有一定影响力的学科名师。

各学科教研室依据学校教科处提出的工作三年以上（带过一轮高三）、有坚持精神、有成长愿望、有培养潜质的基本条件遴选推荐的名师培养对象，教科处通过四个项目，以行政推动的方式，推动名师又好又快地成长。

（一）通识培训

1.理论学习。围绕名师必备的知识结构，全体名师培养对象长期开展共读活动，通过名师培养对象微信群打卡互相督促、撰写读书笔记，唤醒专业意识，提升教育理论素养。书目由教科处在广泛征集学科名家和学者阅读建议基础上提供。

2.集中培训。配套共读活动的"卓越教师成长训练营"，委托知名媒体或机构、大学开展假期集中一周的培训。

（二）分科培训

1.系统阅读。各学科名师培养对象合作拟定本学科共读书单，系统阅读学科名著，包括国内外学者和一线老师的著作。

2.高端培训。参加学科高端班的学习，包括线上、线下。

3.考察名校。组团外出考察名校。

（三）个体精进

1.四个不停。遵循名师成长的一般规律，名师培养对象团队互助，养成名师好习惯。以"四个不停"为修炼基本准则——"不停地实践，不停地阅读，不停地思考，不停地写作"（李镇西），要求名师精读和泛读相结合、共读与自读相结合、共写与自写相结合、随笔写作与专业写作相结合。

2.九一工程。

每天研究一个课例——以研究的姿态备课上课，而不只为分数。

每天浏览专业网站——更多时间投入专业网站，而不是微商。

每周阅读一本报刊——订阅三本以上专业报刊，而不是随性。

每月读一本专著——坚持高品位阅读，而不是娱乐。

每月整理一次资源——建立自己的分类资源库，而不是清空。

每月发表一篇文章——养成写作思考习惯，而不是流失。

每人追随一位师傅——拜学科名师学艺，而不是独自探索。

每人参加一个学术团队——卷入一个学科团队，而不是外围。

每人写一本学科专著——系统地思考，而不是只言片语。

（四）项目研究

项目研究是学科名师培养的最终着力点。每个学科或个人根据个性特点，一年之内，确立一个以学科素养为导向的研究项目，制订研究规划，长期坚持实践研究，申请课题，撰写案例，提炼观点，形成理论，指导实践，申报成果。

项目清单：

1.教学法研究——教学模式、教学艺术研究，撰写课例，提炼模式，形成理论。

2.命题研究——参编或主编教辅资料、编写名考试卷，并投稿出版教辅图书，在综合性试卷资源网或专业的学科网站发表。编制创新题试卷，在高考命题名师中形成影响力。

3.课程研究——研发卓越学科课程，形成系统的课程成果，有理论、有案例、有操作、有课件。

4.拓展研究——综合实践、社团、研究性学习等。

5.专项研究——比如语文的阅读教学、作文教学、识字教学等；比如历史学科中的政治制度史、经济史、思想文化史；某一段历史，比如晚清史、中华人民共和国史；某一重大事件，比如鸦片战争、洋务运动。在某一专项上别有建树，能够与本领域顶尖学者对话。

6.学科育人——以立德树人为导向的学科育人研究。

7.教具制作——学科教具、实验器材的制作。

五、考评机制

为激励和督促名师培养对象快速成长,特从以下几个方面制定奖惩机制。

(一)奖励

1.课题研究,获得奖项。

2.发表文章,著书立说。

3.出版教辅,发表试卷。

以上三项随年终教科研奖励发放。

4.获国家教学成果奖,二等奖5万,一等奖10万。

5.代表学校外出交流,能为学校带来声誉的市、省、国家级正规会议发言,另行制定奖励方案。

6.在省市级评优评先方面提供绿色通道。

(二)退出

因事因病,无法坚持跟随团队学习和研究。

六、保障机制

(一)加强领导,提高认识

学校牢固树立"教师第一"的思想,切实把名师培养当作学校第三次腾飞的重中之重。为名师培养提供强有力的组织保障,学校成立济源第一中学名师工程领导小组,督导并负责此项工程的顺利实施。

(二)完善机制,上下联动

学校名师培养,从教师成长规律入手,关心和爱护教师,各年级校长助理、教学主任为名师成长提供时间支持、氛围支持。

(三)聚焦问题,减负提质

学校充分了解一线教师呼声,尊重教育教学规律,在考虑教学节点、学段特点、教情学情的前提下，通过优化、整合、简化相关工作流程，减少、压缩名师培养对象的非教育教学活动，给教师发展留出空间，让教师把更多的时间和精力用于专业成长。

（四）落实经费，完善保障

学校将认真学习和执行培训经费的相关政策，积极为"名师工程"项目筹措资金。为名师培养对象订购报刊和书籍、线上线下学习提供培训经费和学习场地。

河南省济源第一中学

2019年9月16日

【校本展示2】

学科教师通识阅读推荐书目

秦　望　整理

一、课堂教学

《尝试教学论》《尝试教学法》《尝试教学设计》（邱学华）

《情境教学操作全手册》（冯卫东）

《课堂教学的革命》《高效课堂八讲》（刘金玉）

《有效教学的理论与模式》《有效教学的基本策略》《有效教学十讲》《从有效教学走向卓越教学》（余文森）

《合作学习与教学策略》（刘玉静）

《教师的挑战：宁静的课堂革命》《学校的挑战：创建学习共同体》《学校见闻录》（佐藤学）

《核心素养导向的课堂教学》（余文森）

《从教走向学：在课堂上落实核心素养》（王春易等）

《讨论式教学法：实现民主课堂的方法与技巧》（布鲁克菲尔德、普瑞斯基尔，罗静、褚保堂译）

《脑科学与课堂——以脑为导向的教学模式》（玛丽亚）

《差异化教学》（格利）

《基于学习风格的差异化教学》（芭芭拉）

《教学模式》（荆建华等译）

《课堂密码》《课堂方法》《叩问课堂》（周彬）

《课堂上究竟发生了什么》（吴非）

《学与教的心理学》（皮连生主编）

二、课堂管理

《课堂管理，会者不难》（王晓春）

《从优秀教师到卓越教师：极具影响力的日常教学策略》《给教师的101条建议》《好老师应对课堂挑战的25个方法》（安奈特）

《教室里的正面管教》（尼尔森）

三、备、上、问、听、评、考、做

《怎样观课议课》（陈大伟）

《有效备课上课听课评课》（余文森）

《教师专业发展的四项基本技能》（方贤忠）

《教师怎样提问才有效——课堂提问的艺术》（宋玲译）

《教师如何上好课》《教师如何备好课》《教师如何说好课》《教师如何观好课》《教师如何评好课》《教师如何进行反馈与测评》（张仁贤）

《作业设计：基于学生心理机制的学习反馈》（方臻）

四、教学评价

《大数据背景下的试卷命制技术》(金太阳教育研究院)

《XX(学科)试题编制原理与技术》(金太阳教育研究院)

《刘芃考试文集》(刘芃)

《促进教学的测验与评价》(赵德成)

《如何进行学生评价》(李玉芳)

《学生综合素质评价:怎么看?怎么办?》(柳汐浪)

五、学法指导

《如何高效学习》(斯科特·扬)

《王极盛高分学习法》(王极盛)

《高效学习方法全集套装》(新教育研究机构)

《赢在复习》(新教育研究机构)

《人是如何学习的》(约翰·布兰思福德)

《一日学习法》1、2(朴哲范)

《学习之道》(乔希·维茨金)

《刻意练习》(艾利克森)

六、课题研究

《教师如何做研究》(郑金洲)

《教师如何做课题》(李冲锋)

《课例研究》(安桂清)

《教育科研与教师成长》(陈大伟)

《今天怎样做教科研:写给中小学教师》《为"真学"而教》(冯卫东)

七、专业成长

《教师的20项修炼》(郭元祥)

《优秀教师的成长关键事件（关键人物、关键读物）》（方心田主编）

《如何成为专家》（田志刚）

《教师职业生涯发展》（连榕编著）

《做最好的老师》（李镇西）

《做中国立德树人好教师》（成尚荣）

《如何成为高效能教师》（黄绍裘等）

八、教研组建设

《衡中教师工作手册：学科组长篇》

《如何当好教研组长》（杨向谊）

《中小学教研组建设》（张剑杰）

九、综合实践

《综合实践活动的理念》《综合实践课程的管理与评价》《综合实践活动课程的实施》《综合实践活动案例专家点评》（郭元祥等）

十、课程建设

《课程理论：课程的基础、原理与问题》（施良方）

《课程的力量——学校课程规划、设计与实施》（万伟）

《未来课程想象力》（徐莉）

《中学校本课程开发与实施》（曾辉）

《选课走班100问》（王春易等）

十一、教育新知

《翻转课堂的可汗学院：互联网时代的教育革命》（萨尔曼）

《翻转课堂与慕课教学：一场正在到来的教育变革》（乔纳森）

《微课：课堂新革命》（赵国忠）

《"互联网＋教育"：新学习革命》（杨剑飞）

《与大数据同行——学习和教育的未来》（维克托·迈尔·舍恩伯格、肯尼思·库克耶）

《智能时代的教育智慧》《教育正悄悄发生一场怎样的革命》《静悄悄的教育变革——创造的思维关径》《教育正悄悄发生一声革命》（魏忠）

《为生活重塑教育：中国的教育创新》（21世纪教育研究院）

《未来学校》《走向学习中心》（朱永新）

《学校转型：北京十一学校创新育人模式的探索》（李希贵等）

十二、教育流派

《"新基础教育"研究史》（叶澜等）

《新教育实验——中国教育改革的民间样本》（朱永新）

《生命化教育的责任与梦想》（张文质）

《蔡林森从洋思到永威》（蔡林森）

《崔其升与杜郎口经验》（崔其升）

《邱学华与尝试教育人生》（邱学华）

《情境教育三部曲》《情境教育理论探究与实践创新》（李吉林）

《龚雄飞与学本教育》（龚雄飞）

《青浦教育实验》（顾泠沅）

《刘京海与成功教育》（刘京海）

《教师不可不知的教育流派》（郑金洲）

十三、教育名著

《陶行知教育文集》（陶行知）

《给教师的建议》（瓦·阿·苏霍姆林斯基，杜殿坤译）、《民主主义与教育》（杜威，王承绪译）

《教学勇气》（帕克·帕尔默著，吴国珍、余巍等译）

《静悄悄的革命》（佐藤学，李季湄译）

《教育——财富蕴藏其中》（联合国教科文组织国际21世纪教育委员会）

《学会生存——世界教育的今天和明天》（联合国教科文组织国际教育发展委员会，华东师范大学比较教育研究所译）

《学会关心——教育的另一种模式》（内尔·诺丁斯，于天龙译）

《做适合人的教育——斯坦纳教育理论和实践》（吉尔伯特，王荣亭译）

《布鲁纳教育文化观》（杰罗姆·布鲁纳，王荣亭译）

《中国教育家评传》（沈灌群、毛礼锐）

《外国教育家评传》（赵祥麟）

《教育过程》（布鲁纳，邵瑞珍译）

《再论教育目的》（约翰·怀特，李永宏等译）

《教学教育过程最优化》（巴班斯基，吴文侃译）

《教学机智——教育智慧的意蕴》（马克斯·范梅南，李树英译）

…………

实施方案下发后，"名师工程"团队迅速组建，按照方案设计扎实推进。

目前，学校100余名教师在省优质课及教学技能大赛中获一等奖，12人获全国优质课大赛一等奖。坚持教育科研成就了一批优秀的省市级骨干教师、名师，培养出一支品德高尚、业务精湛的教师队伍，为全面提升教育教学质量打下了坚实基础。2019年10月第十八届中国卓越校长局长峰会在我校成功举办，我校7位教师的精彩讲座赢得了与会领导和教师的高度认可，多次被邀请到兄弟学校指导交流。

2021年暑假，学校从"名师工程"团队中选派9名代表参加《教育时报》2021年河南教师成长学院组织的华东师大李冲锋教授的课题班学习。"名师

第十八届中国卓越校长局长峰会济源一中授课教师合影

工程"按计划有条不紊地推进。

二、专家型班主任的培育基地——"8+1"工作室

立德树人是教育的根本任务，但在具体的"育德"过程中，学校普遍存在德育目标碎片化、内容抽象化、形式单一化、效果表面化等问题。这些问题表面上看是缺乏系列德育课程，但实质上是班主任队伍的业余化，是人的问题。而在济源一中，有一支专业化的德育队伍，这支队伍是怎样培育的呢？

济源一中"8+1"工作室在学校德育和班主任工作理论与实践研究中起到了示范、引领、辐射和带动作用。

【校本展示】

高中班主任育人关键能力培育的校本团队研修实践
——"8+1"工作室的 16 年探索成果报告

高校大规模的扩招，带动了高中办学规模扩大，高中教育日益普及，人民日益增长的对高质量高中教育需要和高中教育不平衡不充分的矛盾亟待解决。好的高中教育离不开好的高中班主任,"立德树人好高中班主任"欠缺问题日益凸显。

一、问题的提出

(一)高中班主任队伍建设整体上缺乏扎根基层的长效培育机制

班主任在从事工作之前很少接受过专门的职业培训,入职后学习以自上而下的国家、省、市级班主任培训为主。基层学校普遍重视班主任常规工作的督导、检查、评比,较少关注其专业发展,很少有学校设计长程系统的培养方案。

(二)高中班主任育人关键能力还没有完整清晰的结构模式

高中班主任育人关键能力是什么?学界尚未有统一的认识。高中升学任务重,高中班主任工作繁忙,使得高中班主任学习整体上缺乏系统性。

(三)高中班主任敬业精神有余,育人关键能力不足

传统高中班主任大都采用拼时间、耗体力,方式上采用管、卡、压等高强度、低智慧含量的工作方法,使班主任体力和精力严重透支,产生职业倦怠。现实工作中,相当多的高中班主任缺乏职业理想,专业意识不强,育人能力较低,出现"不想当""不会当""不宜当"的现象。

(四)高中班主任培训模式单一,缺乏长远规划与可持续性

高中班主任专业发展处于老教师的言传身教、同事间的经验交流、领导的安排和指示、外出听报告、网上"挂"课培训的初级阶段,难以满足班主任专业发展的需求。培训模式单一,时间不够充分,缺乏长效跟踪指导机制,常常出现"听时激动,回去不动"的现象。

这些严重制约了高中班主任专业素养的提高,影响了职业幸福的获得感和学校的发展,影响到党和国家"立德树人"根本任务的落实。

二、解决问题的过程与方法

(一)民间探索(2005.1—2011.10):团队研修培育高中班主任管理育人

能力彰显

2004年,《人民教育》第15、16期推出"班主任专业化"专辑,班主任队伍建设进入班主任专业化理论研究与初步实践阶段。2006年6月,教育部颁布了《关于进一步加强中小学班主任工作的意见》,文件明确提出:"班主任岗位是具有较高素质和人格要求的重要专业性岗位。"受"教育论坛"教研风潮的影响,2005年1月,秦望发起了线上每天"带班叙事"和线下每周"专题研讨"、每月"共读一书"研讨活动,开放的碰撞交流研讨方式激活了班主任的工作热情,逐渐探索出"系统阅读+带班实践+个人反思+集中研讨"的"四位一体"的高中班主任育人关键能力培育路径。

2008年10月,《教育时报》"本土班主任专业发展论坛"在济源召开,"8+1"工作室代表的发言引起了与会专家、记者的关注。《教育时报·管理周刊》2009年7月首版以《从"三人行"到"8+1"——解读一个班主任研修团队的成长轨迹》为标题,整版报道了团队工作。《济源教育》适时推出了《秦望约你谈班队建设》专栏,从2009年6月至2011年1月,关于"创意班级管理"的18期研讨,明晰了班级管理操作系统,年轻班主任班级管理进入专业轨道,团队研修促进班主任育人能力提升的价值彰显,草根班主任专业成长共同体"8+1"工作室产生。团队研修呼应了班主任专业发展的政策导向和民间诉求。

2010年10月1日,《中国教育报》以《看校本团队这样前行》为题报道了团队工作。2011年,完整反映高三班级建设历程的《光辉岁月》一书由教育科学出版社出版,入选《中国教育报》"2011年影响教师的100本书"。

(二)校本实践(2011.11—2015.1):学校顶层设计班主任专业化发展校本培训方案

在各年级组建班主任工作研修小组,试行"首席班主任制",班主任团队研修模式在全校推广。校级研修团队的专题研究和年级研修小组的实践转化形成良性互动。学校制定了《行动契约》和《行动纲要》。学校搭台举办每年一届德育论坛和德育优质课展示活动,"8+1"工作室负责方案设计,助推班主任专业发展。班主任专业成长共同体("8+1"工作室)成为学校德育课程的设计者、学校发展的建言者、前沿思想的传播者、正确理念的执行者,成为推动学校良性发展的"研发平台"。实践中探索出了"班主任研修规范化＋班主任论坛制度化＋德育优质课常态化＋德育活动的系列化"的学校"四化协调"培育高中班主任育人能力之路。

在校本实践过程中,逐渐探索出班主任工作室建设的运行模式。工作室以群体修炼的行动凝聚合力,以个体持续精进——"做功课"提升专业素养。群体修炼在工作室发展不同阶段,模式有所差异。个体精进,因人而异,选修个性课程。以室本评价标准形成反馈,诊断工作室建设问题。通过项目落地结出研修果实,指导班主任实践。

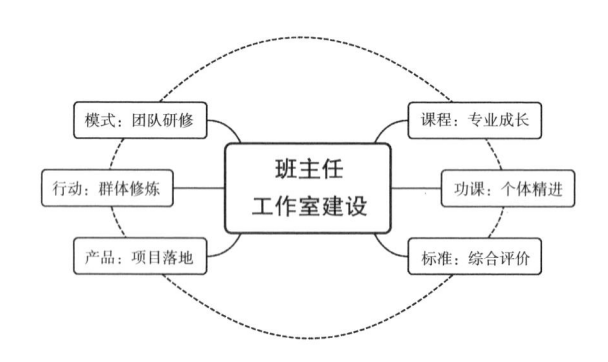

班主任工作室建设模型图

2012年,济源一中获"全国未成年人思想道德建设工作先进单位"。2013年,"全国第二届班会研修现场会"在济源一中举行,展示了学校阶段性研究成果。2013年11月,团队参加了"全国班集体建设研究中心"和《江苏教育》联合举办的南京"全国名班主任工作室联盟成立大会",团队获得"全国名班主任工作室"称号。

（三）全国推广（2015.2—2021.1）：项目驱动建构高中班主任育人关键能力结构

2017年《中小学德育工作指南》出台，其中提出六大育人途径，推动本研究向纵深发展，以工作室为"研发平台"，以系统的"项目研究"为主要抓手，破解班主任建班育人过程中的难题，建构班主任育人能力结构。整合校内外班主任人力资源，先后设立"案例分析""主题班会""微班会""电影课程""心理辅导""创意管理""教育叙事""家校合作""生涯教育""励志演讲"10个项目研究小组。以项目实践研究培育高中班主任育人关键能力，实现个性化成长。在项目研究过程中围绕"班级建设能力""学生指导能力""关系协调能力"凝练出高中班主任育人关键能力结构标准。

从2017年开始，团队在《河南教育》开设《案例研讨》专栏，至今已研讨50余期。"8+1"工作室策划并实施了"种子班主任成长学院"系列培训项目，为全国诸多学校培养了班主任工作室主持人和骨干班主任。工作室以《星星之火可以燎原——班主任工作室推进策略》为题在河南省教研室组织的"河南省教研推进会"上作典型发言。工作室在河南、河北、湖北、广西、广东、山西、山东、新疆等地做校本工作室异地复制实验，取得实效。2018年秦望被聘为《德育报》全国名班主任工作室联盟学术委员会常务副主任，指导全国班主任工作室建设。工作室校本团队成员研发30余个培训课程，外出讲学或作课16

已持续16年的"8+1"工作室日常间周周三晚上的研修活动现场经常有来自全国各地的兄弟学校前来观摩

年累计 1000 余场次，为国家教育行政学院等院校录制"手把手教你建设班主任工作室"等系列课程，秦望、王晓琳、杨兵共八届次担任湖北二师"湖北省楚天卓越班主任高级研修班"课程导师，秦望担任《教育时报》2021 年暑期班主任智慧学院导师。近 5 年每年接待外来考察跟岗学习团 1000 余人，培训中小学班主任达 30 万人次。"济源经验"走向全国。

三、成果的主要内容

（一）建构"四位一体＋四化协调"高中班主任育人关键能力培育机制

"四位一体"指"系统阅读＋带班实践＋个人反思＋集中研讨"，四者是相互关联的统一体。

系统阅读，是指在诸多阅读理论基础上，本成果提供的结构化班主任阅读方案。高中班主任的知识结构（包括态度、情感、价值观、技能）是建立在教育学、心理学、管理学等学科基础理论之上，以人文教育和科学管理为两大支柱，在此基础上进阶，围绕高中班主任三大关键育人能力架构知识体系，包括

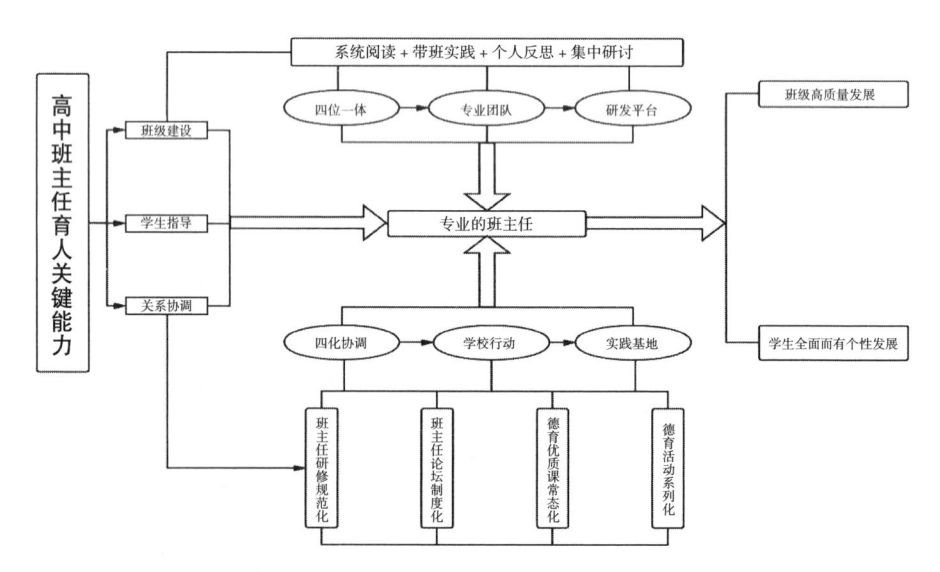

"四位一体＋四化协调"高中班主任育人关键能力培育机制示意图

"常规管理、文化建设、班级活动、主题班会、班本课程、家校合作、心理辅导、沟通艺术"等12大学习主题。最后是文学艺术、哲学宗教、史学国学等人文知识的拓展。班主任工作是一门综合融通的学问，班主任既要专，又要博，高中班主任要有宏阔的人文视野和高水平的专业技能，才能培育"青春"之学生。

带班实践，是指高中班主任在专业理论观照下的实践。班主任系统学习了班主任相关理论与实操案例，能够做班级建设的顶层设计，通过日常研修为班级管理提供预案，使得高中班主任的带班实践不再是跟着经验走。

个人反思，是指基于班主任带班实践，为了班主任专业发展，促进学生成长，指向成果积累的反思性写作。反思性写作以高中班主任育人能力培育为旨归，一般有以下六种呈现形式。

集中研讨，是指班主任工作在理论指导下的研修，比如场动力理论、

视野拓展
文学艺术、哲学宗教、史学国学、其他类别

主题学习
常规管理、管理团队、文化建设、班级活动、主题班会和徽班会、班本德育课程、案例分析、特殊学生教育、家校合作、沟通艺术、心理辅导、专业成长

两大支柱
人文教育、科学管理

基础理论
教育学、心理学、管理学

班主任系统阅读结构图

班级日志	是班主任或学生在对班级每日学生活动进行记录的基础上，对其中有价值的事件、细节等进行深入反思、批判，以提高班级管理质量的一种研究方法。日志是一种应用性文体，要求保留教育生活全貌，不宜使用过多的修辞手法。撰写时追求及时、准确、全面，清晰呈现事件发生的具体时间、具体人物、具体地点、核心环节。
教育日志	是班主任对自己的工作实践中体验深刻的事件的定期记录。留存的是教育生活中特定的片段，内容不一定全面，结构不一定完整。应用文、散文、记叙文皆可，追求深刻性，可使用修辞手法。
教育随笔	是一种写作形式自由灵活、篇幅短小的文体，可以抒情、叙事和评论。包括教育故事（也叫教育叙事）、教育笔记、教育方面的读书心得、教育随想（杂感）等。与教育日志和班级日记相比，往往思想性更强，主题更突出，结构更完整，写作时一般多用学术语言。
教育叙事	是讲有关教育的故事。它是教育主体叙述教育教学中的真实情境的过程，其实质是通过讲述教育故事，体悟教育真谛的一种研究方法。非为讲故事而讲故事，而是通过教育叙事展开对现象的思索，对问题的研究，是一个将客观的过程、真实的体验、主观的阐释有机融为一体的一种教育经验的表达和揭示过程。教育叙事的特点主要有：叙述事例必须是已经发生的、真实的；叙事要以人物及其所感所想为主线；故事情节应富跌宕起伏、扣人心弦；教育叙事应令读者有身临其境之感；获得教育理论或教育信念的方式的归纳；叙事目的不是自我陶醉，而是与众人分享。
案例分析	（也称案例研究）是案例撰写者本人或在他人的帮助下，在正确的教育理论和策略回程指导下的教育反思行为，帮助教师发现问题，反思问题，解决问题。
德育论文	"论文"是指专深而有系统的学问，是研究、讨论教育领域问题的文章。往往是对成功尝试的规律结论或理论升华。从文体上看，论文是以说理为目的，以议论为主，可举不同的事例，但都是论证同一个观点。

情境学习理论、成人学习理论等。学习科学研究表明，成人的最佳学习方式并非独自练习，而是在情境中学习。有效学习是进入相关情境，找到自己的"学习共同体"，学习者最开始时围绕重要成员转，做一些外围的工作，随着技能的增长，进入学习共同体的核心，逐步做更重要的工作，最终成为专家。本成果提供了团队不同发展阶段的研修模式策略和高效研修流程。

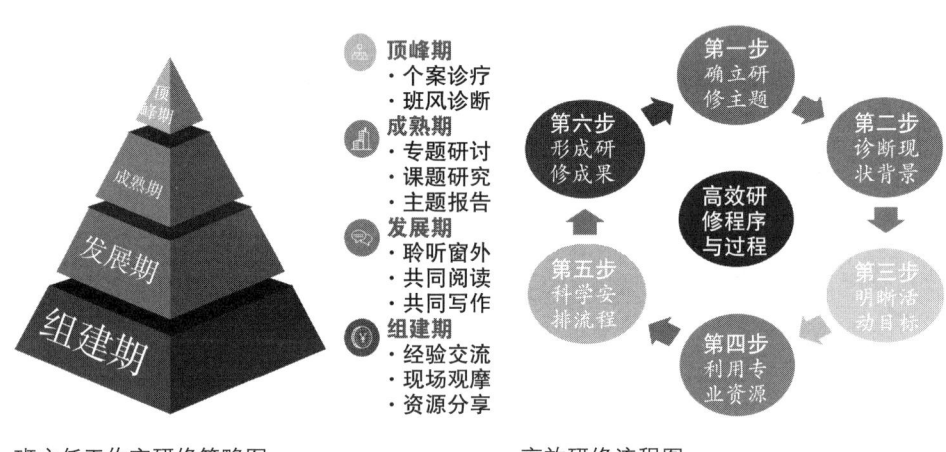

班主任工作室研修策略图　　　　高效研修流程图

系统阅读建构班主任知识体系，带班实践检验内化知识体系，个人反思提升认知水平，集中研讨众筹智慧。四个方面是相互关联的统一体，互为独立又相辅相成。

"四化协调"指学校"班主任研修规范化＋班主任论坛制度化＋德育优质课常态化＋德育活动的系列化"，通过协调机制促进班主任育人能力提升。

班主任研修规范化，是指在"8+1"工作室专业研修共同体的示范下，学校各年级组建班主任研修小组，在"首席班主任"组织下，开展间周一次的日常实践研修，实践转化"8+1"工作室的研修成果，创生新的实践成果。"首席班主任"成为研修小组的"学术领导"。

班主任论坛制度化，是指为培育高中班主任关键育人能力而召开的每年一届的校级班主任研修会。济源一中的班主任论坛已开展十二届，每届围绕当年的国家重要教育文件拟定主题，比如第十届，落实《中小学德育工作指南实施手册》；第十一届，针对新冠疫情的"把灾难当教材，与祖国共成长"。通过前期学习文件，中期征集与该主题相关的实践案例编辑校本教材，到会议典型引路，以此来推动国家大政方针的落实，为社会主义培养接班人。

德育优质课常态化，是指高中三年把班会课（114节）、心理课（42节）、生涯课（24节）、电影课（30节）四种类型德育课列入学校课表，常态化开课。

德育活动的系列化，是指学校活动（三礼主题教育、研学旅行、运动会、美育节、心理健康周等）、班级活动、节庆活动（四大传统节日），经过多年打磨，已形成精品系列。

团队"四专"构筑了"研发平台"，学校"四化"提供了"实践基地"，两者交融互生，共同培育高中班主任三大关键育人能力，最终指向班级高质量发展，学生全面而有个性发展。

（二）梳理出高中班主任育人关键能力指标体系

受2016年《中国学生发展核心素养》和诸多学者关于"班主任核心素养""班主任专业标准""班主任胜任力"理论研究的启发，依托"8+1"工作室QQ群平台全国1000多位高中班主任的资源，经过实证研究和实践探索，梳理出高中班主任育人关键能力指标，以指标要求指导高中班主任育人关键能力培育。参见下表：

高中班主任育人关键能力指标				
关键要素	能力层次	基本要求	理想目标
班级建设	常规管理	组织学生自主维护班级良好生活学习秩序；培训学生自组织养成良好日常集体习惯。	创意管理
	文化建设	围绕物质、制度、行为、精神四要素建设有特色的班级文化。	品牌缔造
学生指导	思想	引导学生树立正确的世界观、人生观、价值观。	系统掌握心理辅导、生涯规划知识技能
	学习	引发学习动力；分析学习风格，掌握学习技巧；发展思维能力。	
	生活	学会精力管理。	
	升学	指导学生了解升学途径、选科、行业、专业、大学，学会填报志愿。	
	心理	培养学生积极的自我认同，珍爱生命，展现精彩生命，帮助学生积极应对压力，调节情绪；指导练习人际交往，培养健康个性。	
关系协调	家校合作	掌握家校沟通和家长教育的技能，组建家委会的技能。	系统掌握人际沟通知识技能
	教师合作	与科任教师沟通的技能。	
	资源整合	调动校内外各种社会资源的能力。	

高中班主任育人关键能力的核心是学生的指导能力。高中学生面临升学就业的紧要人生关口，高中生的心理问题大都跟人生目标迷茫有关。高中班主任要系统掌握心理辅导和生涯规划的知识和技能，要在思想、学习、生活、升学、心理等方面为学生提供全面的生涯指导。高中生独立性强，高中班主任宜通过高质量的班级自主管理育人，以高品质班级文化建设培育学生健全的人格，以较强的关系协调能力整合资源，为高中生的生涯发展提供强大的保障。

（三）形成了高中班主任育人关键能力培育的核心主张

1.组织起来，通过团队系统持续有规划地学习来培育高中班主任育人关键能力。班主任能力培育的一般路径有："带班，做中学；阅读，间接学；跟岗，观察学；培训，听中学；研讨，交流学；反思，悟中学；课题，研中学；写作，思中学。"高中班主任与小学、初中班主任的区别在于工作任务繁重，个体学习行为容易中断，通过民间生发或行政推动建立班主任工作室，把高中班主任育人关键能力的培育纳入系统之中，高中班主任的专业发展才有了组织保障。

2.以"青春"班主任的培育来培育"青春"之学生，造就"青春"之中国。高中班主任育人关键能力培育的前提是激发其生命灵性与创造性，唤醒高中班主任的专业自觉，促进高中班主任角色的重建。高中学生关心国家命运和前途，思想活跃，勇于创新，思想发展存在明显的不协调与不平衡。"青春"的学生需要充满生命激情的"青春"班主任来激发，"青春"班主任应该是一个有理想、有本领、有担当的新时代立德树人好班主任。在"以德为先"高中班主任育人关键能力之下，让我们的高中学生高唱一首中国高中学生的青春之歌。

3.培育"专家型"高中班主任，引领高中班主任专业发展。高中教育具有特殊性和紧迫性，不能"等""靠"理论工作者提供"产品"来满足高中班主任和学生成长的需求。高中的事，要由高中的"当事人"来解决，通过多元培育机制优先培育高中班主任的先锋队"专家型"高中班主任，他们既有一定的理论底蕴，又有高中班级管理的实践经验，由"专家型"高中班主任团队来研发"高中班主任群体的育人关键能力"所需"产品"，带动高中班主任群体专业化发展。

（四）开发了高中班主任建班育人的实践操作系统

"四专""四化"机制结晶出了建班育人的实践操作系统，"8+1"工作室开发了高中三年34个主题、114节班会课，高中三年42堂团体心理辅导课，高中三年24节生涯课，高中三年30节电影课，共210节系列成长课。研发了"如何打造班级文化品牌""如何培育高情商的学生""主题班会设计与课程开发""微班会创意设计与实施"等30个主题报告，设计了包括四大传统节日在内的 30 余类活动方案。总结了学生问题、教师问题、师生关系、生生关系、家长问题五大类，具体涉及"打架""早恋"等 100 余个案例的详细解决方案，给繁忙的高中班主任建班育人提供了参考样例。

【效果与反思】

（一）效果

校本班主任专业成长共同体，它是融学习、工作和研究、培训为一体的学校生活和教师行为。它把实践、研修、研究和培训这"四张皮"水乳交融为"一张皮"，切实提高"研训一体"的水平和实效。

基于相同的校情和相似的学情的"同僚性研修"，使得研修的内容更具有现实针对性；经常面对面交流研讨，有望破除"合作性假象"，实现班主任间真正的"知识分享"；在生活和工作中有亲密的联系更易于形成团队；没有绝对的权威，团队伙伴共同成长，合作培养自己；班主任成长可感可验。

校本工作室坚持开放平台，成员来去自由，成员人人平等，研修百家争鸣，暗合了有机适应性组织特征，使工作室成员能对问题做出迅速的反应。

1. 教师发展。班主任综合素质、专业化水平和创新能力大幅度提升。"8+1"工作室培育了河南省首届"十佳"班主任、河南省首届最具影响力班主任秦望，河南省优秀班主任、河南省名班主任工作室主持人王磊，电影课程专家王晓琳，济源市首届名班主任、济源市名班主任工作室主持人魏俊起，班会研究专家杨兵、侯志强等一批专家型班主任。他们有坚定的理想信念，有扎实系统的建班育人知识体系和关键能力，他们在学校各年级任"首席班主任"，带动全校班主任专业发展。团队走出了济源一中近一半的中层领导，彰显了校本团队研修"育师"的魅力，为高中班主任育人关键能力培育提供有效实用的结构模式，为高效率培养专业化班主任提供成熟的范本。

2.学校改变。体验式、参与式、互动式于一体的学习模式，唤醒了班主任教育自觉，改变了被动应付培训状态，为探索教研规律提供了可借鉴的经验，促进了学校组织文化变革，改变了学校教育生态，使学校由重抓成绩到读书研修蔚然成风，为高中班主任育人关键能力培育在一所普通高中落地提供了样本。

3.辐射影响。团队及成果在全国范围内得到了多家媒体报道。除正文提到的报道外，2018年5月31日《德育报》以《"8+1"工作室：建设一所主任大学》为题进行了报道。《"8+1"工作室：校本班主任专业成长共同体的实践与创新》成果参展北师大中国教育创新研究院在珠海主办的"第四届中国教育创新成果公益博览会"。

团队集体荣登《班主任之友》2010年第11期封面；杨兵、秦望先后荣登《班主任》2011年第9期、2013年第3期封面；王磊荣登《班主任之友》2012年第9期封面；秦望荣登《河南教育》2009年第9期封面；王晓琳荣登《新班主任》2018年第9期封面；王秋霞荣登《中小学心理健康教育》2019年第28期封面。

魏俊起、王磊代表"8+1"工作室参展第四届珠海"教览会"

2013年团队被全国中小学班集体研究中心评为"全国名班主任工作室"。2016年获"河南省基础教育教学成果一等奖"。2020年"8+1"工作室获"首届济源青年五四奖章集体奖"。

团队成果成为全国一线班主任专业发展的重要资源。

提炼了一系列研修成果，开发了德育课程，"8+1"工作室出版著作20余本，

团队集体荣登各杂志封面

团队获得的荣誉

为本校及全国班主任建班育人提供参考。研发完善体现高中全面育人的规律和结构化与序列化的德育课程。

2011年,《光辉岁月》(秦望著)由教育科学出版社出版,入选《中国教育报》"2011年影响教师的100本书"。

秦望主编的《高中系列班会课》(三卷)入选教育部印发《2019年全国中小学图书馆(室)推荐书目》。

2020年8月,《手把手教你建设班主任工作室》获河南省教育科学研究优秀成果一等奖(证书编号:豫教【2020】21286)。

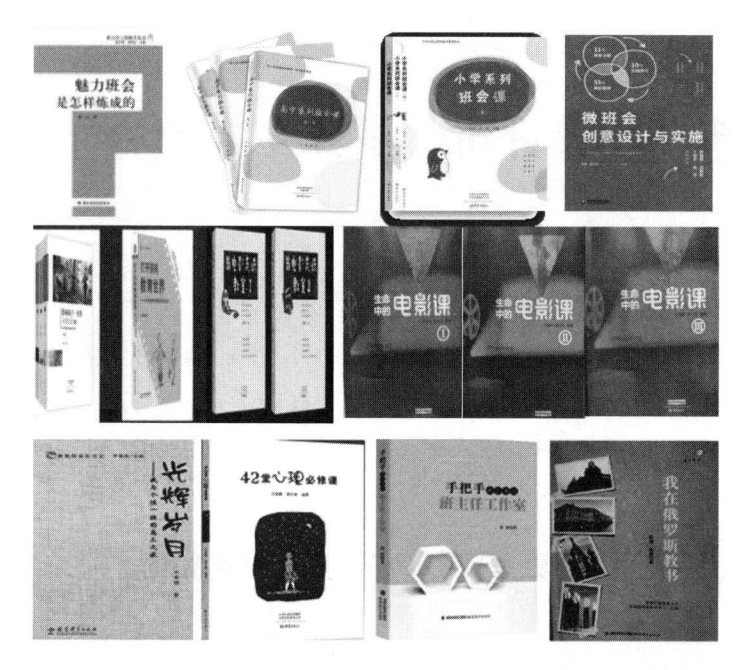

团队出版的图书

历经 16 年的成长,"8+1"工作室已经成为班主任专业成长的培训平台、班主任工作专家的孵化基地、中小学班会课程的指导团队、学校德育品牌建设的顾问团、教育培训课程设计的策划师、教育专业媒体素材的来源地。

(二)反思

1. 研修效率难以保证。由于高中班主任工作繁忙,研修前时常准备不充分,使集中研讨的效率有时不高。

2. 研修热情难以持续。经过一段时间研修学习,掌握了一些带班育人的知识和技能,有的成员不想持续精进。

3. 团队研修的顶层设计和推进策略以及评价机制有待完善。班主任团队研修有别于学科教师研修,还是个新生事物,在理论建构和具体操作中,还有一些尚待探索完善的地方。

第四节　学校评价，多样化特色办学的导向

一、处室部门评价，提升服务水准

（一）处室部门评价的意义

评价作为学校管理活动的重要环节，发挥着引领教职员工、优化教育工作、实现组织目标的关键作用。其中，处室部门评价又居于学校评价的核心位置。其原因在于，处室部门是学校组织制度的核心构成，承担着学校办学目标逐级分解落实推进的职责，是多样化特色办学的具体实施机构。

（二）处室部门评价的研究综述

综合相关研究结果，目前在高等院校和职业技术学校，一般采用"绩效考核""目标管理考核"来表述对学校二级院系、管理部门和直属单位的考核评价工作。绩效管理是现代人力资源管理的重要组成部分，而绩效考核又是绩效管理的最重要一环。绩效考核是按照一定的标准，采用科学的方法，对所属部门的工作作风、工作绩效进行综合的检查和评定，以确定其工作业绩和潜力的管理方法。绩效考核以绩效指标为基础，一般采用量表等级评分法、目标考核法、360度考核法等方法。目标考核法比较符合学校文化特点，能体现

以人为本的管理理念。通过目标分权体制，对各层次目标进行分解、考核，在一定范围内给予自主权，实施自主管理，提高教职工在工作过程中的成就感和满意度。

（三）我校处室部门评价的实施背景

近年来，随着高等教育毛入学率的逐年提升，人民群众对接受优质高中教育提出更多需求，普通高中特别是示范性高中的办学规模逐渐扩大。参考赵泮利《普通高中学校内部组织问题研究》中的统计数据，1996年至2005年淄博市重点高中的办学规模扩大了2.7倍。就我校而言，1997年以来，教学班数从24个逐步增加至153个，办学规模扩大了5.4倍。学校规模扩大以后，校园管理要面对更加复杂的情况，难度也随之加大，学校不得不设置更多的处室部门来提高组织效率，满足管理需要。1997年至今，我校的处室部门从7个增加至21个，呈现出工作专门化、学校部门化、部门标准化的新特点。这些情况的出现，都对学校处室部门评价提出了新要求。

（四）处室部门评价的基本概念

综上所述，作为普通高中，虽然我校的办学体制与高校职校不同，但因为超大规模的办学实体和工作专门化的组织结构与高校职校相近，对处室部门评价的目标、原则和方式方法与高校职校相似，故我们对学校处室部门评价做出如下定义：

这是学校为促进办学目标达成，以党的教育方针为指导，以普通高中教育发展规律为原则，以多样化特色办学为理念，紧紧围绕学校中心任务和重点工作，通过务实、规范、公正的程序，对学校各个处室部门的日常工作情况和绩效目标完成情况进行考核，以确定其工作业绩和潜力的一种管理方法。

【模型图】

具体而言，我校处室部门评价因工作职能不同，分为以下两个系列：

（一）教学部门

包括各年级教学处、德育处。为适应超大规模的办学实际，我校采取了"扁平化"管理体制，即年级部制（又称学部制）。全校依据学生入学年份，划分三个年级部，同时学校参与创办了民办非企济源英才学校。每个年级部和英才学校单独设置教学管理部门"教学处"和学生管理部门"德育处"，在主管校长的直接领导下开展教育教学管理工作，其职能基本相当于正常规模学校的"教务处"和"政教处"。

（二）管理部门

包括党政办公室、纪检监察室、督导室、教务处、政教处、教科研处、总务处、财务处、团委、工会、妇委会、学生发展中心、后勤服务中心。以上处室（三室五处一委两会两中心）主要承担学校相关管理职能，为教学单位提供服务。

学校处室部门评价在统一原则的前提下，两系列之间的评价主体略有区别。

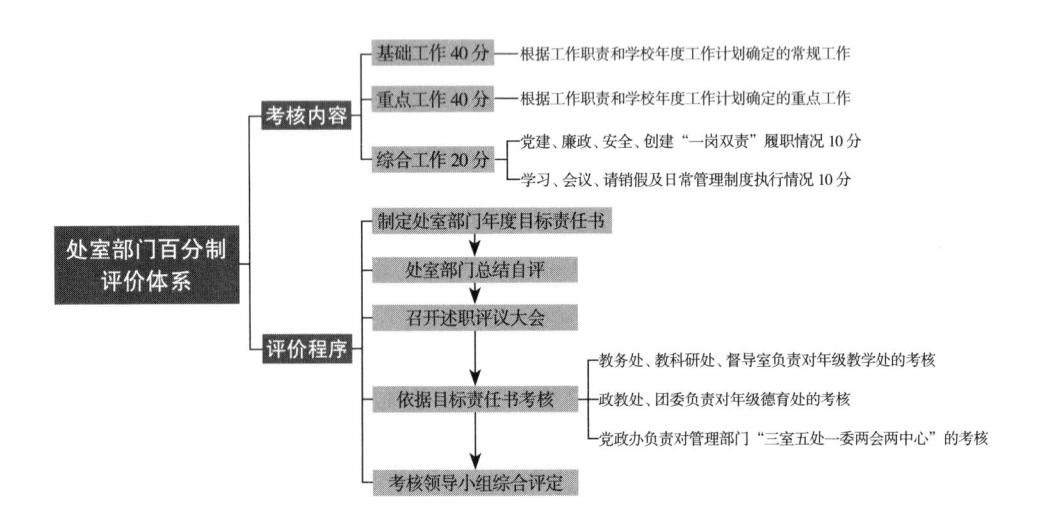

```
                          ┌─ 基础工作 40分 ── 根据工作职责和学校年度工作计划确定的常规工作
                          │
              ┌─ 考核内容 ─┼─ 重点工作 40分 ── 根据工作职责和学校年度工作计划确定的重点工作
              │           │
              │           └─ 综合工作 20分 ─┬─ 党建、廉政、安全、创建"一岗双责"履职情况 10分
              │                            └─ 学习、会议、请销假及日常管理制度执行情况 10分
处室部门百分制 ─┤
  评价体系     │           ┌─ 制定处室部门年度目标责任书
              │           │      ↓
              │           ├─ 处室部门总结自评
              │           │      ↓
              └─ 评价程序 ─┼─ 召开述职评议大会
                          │      ↓                    ┌─ 教务处、教科研处、督导室负责对年级教学处的考核
                          ├─ 依据目标责任书考核 ──────┼─ 政教处、团委负责对年级德育处的考核
                          │      ↓                    └─ 党政办负责对管理部门"三室五处一委两会两中心"的考核
                          └─ 考核领导小组综合评定
```

【校本展示】

（一）处室部门评价的考核内容如何确定？

处室作为学校组织的有机构成，是实现办学目标的具体部门。不同处室部门的工作内容不同、工作重点有异，同时工作责任方面又具有共性。因此，学校把处室部门评价的考核内容分为基础工作、重点工作和综合工作三部分。

例如，2018级教学处作为高三教学工作的组织实施部门，基础工作包括教学组织实施、教师管理评价等，年度重点工作主要为做好名生培养。党政办作为校党委和校长办学治校的执行部门，基础工作包括师德建设、党务工作、文明创建等，年度重点工作主要为开展党史教育、推进法人治理结构改革。同时，这两个处室部门还存在共同的综合性工作，如党的建设、师德师风、安全工作、文明创建和学校各项规章制度执行等。

（二）处室部门评价的考核权重如何分配？

对处室部门实施过程性评价和结果性评价相统一的百分制考核。按照基础工作40分、重点工作40分、综合工作20分进行考核权重分配。基础工作考核重履职，着重考核处室部门基本职责的落实情况；重点工作考核重成效，着重考核处室部门所承担的学校年度重点工作目标完成情况；综合工作考核重规范，着重考核处室部门内部管理情况。

（三）处室部门评价的考核程序如何实施？

学校成立由领导班子成员组成的考核领导小组，负责处室部门评价的组织实施，具体有五个环节。

1.制定处室部门年度目标责任书。年初，学校考核领导小组组织各处室部门依据《学校年度工作报告》和各自的工作职责，明确本处室、部门的基础工作、重点工作和综合工作内容，并采取签订《目标责任书》的形式，将本年度的处室部门考核内容以文件形式进行明确，作为年终实施考核的依据。

2.处室部门总结自评。年终，各处室部门对照《目标责任书》，总结本部门各方面的工作情况和突出业绩，提交学校考核领导小组审核。

3.召开述职评议大会。召开学校领导班子和教代会代表参加的述职评议大会，各处室部门负责人向大会述职，接受参会人的评议。

4.依据目标责任书考核。按照"谁主管、谁考核"的原则实施对口考核。教务处、教科研处、督导室负责对年级教学处《目标责任书》完成情况进行考核；政教处、团委负责对年级德育处《目标责任书》完成情况进行考核；党政办协助领导班子对"三室五处一委两会两中心"《目标责任书》完成情况进行考核。考核结果向学校考核领导小组报告。

5.考核领导小组综合评定。

【校本展示】

2021年目标管理责任书

部门：2018级教学处

为进一步加强学校管理，全面提高教育教学质量，落实本年度《学校工作报告》各项管理目标，特签订本责任书。

一、基础工作

1.贯彻执行党和国家的教育方针，完善学校课程体系，开足开齐并规范体育与健康、艺术欣赏、综合实践活动和理化生实验等课程。加强特色课程建设，积极开展校园体育、艺术、阅读、科技创新等社团活动。加强课程实施监管与管理。

2.加强师德师风建设，提高全体教师的职业道德素质。

3.加强教学常规管理，落实落细备教辅批考诸环节。

4.积极开展教学工作的调查研究,落实课堂教学改革,提高课堂教学效率,培养学生学习能力,积极探索基于情境、问题导向的互动式、启发式、探究式、体验式等课堂教学。杜绝教学事故发生。

5.建立完善学籍制度,严格学籍管理。

6.指导教研组的研究活动,帮助教研组总结教学经验。

7.搞好年级考试组织、统计等工作,分析考试数据等。

8.完成文明创建相关工作及学校各职能处室交付的各项临时性工作。

二、重点工作

1.优化名生培养工作。在加强学生学科关键能力的培养和考查基础上,高度关注和研究高考命题导向。加大体艺名生培养力度。借力高校优势资源,精准培育卓越学生团队。2021年高考,清华、北大录取人数保持在5人以上。

2.稳步推行"一课一研",及时收缴各学科学(教)案、限时练(试题)、课件等教学资源。

3.组织教师对高考政策、命题导向、试题进行深入研究,努力提高教学教育质量。2021年高考,一本上线不低于1150人。

三、考核与奖惩

1.本部门出现安全责任事故以及在党风廉政建设、师德师风建设方面出现严重问题的实行一票否决。

2.学校平时各项检查、评比结果及工作完成情况作为考核主要依据。

3.考核结果作为优秀处室、优秀中层及干部调整的重要依据。

本目标责任书一式两份,部门领导直接向校长递交,签订之日起生效,一份本人保存,一份上交学校。

学校校长盖章: 　　　　　责任人签字:

签订日期: 　　　年　　月　　日

经过近几年学校实践，我校处室部门评议工作的实施，对学校多样化特色办学起到了积极的促进作用，推动学校德智体美劳全面发展目标的完成，为学校的发展提供了有效保障。

二、教师、教研组评价，以诊断促进教师专业发展

教师和教研组的考核评价是学校对教师任用、奖惩等人事管理的基础和依据。考核评价政策是调动教师和教研组工作积极性、主动性的指挥棒，对于推动新时期高中教学改革、提高教育质量具有基础性和全局性影响。近年来各地高中都在积极探索教师和教研组考核评价改革，积累了不少经验，但仍然存在许多问题。例如考核评价缺乏整体设计，对教师从事教学以外的其他教育工作重视不够，重教学成绩轻教育引领的情况还比较严重；考核评价急功近利，考核结果的科学运用有待完善等问题。这些问题都必须通过深化改革，有针对性地加以解决。考核评价要坚持社会主义办学方向与遵循教育规律相结合，全面贯彻党的教育方针，以立德树人为根本任务，培养合格的社会主义建设者和可靠接班人。要将师德考核摆在教师考核的首位，实行师德"一票否决"。要突出教育教学业绩考核，完善教学质量评价。

【校本展示】

下面展示的是年级对教师和教研组的考核评价标准（遵循学校的考核方案）

一、教师教育教学考核方案

为了认真贯彻、落实《教育法》《教师法》的有关规定，深化学校内部管理体制改革，充分发挥教育评价的导向、调节、激励功能，充分调动广大教师

工作的积极性，促进教育教学质量的提高，学校决定修改、完善教师教育教学考核方案。

（一）考核原则：坚持评价的客观性、全面性、可行性原则，坚持定性评价和定量评价相结合的原则，坚持终结性评价与形成性评价相结合原则。

（二）考核内容：共六项。

第一项：常规教学评价

（1）教学处每学期组织两次教案 x_1、作业 x_2、听课笔记 x_3（含理论学习笔记）检查，参考学校常规教学细则，按质按量进行排序。凡数量、质量达到学校教学常规基本要求的，每项考核等次均定为2；教学常规检查组确认为特别优秀的项目，其考核等次为1；完不成基本要求的项目，其考核等次为3。本项考核等次 $x=(x_1+x_2+x_3)/3$

（2）教学处对教师的上课、自习辅导、各类考试的监考等进行严格考勤，同等条件下，满勤者优先；迟到、旷会（校例会、集体备课、年级会议、教研组会议等）、早退两次以上（含两次）、旷课1次以上者其本项考核结果退后一个等次。

（3）教师不满工作量（以学校有关规定为准），在本项考核排序中退后一个等次；超工作量的老师（其解释权在考核领导小组），常规方面的各项要求可适当降低。

第二项：教育教学活动评价

（1）组内互评 x_1：同一学科组教师对本组所有教师的工作情况予以客观评价并按分数排序分为3个等次。

（2）学生评教 x_2：教学处每个学期要认真组织两次学生评教，第一次为定性评教，即征求学生对任课教师的意见和建议，引导教师重视评教反馈的信息。第二次为定量评价。教学处将制定科学、有效的评估细则，引导学生客观公正地评教。第二次考评作为评价教师的依据，其分数按教学班进行排序分3个等次。

本项考核等次 $x=(x_1+x_2)/2$

第三项：单科上线人数考评

根据全市期末统考教研室所划二本线统计每个教师的平均上线人数，组内（高二、高三分文理科）排序分5个等次，特别突出的等次为1，特别差的等次为5，中间等次为2、3、4。高三下学期依据高考成绩考核。

第四项：备课组捆绑考评

根据全市期末统考教研室所划二本线，按备课组上线率排序均分5个等次。高三下学期依据高考成绩考核。

第五项：教学班捆绑考评

根据全市期末统考教研室所划二本线，按各班上线人数排序均分5个等次。高三下学期依据高考成绩考核。

第六项：个性化工作评价

（1）奥赛辅导、优质课比赛、教科研等获奖学校已另行奖励，在本方案不再体现。

（2）担任班主任者在总分中减1分，被评为校优秀班主任者，在总分中减2分。凡班级量化总积分排在年级末位者不加不减分。

（3）担任教研组长（或备课组长）者在总分中减1分，被评为校优秀教研组长者，在总分中减2分。期末统考上线率排在年级末位者不加不减分。

（4）在年级代课的中层领导在总分中减1分。

（5）以上各项最多减2分。

（三）几点说明：

（1）每项考核按权重不同分3个或5个等次。

（2）对以上六项考核结果进行合计，得出一个教师的最终考核结果，按此结果对全体教师进行排序，并分3个等次进行奖励，各占1/3。

（3）有重大失误或严重违纪者，取消其评先资格，并将考核结果排为最后一个档次。

（4）实验班、体艺组、信息组教师单独进行考核排序。

（5）本着民主与集中相结合的原则，学校考核工作领导小组有权根据教师的实际表现，在经过集中表决后，对个别教师的排序进行适当调整。

（6）本细则解释权归学校考核工作领导小组。

二、优秀教研组考核方案

为了切实加强学科建设，真正将教研组建设成教学研究的阵地，充分调动教研组长、备课组长的积极性、主动性、创造性，真正落实"向教研组长要分数"，本着责、权、利相结合的原则，结合学校相关规定和年级实际，特制定本方案。

（一）考核内容

1. 教学成绩（70分）

根据全市期末统考教研室所划二本线，按学科上线率排序分为3个等次，分别积70分、50分、40分。

2. 教学常规（15分）

年级教学处要定期对各教研组教学常规落实情况进行检查评比，检查项目包括集体备课、创模活动、教案、听课评课、作业批改、理论学习、自习辅导等。具体细则各年级制定，根据评比结果期末汇总按学科分3个等次，分别积15分、10分、7分。

3. 日常管理（10分）

教研组做好各项日常管理，营造积极向上、严谨务实、团结合作、纪律严明的工作氛围，创建文明有礼、干净整洁、安全节约、井然有序的办公环境。教学处制订细则对以下情况定期检查评比，根据评比结果期末汇总按学科分3个等次，分别积10分、7分、5分。

（1）按时上下班，认真签到，杜绝迟到、早退和旷课等现象。

（2）严格请假制度和调课制度，不准私自调课。

（3）工作时间不在办公室从事娱乐活动，禁止利用电脑从事与教学无关的事情。

（4）阳光办公，节约用电。上班期间一律拉开窗帘，无人办公时关闭电脑、电灯、空调、饮水机等电器，锁好门窗。

（5）注重仪表仪容，不在公共场所抽烟，不酒后进入课堂。除非特殊情况，工作期间家属、子女不得在办公室长期逗留。

（6）办公室干净整洁。

4. 特色工作（5分）

认真完成和落实学校、年级、教研室下达的各项任务，并能根据本年级学科特点创新开展工作的（如资源库建设、校本教材编写、第二课堂活动等），由教研组提出申报并提供相关材料，经教学处认定可酌情加分，最高不超过5分。

（二）奖励办法

年级教学处根据考核办法每月对教研组进行常规考核，期末总评，按积分多少由高到低排序，前1/2为优秀教研组，学校给予表彰，同时授予组长"优秀教研组长"称号；优秀教研组长在绩效考核、学习考察等方面给予优先。

以上是我校对教师和教研组的评价考核，由各年级部教学处组织实施，一学期一考核，结果经公示无异议后报学校办公室存档。

三、学生评价，多元评价提升学生核心素养

评价事关教育发展方向，有什么样的评价指挥棒，就有什么样的办学导向，就会培养出什么样的学生。对学生进行多元评价既是学校落实党和政府新时代教育改革的要求、克服"五唯"顽瘴痼疾的重要手段，又是学生健康成长的需要。对学生多元评价需要坚持以德为先、能力为重、全面发展，坚持面向人人、因材施教、知行合一，坚决改变用分数给学生贴标签的做法，创新"德智体美劳"过程性评价办法，完善综合素质评价体系，切实引导学生坚定理想信念、厚植爱国主义情怀、加强品德修养、增长知识见识、培养奋斗精神、增强综合素质。

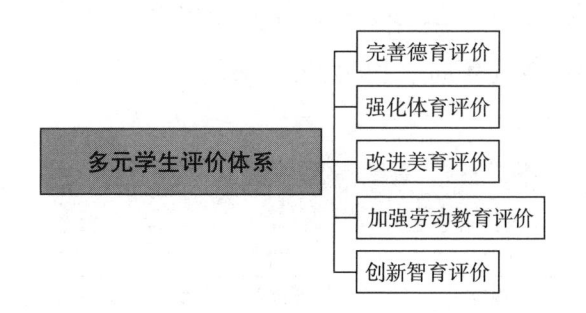

多元学生评价体系
- 完善德育评价
- 强化体育评价
- 改进美育评价
- 加强劳动教育评价
- 创新智育评价

优质高效的教育教学评价是提高基础教育水平的根本保障，是培养优秀全能人才的重要途径。新课程理念下的学生评价是我国当前教育评价改革的重要部分，在促进教育教学和学生个性发展中起主导作用。目前，在基础教育领域，应试教育的评价系统已经无法满足学生的个性发展需求，也不符合新课程理念下对学生评价的要求。因此，建立健全科学的多元评价系统，充分发挥其教育功能，是当前基础教育的重要内容之一。好的教育应该是培养终身运动者、责任担当者、问题解决者和优雅生活者，给孩子健全而优秀的人

格，赢得未来的幸福，造福国家社会的教育。全社会呼吁要切实"以教育评价为牵引推进改革"。

我校秉持"弘毅笃行，致美致远"的学校精神，积极践行"润材以德，琢璞以心"的教育理念。通过"文化正心、品德立身、以身垂范"，让每一个学生都树立起正确的价值观，满足国家和社会对"人才"的基本需求；课堂改革方面，构建高效"6+1"课堂模式（流程主要是课堂的"导""思""议""展""评""检"和自习课的"练"七个环节），充分培养学生的主观能动性，提高他们主动思考问题和生成问题的能力，并在此基础上培养学生的创新精神；而在学生评价方面，则将教师的评价与学生的自评相结合，并在德、智、体、美、劳各方面做出多元化的评价，促进学生的全面发展。济源一中学生多元发展性评价体系，从评价内容、评价方式、评价语言三个方面，多个维度、全方位、多元地评价学生的发展，根本目的在于促进学生的个性多元发展，满足不同学生的发展需求。

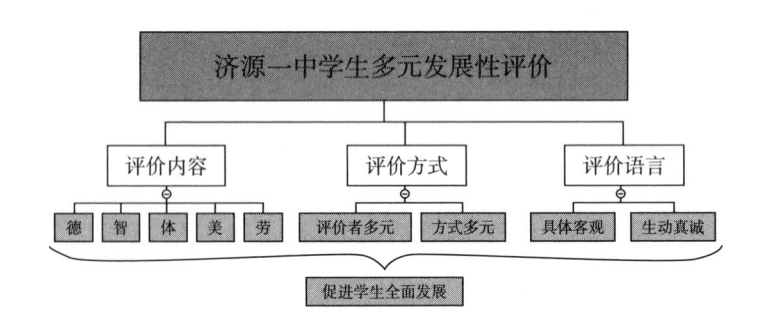

```
            济源一中学生多元发展性评价
         ┌──────────┼──────────┐
       评价内容    评价方式    评价语言
      ┌─┬─┬─┬─┐  ┌───┬───┐  ┌────┬────┐
      德 智 体 美 劳 评价者多元 方式多元 具体客观 生动真诚
            └──────────┼──────────┘
                 促进学生全面发展
```

（一）评价内容多元化，打造学校教育特色化

一所学校要想实现全面丰富的学生评价，就要对学生的德、智、体、美、劳进行宏观综合的评价。根据校情，我们形成了"适合教育、学业成绩、特色活动"评价三大板块。

1. "适合教育"的评价指向"德"与"体"

"德"即德育，包括积极乐观、自尊自爱的高尚品质和文明有礼、遵规守纪的良好行为规范等。为了培养学生良好的行为习惯，我校从学生的一日常规抓起，从寝室、上课、自习、上操、就餐几方面入手，对各班的日常行为进行考核，记入学校的每周班级档案；根据各班的整体评价情况，利用每周一升旗仪式时间公布、表彰各年级组获得"流动红旗"的班级。"体"指体育活动，我们要求学生在高中三年至少要学会两项体育技能。先由体育老师在体育课上教授，每学期期末再进行考核。学校德育处定期组织、开展"班级篮球赛""跳绳比赛""拔河比赛"等活动；在高二阶段学校组织高考队，对学习成绩不理想但身体素质好的学生进行针对高考的体育训练。我校把这些孩子组成专业队，安排专职教练进行训练，帮助学生走职业化竞技体育道路。我校的"适合教育"既重视学生的养成教育，又注重学生的体育锻炼，同时帮助他们在课余活动中养成良好的行为习惯，取得了"修身育人"的良好效果。

2. 学业成绩的评价指向"智"

教学工作是学校的首要工作，在平时抓"三边生"（"三边生"指一本边缘生、体育边缘生、艺术边缘生）的前提下，统筹兼顾全体，对所有学生都实施个性化的评价。经过不断摸索后，我校高考成绩稳步上升。

3. 特色活动评价指向"美"与"劳"

我校的特色活动分为两个主题：一是美感培养，二是劳动体验。培养学生美感的活动有"诗歌朗诵会""写作比赛""书法比赛""迎国庆班级大合唱""济源一中美育节"等。在这些活动中，充分培养学生感受美、欣赏美、创造美的能力。"劳动体验活动"有"志愿者服务社团活动""走访劳动教育基地"等。"志愿者服务活动"主要是德育处组织学生志愿者去学校附近清洁街道，参与学校和济源市的文明创建活动；"走访劳动基地"主要是分批组织学生走访我校的劳动基地，如济源市农科院、气象局、学校楼顶的"行知园""数理探究馆""3D 打印实验室"等。学生在这些活动中提升了劳动技能，培养了劳动意识。

（二）评价方式多元灵活，实现全参与

传统的评价主体是教师，再加上每学期学生之间的小组评价、师生互评进行综合评定，但成效不明显。我校基于自身的实际情况，制定以"三大板块"为评价内容，注重评价者多元化，评价方式多元化，强调评价互动性的综合评价方式，自由灵活，可操作性强，有利于调动师生的积极性和班级的凝聚力，并最大限度做到公平、公正、公开。

1. 注重学生评价者多元化

既有自评，又有他评。其中他评者包括学生会成员，班级干部、小组长、组员，德育处的领导及工作人员，每周值班领导、年级主任和任课老师，父母、长辈、邻居及社区管理者等。

2. 注重学生评价方式多元化

建立学生成长档案。学生自我评价有思想上的自我教育评价、生活上的自我管理评价、学习上的自主合作评价等；教师评价方式有跟踪评价、作业展评、口试笔试评价、评语评价等；学校领导检查的评价方式有定点评价、随机抽查评价、情境检测评价等。

3. 注重学生评价的互动性

互动评价是指师生之间、生生之间在教育教学过程中一种动态、交互间的评价。通过对评价的交流与协商，增强评价的民主性。

（三）评价语言多元化，适应学生个性心理发展

评价运用得好，可以激发学习兴趣，对调动学生主动性、积极思维、攻坚精神起着重要的作用。我们通过听课发现，大部分教师的课堂评价语不够丰

富,比如学生在回答完问题后,教师以"不错、很好、非常好"这样简短的评价语回答学生。而实际上,学生在乎的是自己得到的点评是否与众不同,评价应能够增强学生课堂参与的积极性。我们要求教师在评价时要努力做到以下两点。

1. 评价语言要具体、客观

评价语言要直截了当,抓住学生的优缺点。不仅评价中要涵盖优点,对其优势给予肯定,又要一语中的,直接说明他需要改进的地方,以便他能及时纠正,在以后遇见相同的问题不犯同样的错误。

2. 评价语言要生动、真诚

课堂教学中教师生动的语言和真挚的情感流露会让学生信服和感动,同时还能起到调动课堂氛围的作用。即使学生出现突发问题,教师机智的语言也能巧妙地帮助学生缓解课堂尴尬气氛,还能维护学生的自尊心不受伤害。

(四)发展性学生评价,促进学生全面发展

发展性学生评价,是指用发展的眼光来评价学生。我们客观公正地用动态化的教育评价来实施,关注学生的成长变化过程,也就是"过程性评价"。在学生的学习生活中,将形成性评价、诊断性评价、终结性评价结合在一起,进行动态综合评价。

济源一中秉持"弘毅笃行,致美致远"的学校精神,积极践行"润材以德,琢璞以心"的教育理念,努力探索适合每个学生的发展评价,诸如学生成长档案、家校联系评价互联网、丰富多样的检测评价等。多一把尺子衡量学生,就会多一份精彩人生。

发展性评价考虑到学生的个体差异和实际情况,正确判断学生的发展潜力和可塑点,根据每个学生各自展现出的优势,将其塑造成各自擅长领域的人才,最后让每个学生都有人生出彩的机会。在不断的摸索和改进中,师生相对得到了更加公平、公正的评价,从而促使其朝着全面、健康、良性的方向发展。

根据我校制定的三个板块评价标准,对学生进行综合评价,动态地监测学生的日常学习、生活情况,在毕业前为他们做一个动态综合客观的评价。

第五节　家校共育，多样化特色办学的力量

"天下之本在国，国之本在家，家之本在身。"中华民族历来注重家庭、家教、家风，家庭教育在培养良好品质、行为习惯上具有学校教育不能替代的重要作用。习近平总书记曾指出：家庭是人生的第一个课堂，父母是孩子的第一任老师；有什么样的家教，就有什么样的人，家风是社会风气的重要组成部分。2015年教育部发布了《关于加强家庭教育工作的指导意见》，2019年全国妇联、教育部等九部门联合印发了《全国家庭教育指导大纲（修订）》，对于我校开展家校共育工作有着指导性的作用。

我校对家校共育工作尤为重视，2015年就成立了家庭教育指导中心，在长期的家校共育工作中积累了一系列成熟且成功的有效做法。2019年圆满承办河南省家庭教育工作现场会，济源一中先后荣获"河南省卓越家长学校""全国家庭教育创新实践基地"等荣誉称号。

一、立德树人，树立新时代家校共育工作理念

在多年的实践中，我校的家校共育确立了以"一核一心一主体、三方三层三常规、多选多赢多阵地"为主体的工作理念。

"一核"指的是以立德树人为核心。家校共育工作的最终目的不能单纯地理解为解决学生高中阶段的学业问题，还应提升家长的道德品位，进而与学校达成共识，共育合格的社会主义建设者和接班人。

"一心"指的是以学生为中心。家校共育工作的开展必须建立在对学生的关心、爱护、理解上，通过家校共育工作让学生理解家长、让家长理解学生，帮助学生健康成长。

"一主体"是指在我校的家校共育工作中充分体现"家庭"的教育责任主体地位，充分尊重"家庭是人生的第一个课堂，父母是孩子的第一任老师"这一重要规律，充分运用学校教育的有力手段补充家庭教育的不足，"站位"但不"越位"。

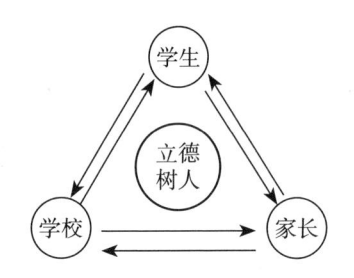

以立德树人为核心的"三方"育人模式

"三方"指的是家校共育工作以立德树人为核心，家长、学校、学生共同参与的工作模式，并且在这个模式中，三方是平等的，并不因位置不同、角色不同而有所区别。

"三层"指的是在家校共育工作中，将整个工作流程分为学校、年级和班级三个层面，从家委会的日常构建、运作到家长课堂等活动，每个层面都承担着不同的任务分工。

"三常规"是我校家校共育工作开展以来，长期坚持的三种主要的工作方式，分别为家长课堂、家庭教育经验交流会、家庭教育专家讲座。三种方式互为补充，从不同角度和维度传播科学的家庭教育理念和方法。

从三个层面开展家校共育工作

"多选"指的是我校举办了多种、不同方式的家校共育活动，家长、学生可以根据不同的需求选择参与不同的家校共育活动。

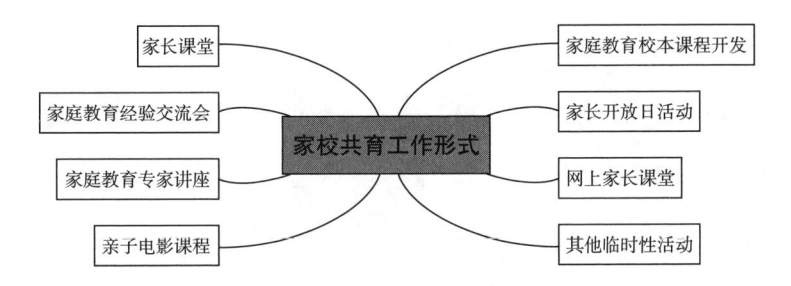

家校共育工作形式：家长课堂、家庭教育经验交流会、家庭教育专家讲座、亲子电影课程、家庭教育校本课程开发、家长开放日活动、网上家长课堂、其他临时性活动

"多赢"指的是我们希望通过合理的家校共育途径，使学生、家长、学校共同受益，最终为国家培养出德智体美劳全面发展的时代新人，奉献社会，贡献国家。

"多阵地"指的是我们充分利用学校资源打造家校共育阵地，例如修建了高规格的家长学校教室、家风家训馆等，还积极拓展网上家长课堂。

二、家长委员会，充分发挥家长主力军作用

根据教育部 2021 年印发的《教育部关于建立中小学幼儿园家长委员会的

指导意见》（教基一【2012】2号）和2015年印发的《教育部关于家庭教育工作的指导意见》，各地教育部门要采取有效措施加快推进中小学幼儿园普遍建立家长委员会，推动建立年级、班级家长委员会。家长委员会制度有利于发挥家长的作用，促进家校合作，推动现代学校制度的建设。学校应将家长委员会纳入学校日常管理体系，制定家长委员会章程，发挥家长委员会在家庭教育指导工作中的重要作用。

济源一中遵循《教育部关于建立中小学幼儿园家长委员会的指导意见》的具体要求，组建了班级、年级、学校三级家长委员会，明确了家长委员会成员的基本职责：参与学校管理、参与教育工作、沟通学校与家庭，形成学校、家庭、社会三位一体的全方位教育体制。

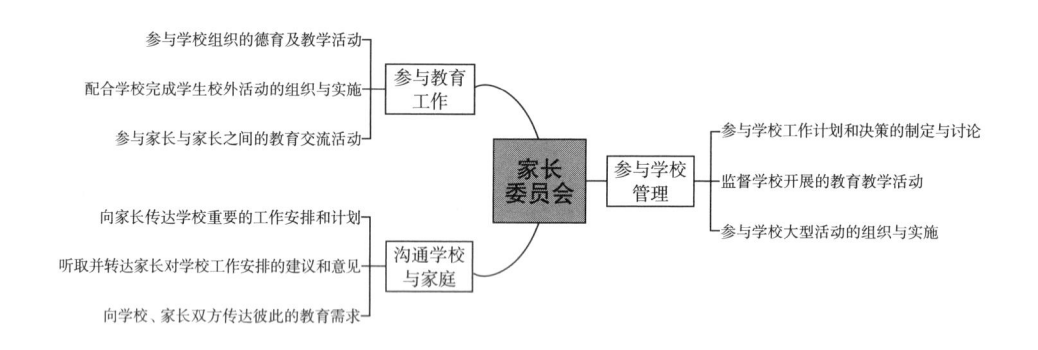

多年来，我校吸纳了一大批高素质家长参与到学校、年级、班级的管理和建设中来，深入参与到学校工作计划的制订、学校发展决策的讨论中来，为学校发展提出了多项建设性的意见和建议。同时组织家长参与"成人礼""毕业典礼""开学典礼""研学旅行"等各种大型活动的组织和实施，也积极组织家长参与"家长学校""国旗下讲话""德育课""志愿服务""社会公益"等日常活动，更是提供了一系列优质的社会资源帮助学校组织学生开展丰富的校外活动，有力地架起了学生和社会沟通的桥梁。

三、多措并举，丰富家校共育形式途径

学校优化家校合作协同育人模式，以"家长课堂""家庭教育专家讲座""家庭教育交流会""优秀家教案例评选征集""家长委员会""家长会""家长开放日""家长接待日"等多种活动形式，细致深入开展家庭教育工作，实现家校共育。

（一）常规性的家庭教育工作

1. 扎实办好"家长课堂"

"家长课堂"是我校家长学校最基础性的教学手段，学校依照省编教材《高中家长学校教材》，开足开齐家长课堂，并且将教师讲授与家长分享相结合，与家教理论课、家教案例课、心理发展课、生涯规划课等相结合，通过家长作业、调查问卷、家教知识测试卷等形式提升家长家教能力，构建了丰富多彩的课堂教学体系。近5年来，学校先后组织100余次家长课堂，万余名家长从中受益。

【校本课程】

济源一中 2021 年家长学校课程参考

年级	学期	课程主题
高一年级	上学期	如何帮助孩子适应高中生活
		高中学生如何学习
		帮助孩子做好生涯规划
	下学期	教会孩子遵规守纪
		如何配合学校做好学生教育
		如何科学安排假期生活

续表

年级	学期	课程主题
高二年级	上学期	高中生常见的身心问题及对策
		如何面对孩子在学校出现的问题
		原生态家庭对孩子成长的影响
	下学期	应该把学生培养成什么样的人
		教会孩子如何面对压力
		了解自主招生
高三年级	上学期	如何当好高三学生家长
		如何帮助孩子克服考试焦虑
		学习困难的成因与教育
	下学期	如何营造良好的家庭成长环境
		家庭教育的沟通艺术
		如何帮助孩子冲刺高考

2. 定期举办"家庭教育经验交流会"

近年来，我校教学成绩稳步提升，一大批优秀学子考入北京大学、清华大学、中国人民大学、中国政法大学、中央音乐学院、北京体育学院等名校，优秀学子背后往往有着优质的家庭教育资源，于是学校定期邀请优秀毕业生的家长到校与其他家长朋友交流分享教育经验，把他们教育自己子女过程中的成功经验与不足之处分享给其他家长。至今，已成功举办二十一期家庭教育交流会，与会家长达 3000 人次，这些参与分享的家长往往用最朴实的语言讲着最生动、最真实的家庭教育案例，使与会家长收获颇丰。

考入北京大学的黄丽潼的父亲在交流会上曾这样说："在孩子成长的过程中，家长一定不能少了陪伴，特别是妈妈们。可以说，在黄丽潼读书过程中，我的爱人起的作用比我大得多！她每天晚上陪着孩子读书，不会轻易缺席一天。孩子在上小学时，她几乎把小学语文、数学课本学了一遍。晚上陪着孩子做作业、读书，可以说孩子在家里的学习习惯就是我爱人培养的，我作为一个父亲其实真的很惭愧。我们绝对不能把孩子往爷爷奶奶那儿一扔，总觉得反正孩子还小，大了以后再教育还来得及。农村有句话叫'三岁看老'，当孩子的习惯一旦养成之后，再改可就难了。我当时也是这么想的，总觉得小学、初中不重要，小学的时候一定要让孩子尽情地玩，觉得通过玩才能发展智力，到高中时好好学也能跟上。孩子在刚上小学时，成绩很一般，我就不想管她，早着呢！还是我爱人说了那句话'三岁看老'，从小重视孩子的习惯养成，从小学一年级，孩子在成绩上不是最好的，但是在班内是领先的。这种做法究竟对不对呢？我也不知道，这是仁者见仁、智者见智的事情，不好说。在家长的监督下，孩子在上学前班时，已养成了回家先写作业再玩、睡觉前阅读的习惯。到后来上小学的时候，作业就渐渐多了起来，孩子玩的时间就少了，但是读书的时间一直没少。"

家长用很朴素的语言讲明了在孩子行为习惯培养中，家长陪伴与阅读习惯培养的重要性以及具体做法，令其他家长受益颇深。

3. 广泛邀请专家开设"家庭教育专家讲座"

历年来，学校先后邀请多位来自北京大学、清华大学的知名家庭教育专家到校举办家庭教育专题讲座，为学生家长讲授家庭教育专业理论、分析典型家教案例、推介科学家教方法，把最新的家庭教育科学理念传递给学生家长。

4. 固定设立"家长开放日"

学校将每月第一周的周一定为"家长开放日"，主动将家长请进学校，通过参与听评课活动、参观学生宿舍、体验学生餐厅、听取学校工作安排和计划，形成固定的家校共育手段。同时在学校大型德育活动（如"成人礼""开学典礼""毕业典礼""体育节""美育节""社团文化节""研学旅行"等）开展时，会开设临时性的"家长开放日"，让家长与学生共同参与到学校的这些大型德育活动中来，让家长更了解学校教育教学工作，增加家长对学校工作的参与度。

5. 积极建设"网上家长学校"

我校长期注重"济源一中网上家长学校"的建设工作，主要阵地有学校网站专栏、学校公众号、家长微信群和手机短信等网络媒介，加强了家长和学校沟通交流的便利性、有效性，拓宽了家长学习家教知识的渠道。

（二）富有特色的家庭教育工作

1. 组建家庭教育讲师团

2019年3月，学校选拔聘用了18名拥有"家庭教育指导师""学习能力指导师""心理健康指导师"等资质的优秀教师、优秀班主任，组建了校级家庭教育讲师团，进一步推动了我校家庭教育工作的专业化发展，提高了我校家长学校的办学品位与教学质量。一大批家庭教育讲师团成员通过参与家校共育工作，自身的业务能力也得到大幅度提升，纷纷进入我校中层乃至校级领导岗位。

2. 编制家庭教育校本教材

在家校共育工作实践中，我们发现目前所使用的省编教材内容翔实、理论功底深厚，是一本适用面广、不可多得的好教材。但是，由于地域差异及校情差异，省编教材在某些方面不能完全体现我校多样化办学的实际需求。2019年，我校根据全国妇联、教育部等九部门下发的《全国家庭教育指导大纲（修订）》文件精神，充分整合我校家校共育的校本教学资源，将历年家庭教育经验交流会优秀报告精选、修改、打磨，编制了家庭教育校本教材——《这样管教，你的孩子也能上名校》，并开设了相应的校本课程，成为家长课堂教学的有力补充。

这本校本教材收录了17篇我校历年优秀毕业生家长的家庭教育经验交流稿，既包括考入清华大学、北京大学的名生家长，也包括考入艺术名校的名生家长，修订时还增加考入体育名校、国外名校的名生家长，在整体上保证教材内容的多样性和整体性。教材内容中既有关于习惯养成、交流指导、合作教育等具有实操性的内容，也包含解码高中、高中三年等拆解高中阶段孩子容易出现的问题及应对措施与策略的内容。

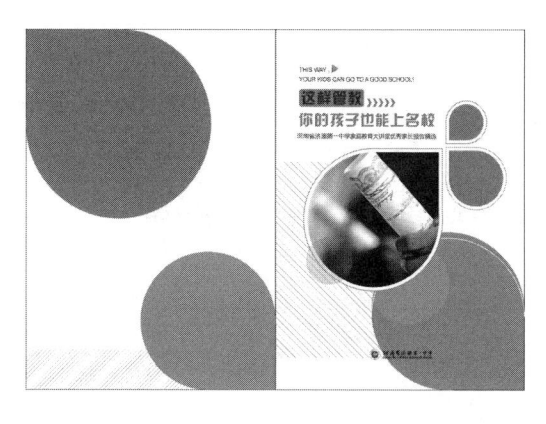

3. 加强家庭教育理论研究

学校家庭教育依托"8+1"班主任工作室，立足校本德育案例，通过网络平台带动本校及全国 2000 余名班主任多次进行家庭教育专题研究，深入探讨新时期家校合作共育的实践方法，成为学校家庭共育工作的科学指导。

4. 开发家庭教育电影课程

学校"电影工作室"教师王晓琳十年如一日坚持电影课程开发，电影课程这种崭新的教育形式成为我校家庭教育活动的新尝试。

5. 打造家风家训育人阵地

学校高标准建设了家风家训馆，以"伟人家风""名人家风""古人家风""济源好家风""济源一中好家风"为主题构建完整的家风家训展示体系，成为学校家庭教育亮点。目前，参观受益者已达 5000 余人次。

6. 敏锐把握契机，开展多样家校互动

有效的家庭教育工作往往需要工作人员敏锐地把握契机，充分利用每一个关键时间节点，并且始终保持时代性和前瞻性。例如在新冠疫情暴发后，学生返校时间一再延长，家长与宅家的"神兽"之间爆发出多种矛盾，我校家庭教育指导中心敏锐地把握时机，通过网上问卷调查的形式了解家长与学生冲突的原因、过程及细节，为学校及时调整网上授课内容及形式、制定返校后教育策略提供了宝贵的数据和信息。

本次假期中，您是否与孩子有过争吵、对峙等情况发生？[单选题]		
选项	小计	比例
有	1945	45.86%
无	2296	54.14%
本题有效填写人次	4241	

仅这一次问卷调查就有 4241 名家长参与。其中，1945 名家长表示假期中与孩子有过争吵、对峙的情况，占参与调查总人数的 45.86%；甚至还有 599 名家长表示，孩子在假期中没有表现出让家长欣慰或感动的瞬间。

新冠疫情期间也组织了"孩子，这个春天我们共成长"主题活动，让家长与孩子一起关注社会热点，也让孩子和家长共同体会"共处"的幸福与快乐，取得了良好的社会效益。2018 级 9 班成子璇的妈妈在文中写道：

那晚在楼下散步的时候，我伤感地说："李文亮医生去世了。"孩子漫不经心地瞟我一眼，说："李文亮是谁？"我无语，深感"两耳不闻窗外事，一心只读圣贤书"的狭隘和悲哀，同时也意识到自己只关注孩子学习而忽略她心灵成长的做法是多么愚蠢。我们的时代，需要的不再是只会做题的书呆子。于是，那晚我给孩子讲钟南山，讲李兰娟，讲黄锡璆，讲李文亮，讲3万多名逆行前线的医护人员，孩子始终在静静地聆听，我能感受到她内心受到的触动。第二天开始，我在浏览朋友圈、新闻、看电视的时候，会把一些重要的信息保存下来，闲暇时和孩子一起分享。

就在前天，她突然对我说："妈妈，我以前挺排斥当医生的，可是现在我觉得当医生也挺好的。"我问为什么，她说，你看新闻里报道的那么多感人的事例都与医生有关，我觉得当医生挺让人骄傲的，我很敬佩他们。

她接着说，假如将来我也是一名医生，我想我也会跟他们一样，在祖国需要的时候，"若有召，召必回"！我的心怦然一动，担当精神，责任意识，民族情怀，就这样在不经意间，植入孩子的心田。

2021年春节，我校家庭教育指导中心也适时开展"讲好家风故事 传承优良家风"主题活动，鼓励家长利用春节合家团聚的时间节点，挖掘家庭发展中蕴含的家风、家训、家规内涵，讲一讲家风传承在家庭及家族发展中的传承故事。通过家庭会议、讲家庭发展故事等形式，凝练富有时代特征和家庭

这是我爷爷1978年4月参加新乡地区教育战线先进工作者代表大会纪念册

这是2016年9月教育部颁发给我爷爷从事乡村教育满30年的荣誉证书

特色的家规、家风，以此共促家庭发展，激励青年学子为"小家""大家"而努力奋斗。发掘家族延续过程中留下的富有时代特征、蕴含优良家风传承内涵的老物件，以物说理、以物讲情、以物传承好家风，学校也择优在学校家风家训馆进行了集中展示。

  与其他学段相比，高中阶段的孩子家长对家庭教育工作的认识差异化更大，这对我们开展家校共育工作提出了不小的挑战。庄子曾言"君子之交淡如水"，后人又说"恋人之情浓似酒"，教育家说"教育就是一场单相思"，高中阶段家庭教育、家校共育工作更是如此。学校与家长之间的关系，既不能如水一般平淡，更不似酒一般浓烈。济源一中更愿意让家校之间像茶，浓淡适宜，让家长在学校的引导下慢慢煮、慢慢品，喝得多了、久了，才能疗疾轻身，养生益寿。

第六节 智慧校园，多样化特色办学的保障

济源一中是"河南省数字化校园标杆校"。经过多年的建设，学校信息化应用逐步深入到教学、科研和管理服务、校园生活等领域，形成独特的学校信息化办学特色。当前，我校正以"智慧校园平台"建设为契机，以"立足高端，跨越发展；统筹规划，分步实施；整体推进，突出重点；优化应用，资源共享"为原则，建立校本资源库，优化校务管理平台，探索精准教学运行模式，推动学科教学与信息技术的深度融合，努力实现学校的高质量发展。未来相当长一段时间里，我们将重点做好以下工作：一是筹措资金，加大投入，为智慧校园平台建设提供资金保障；二是加强网络与信息安全建设，筑牢防线，为智慧校园平台发展提供安全保障；三是加强人才队伍建设，配备运营维护专职人员，为智慧校园平台提供人才保障，同时加强教师信息技术应用能力培训。今后，我校将采取一系列措施，确保有效推动校园信息化、数字化、智慧化进程。

【校本展示1】

济源一中智慧校园平台建设方案

经过这些年的发展，我校信息化建设取得了很大的进步，校园网络普及，

信息化应用已逐步深入到学校教学、管理、服务等各个领域，成为师生丰富知识、提升自我、学习交流的重要渠道，在推动教育教学改革发展、丰富师生的精神生活等方面起到了积极作用。

为了进一步提升我校的教育信息化水平，适应即将到来的新课改、新考改，结合目前省内外经验以及我校实际，制定"济源一中智慧校园平台建设"实施方案。

一、指导思想

未来几年，以《国家教育改革发展规划纲要》及相关要求为指导，以"立足高端，跨越发展；统筹规划，分步实施；整体推进，突出重点；优化应用，资源共享"为原则，打造智慧校园，引领教师发展，助推学生成长，提高学校教育教学质量和信息化管理水平。

二、学校概况

多年来，我校的信息化建设一直稳步推进，在学科教学中的推动作用日益明显。具体表现在：从硬件设施看，学校目前拥有多媒体教室128间、计算机教室8间、全自动录播教室1间、数字化实验室3间、学术报告厅2个、远程教研平台1个，并建有广播中心、监控中心、网络中心、校园电视台以及育田数理探索馆；教师每人1台电脑；校园网使用400M（联通200M，移动100M，电信100M）光纤接入因特网，实现行政楼、教学楼、实验楼、图书馆等场所网络全连接。从软件环境来看，我校已建成学校网站、人事管理、资产管理、校本资源库、心理辅导、家校联系等平台；从教职工信息素养来看，教师能熟练应用多媒体、网络资源以及先进的信息技术进行教研教学活动，管理人员能熟练使用各种办公应用软件。

三、目标任务

（一）总体目标

通过几年跨越式建设与发展，建成智慧校园平台，实现有线＋无线网络全覆盖，信息终端遍布校园；建设优质校本资源库，同时摸索运行机制，确保高效运维，实现教学教研、管理服务的数字化、智能化，为济源一中第三次腾飞提供强大支撑。

（二）具体任务

1. 建设校本资源库。校本资源库主要存储学科资源、教学视频等，通过校本资源库落实学科资源的整理，实现教案、试题、课件、精品课程的数字化、体系化。结合学校今年推行的"一课一研"备课模式，在本学期结束之前建成校本资源库，方便存储学科成果（校本导学案、课件、试题等）。

2. 建立校务管理平台，提高学校管理的功能和效率。

继续提高钉钉平台的整合功能。

实现"济源一中一卡通"。济源一中一卡通包括出入校门信息反馈系统、餐卡管理系统、图书借阅管理系统、银行卡充值服务等。

3. 实现学科教学与信息技术的深度融合，满足学生高效、自主、个性化的学习需要。

我校数学教研室、物理教研室做了大量探索和实践，已初步总结、提炼出可以推广的成果。

4. 探索精准教学运行模式。目前学校正在通过"七天公司"进行探索。

5. 智慧校园是一个庞大的系统，各模块功能分别如下：

（1）请假系统

让请假告别纸质假条，实现一站式请假，各方联动；学生出入校信息可发至班主任、家长和出入校控制系统；此外电子请假系统还具有统计功能，能够统计学生请假的事由、年级、班级等信息，使教师能够清楚学生请假情况；学校领导也可随时查询、查看。

（2）出入校系统

学生出入校要"刷脸"验证，信息能及时反馈给班主任和家长，且可以永久保存，杜绝了以往学生利用请假条出校或以他人身份出校的状况。

（3）电子班牌

在教室门口即可掌握班级各项信息，进行智能化班级管理。安装在每个班级门口的电子班牌可展示班级风采、任课教师风采、学生请假信息、储物柜存取信息和发布通知公告。

（4）电子储物柜

刷脸取物，便捷高效。家长不论在什么地方都可以提交获取存物权限，输入手机号，对应柜子即开，存物完毕后，学生可通过电子班牌了解是否有取物信息，若有，刷脸去取即可。

（5）通知发送

实现手机微信端可接收通知，校内OA办公与家校互联齐头并进。通知发送提供图文形式发送功能；教师可以通过微信端，根据不同的分组向组内老师发送通知，被通知老师能够在第一时间收到通知推送。班主任能够通过微信端向本班家长发送通知，家长可于手机端收到通知推送。

（6）师生电子档案

电子档案能够记录教师和学生的基本信息。教师电子档案能够记录教师的基本信息。

（7）会议考勤

人脸识别管理校内教职工会议考勤，精准规范。运用"人脸识别"进行会议现场考勤，即时可出考勤结果。考勤结果，永久留存，便于系统管理。

（8）班级考勤

班级电子考勤是专门为走班课改设计的考勤模块，取代传统的点名考勤手段，使用人脸识别技术，在教室门口处进行考勤。学生通过考勤设备照射区，即可识别学生身份，考勤显示器上显示姓名即考勤成功；考勤结果可以发送至手机端及电脑端，方便及时查看。

(9) 教师考勤

人脸识别考勤，可以大大提高效率。无需停留，可同时识别16人（最高），考勤结果自动统计，方便查询、保存。

(10) 成绩发送（查询）系统

教师和家长通过微信端即可进行查询，即时了解学生成绩，随时把握。学校端的查询可分为集体成绩查询和个人成绩查询。

(11) 总务报修

学校的双重预防体系可以极大提高隐患排除概率和保修的效率。

手机微信端可直接申请报修，管理和检查人员可及时向总务处提交报修申请，维修人员能够通过预防平台第一时间收到报修申请并作出相应的处理，维修完成后即可确认完成；平台可记录每一项报修申请的处理状态，方便主管领导随时查询查看。还可统计总务部门的工作量以及学校总务报修的频次及原因。

(12) 缴费系统

缴费系统可直接线上支付，使用微信、支付宝、网银进行住宿费、资料费、学杂费收取，可对收费情况进行统计处理，节省时间和人力成本，高效更安全。

(13) 电子阅卷

电子阅卷系统可进行全面的数据分析，准确地分析学生小题得分情况，快捷方便地分析学生排名及正答率、得分率等，从而支持教育教学所需要的各种成绩报表。也可以根据学生的小题得分情况，精准推荐题目，系统训练，提高成绩。后期还会有历次成绩曲线，形成完备的个人学情分析库。

(14) 排课系统

可实现智能化选课排课。

四、保障措施

1. 加强智慧校园人才队伍建设,为智慧校园平台提供人才保障。配备运营维护专职人员;加大对相关人员的培训力度;尽快建设一支专业的管理队伍。

2. 加大投入,为智慧校园平台建设提供经费保障。将智慧校园平台建设、应用和维护资金列入预算。树立项目意识和经营意识,拓宽经费渠道,促进智慧校园平台尽快落地。

3. 加强网络与信息安全建设,为智慧校园平台发展提供安全保障。严格执行国家网络安全相关法律法规、政策,为确保智慧校园落地做好网络保障。

河南省济源第一中学
2020 年 1 月 1 日

【校本展示 2】

济源一中信息技术提升工程 2.0 校本研修方案

根据济源产城融合示范区教育体育局《关于开展中小学幼儿园教师信息技术应用能力提升工程 2.0 培训的通知》(济管教体办〔2020〕61 号)文件要求,为组织实施好我校教师信息技术应用能力提升工程 2.0 校本研修,结合我校实际,制定本方案。

一、研修目标

通过组织实施"信息技术 2.0"校本研修,构建"以校为本、基于课堂、边学边用、学为所用"的教师信息技术应用能力提升新路径,促进信息技术与教育教学融合取得新突破,推动教师教育信息化快速发展,全面提高教师信息技术应用能力、学科教学能力和专业自主发展能力。

二、需求分析

（一）目前我校信息化发展的优势

1. 我校教学硬件较为完善，每位教师都配备有电脑，每个教室都配备有激光投影、触摸白板、实物展台和音响设备，每个年级都装备有五个配备智能交互一体机的集体备课室，学校还建设有录播教室1个。

2. 学校建设有校园网，有线网络实现全覆盖。

3. 教师队伍年龄层次较为合理，四十岁以下的中青年教师占比55%。全校教师学历达标率100%，硕士研究生及以上学历接近10%，有较强的学习氛围和发展意愿。

通过对学校的信息技术应用环境分析，在提升工程2.0研修中，我校属于混合教学环境。

目前我校信息化发展存在的问题：

1. 学校硬件设施配备总体较好，但教学硬件使用效率不高。

2. 对于现代信息技术服务学校各种应用比较零散，不成系统，例如我们有自己的微信平台，疫情期间也使用钉钉等平台，但始终只是使用部分功能，缺乏深入开发，不成体系。

三、学校选择的维度及能力点情况统计分析

我校属于多媒体教学环境，这是教师选择的能力点（列表）。

选择教学设计1-2的最多，有381人，占比达到69.78%（结合学情分析，根据教学需求，从网络中获取各类教学资源，有效筛选并修改，设计出有针对性的教学设计，并依据教学设计制作课件）。

选择学情分析1-1的其次，有226人，占比41.39%（运用技术手段开展学情前测，对测试结果进行梳理分析，有效梳理学生知识基础和结构，指导混合式教学设计）。

信息技术能力点分布（河南省第一中学） ■本校学员 √本校管理员 ▌本校管理员选择

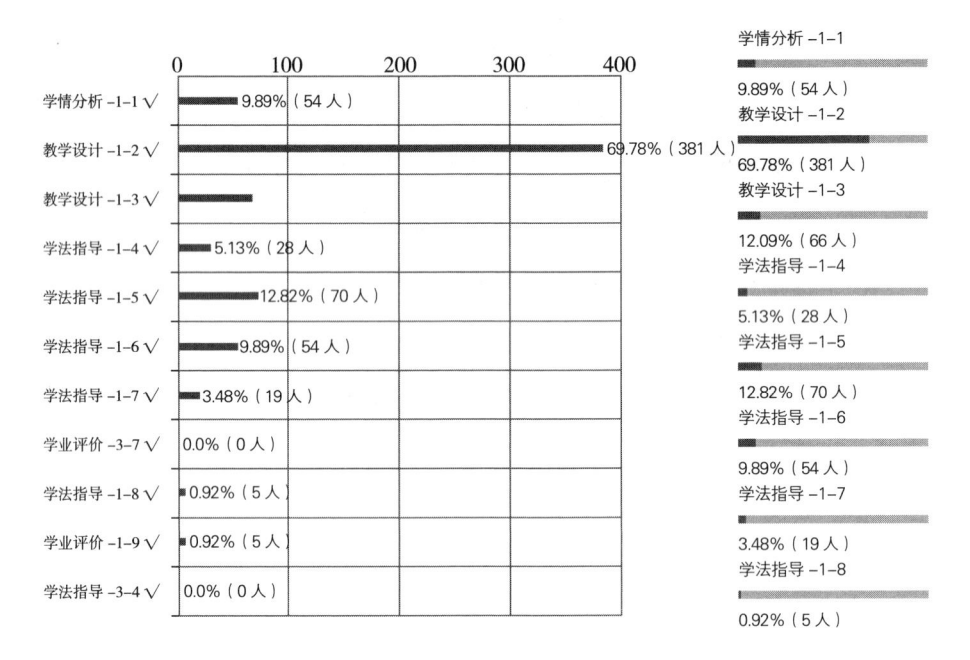

能力点	占比	人数
学情分析 -1-1 √	9.89%	(54人)
教学设计 -1-2 √	69.78%	(381人)
教学设计 -1-3 √	12.09%	(66人)
学法指导 -1-4 √	5.13%	(28人)
学法指导 -1-5 √	12.82%	(70人)
学法指导 -1-6 √	9.89%	(54人)
学法指导 -1-7 √	3.48%	(19人)
学业评价 -3-7 √	0.0%	(0人)
学法指导 -1-8 √	0.92%	(5人)
学业评价 -1-9 √	0.92%	(5人)
学法指导 -3-4 √	0.0%	(0人)

学法指导 1-5，有 70 人选择，占比 12.82%（课堂讲授，有效使用优教资源软件平台开展教学，合理利用硬件、网络等设备，搜集展示课堂教学中的生成性案例，有针对性地突破重难点）。

教学设计 1-3，有 66 人选择，占比 12.09%（资源管理，对自己设计、制作、下载的各类数字教学资源能在本地和网络平台上分门别类保存管理，做到分类清晰，随时调用）。

学情分析 1-1，有 54 人选择，占比 9.89%（根据教学需要自行设计学情问卷，组织学生作答，有效分析学生已有基础、学习需求和学习困难）。

学法指导 1-6，有 54 人选择，占比 9.89%（利用在线评价工具设计试题，及时掌握教学效果）。选这项的教师也不少，可以在这一项上做做文章，让评价教学效果更科学。

学法指导 1-4，有 28 人选择，占比 5.13%（有效使用信息化教学设备和方式创设课堂情境，激发学生学习兴趣）。利用信息化激发学生学习兴趣，是永恒不变的话题，提倡更多的教师运用更多的技术手段来服务教学。

学法指导 1-7，有 19 人选择，占比 3.48%（利用微课、学习类 APP 等各类教学资源实施教学）。

四、具体学习内容及活动安排

1.2021 年 4 月至 6 月，各学科教研室围绕"更好地完成信息技术 2.0 作业"开展主题教研活动。

2.2021 年 4 月第 1 周，召开济源一中信息技术 2.0 提升培训推进会，挑选首席指导师团队里的精英，在会上对全体教师开展讲座培训。

3.2021 年 4 月第 2 周，各年级组织信息技术 2.0 青年教师基本功大赛，所有青年教师要率先使用新技术新手段服务教学，加快信息技术与学科教学的深度融合，促进青年教师的迅速成长。

4.2021 年 4 月第 3—4 周，教务处组织全校信息技术 2.0 青年教师基本功大赛，评奖并颁发奖品。语文教研室组织全校信息技术与课程融合优质课，优胜者参加市级信息技术与课程融合优质课。

5.2021 年 5 月第 2—3 周，收集教师在信息技术应用过程中存在的问题及困惑，求助市项目办技术人员和专家亲自指导。

6.2021 年 6 月第 1—2 周，举行校信息技术融合优质课大赛（要求：全员参与，教学设计与展示须与自己所选的微能力点匹配），发现骨干，重点培养，组建信息技术应用骨干团队，发挥团队引领作用。

7.2021 年 6 月第 4 周，总结学校信息技术应用提升工程 2.0 落地实施情况，整理档案材料。

8.2021 年暑假期间，老师总结自己的教学，提炼自己的教学模式和教学理念（或教学主张）。

五、线下校本研修活动成果提交及学时安排

序号	研修活动	学时
1	参加学校提升工程 2.0 整校推进工作总动员会	4
2	以研修实践工作坊为单位制定并提交切实可行的研修计划	4
3	全体教师参加学校组织的全员培训不少于4次（校级培训会、市指导专家或项目培训师到校培训）	20
4	研修实践工作坊校本研修展示及案例材料提交（案例材料包括教案、学案、课堂实录、听评课记录、课后反思等）	12
5	每位教师按要求参加教研组开展的校本研修活动，每个研修工作坊开展不少于2次研修活动。（提前公布研修时间安排，各工作坊主做好考勤统计，学校管理团队进行过程性督导）	10
6	研修实践工作坊提炼优秀课例成果参加校优秀课例成果评选活动	20

六、组织保障

（一）领导重视，统一思想，全盘推进

信息技术改变未来课堂，这是一个机遇，更是一次挑战。学校领导必须站在学校转型变革的高度重视本次研修，率先垂范，全盘推进，力争实现教师信息素养大幅度提升，学校从多媒体教学环境向智慧型教学环境转变。

（二）加强管理，稳步实施，力争实效

1.领导小组和工作坊所有成员须明确职责，各司其职，又通力配合，积极主动参与督促各学科组的各项目任务，保证它们都能按时间按计划推进，有成效出成果。

2.监督信息技术培训团队培训的清单和培训质量。

3.搭建各类展示和分享平台，学科间互通有无。

4.以比赛助推研修任务，服务课堂、服务学期教学重点工作。

（三）学习成效，奖罚分明，纳入绩效

1.依照考核方案进行研修课时考核和成效考核。

2.考核的结果纳入优秀表彰考核。

3.奖励研修过程中的优秀个人和优秀教研组。

（四）教师信息技术应用能力提升工程2.0领导小组

组　长：韩玉奎

副组长：汤初胜、彭培耀、李延疆、马鹏远、秦　望、余维民、王向前、解志勇、李留玉

组　员：张冰凌、赵元超、黄　磊、张梧桐、尹秋霞、范利娟、刘春刚、王全彬、葛中州、张东伟、郑　艳、张松涛、卢　磊、王秋霞

师训专干：吕　艳

技术支持：侯小锋、吴建华、田建永、高进涛

技术指导：张冰凌（语文）、刘　强（数学）、徐　智（英语）、孙兴杰（政治）、李鹏宇（历史）、李双利（地理）、李少华（物理）、胡小清（化学）、赵亚娟（生物）、卢　磊（体艺信劳）

工作坊坊主：陈惠敏（语文）、李磊磊（数学）、侯志强（英语）、张　洁（政治）、秦　涛（历史）、杨亚伟（地理）、常国强（物理）、邹宗炯（化学）、贾大勇（生物）、薛文娟（体育）、张子羽（艺术）、刘雨雷（劳动心理）、卢　磊（信息）

河南省济源第一中学
2021年4月10日

智慧校园蓝图已描绘，工作部署方案已制定，落实成为我们工作的重中之重。因此，建设智慧校园，提升学校信息化，对于我们来说，既是机遇又是挑战，我们将以此为契机，进一步加强学校信息化的软硬件建设，提升教师信息技术水平，发扬成绩，克服不足，坚定信心，迎难而上，为提高教育教学质量和学校管理再上新台阶做出新的更大的贡献。

第四章
多样化特色办学的成果

济源一中自 2004 年迁入新校区以来，注重学校内涵发展，逐渐形成五育融合、特色发展的局面。特别是 2019 年 10 月"新时代普通高中多样化特色办学实践研究"省级重点专项课题立项以来，各项工作加速推进，取得了令人满意的办学成果。

第一节 对外交流和承办会议

多年来,济源一中始终不忘初心、牢记使命,立足服务、坚守本职,充分发挥学校对外交流、组织承办大型会议的专业优势和丰富经验,为学校的发展历程增添耀眼亮色。在全体一中人的不懈努力下,"济源一中"这四个字已经升华为河南省普通高中多样化特色发展的教育品牌,形成良好口碑。同时,各级领导和省内外多批次参观团用体现学校团队自信和高昂精神的"傲气",和体现学校内部和谐、体现学校整体融洽的"和气",给予我们高度赞誉。新时代新征程,济源一中将把社会各界的认可、信任进一步转化为对社会的回报和贡献,使学校焕发属于济源教育品牌的勃勃生机与无限活力;进一步巩固原有品牌优势,开启现实创新思维,积极发挥排头兵的引领作用,助力济源乃至全省基础教育多样化特色发展。

一、重要对外交流展示

随着济源一中的多样化特色办学逐步深入,五育并举全面发展,学校品牌建设成效明显,教育教学质量稳步提升,在省内外形成良好态势。学校主要领导多次受邀外出讲学,展示学校多样化发展的成果和经验。

2019年以来，济源一中党委书记、校长韩玉奎受邀前往郸城一高、郑州和汤阴做了专题报告，均从"德智体美劳全面发展"的角度对学校的发展举办详细的讲座。尤其是2021年1月9日赴汤阴面向汤阴教育界的报告——《五育并举，屡创佳绩，"小城市"办出"大教育"》，将济源教育的特点、立德树人的重要性以及济源一中德智体美劳全面发展的成果进行了详细阐释。精彩的德育活动，骄人的体艺成绩，丰硕的多样化成果，受到了汤阴教育界同人的广泛赞赏和认同。

2019年11月19—23日，河南省济源第一中学最新研修成果"中小学德育电影课程的实践与创新研究"，作为优秀创新成果被河南省教育厅推荐参加2019年第五届"中国教育创新成果公益博览会"。

此次会议由北京师范大学主办，地点在珠海，主题为"教育创新 提升中国力量"。

教师代表参加博览会

在此次盛会上，河南省济源第一中学王晓琳、余维民、李留玉等代表济源一中参展，充分展示了河南省教育创新的成果，展示了来自济水河畔一线教师的耕耘与创新，展示了济源市教育创新方面的前沿性成果。

二、承办重要会议

近年来,济源一中多样化办学越来越受到各级部门的肯定和认可,纷纷到校参观观摩,并合作举行了多次重大会议和活动。

(一)第十八届中国卓越校长局长峰会

2019年11月16日至17日,为期两天的第十八届中国卓越校长局长峰会暨全国著名高中九大学科备考研讨会在济源一中隆重举行。本次峰会以"既要好成绩,又要高素质;既要筑高原,又要建高峰"为主题,来自北京、湖北、河北、重庆、陕西等省份的1800多名教育专家、校长、局长、教科研负责人和骨干教师参加了本次盛会。

济源一中校长、全省普通高中课程改革先进个人、改革开放40年河南基础教育十大贡献人物、全国优秀教育工作者韩玉奎作了《德智体美劳全面发展的济源一中实践》的精彩报告,他将济源一中全面发展的具体实践及成效向与会人员进行了精彩展示。济源一中语文名师工作室主持人、河南省骨干教师、最具成长力教师、全国中学语文优秀课例评比一等奖获得者田丹丹,济源一中政治备课组长、年级教学处主任、济源市高中政治学科带头人李留玉,济源一中英语教研室主任兼英语名师工作室主持人、河南省骨干教师黄磊,济源一中"历史名师工作室"主持人、河南省骨干教师、济源市高考先进工作者张建波,济源一中化学备课组长、河南省实验创新大赛一等奖获得者张林冲,济源一中优秀物理教师、济源市优质课一等奖获得者田俊江,济源一中优秀地理教师、省骨干教师、省教学标兵李双利都做了精彩报告。与会人员都被济源一中的多样化魅力所吸引,在学习之余纷纷走进"8+1"工作室、电影工作室、家风家训馆、社团展示室、心理辅导中心等功能室参观交流,济源一中的多样化发展成果获得大家的交口称赞。

(二) 济源一中承办 2020 年河南省中小学校教育科研普及培训班

2020 年 10 月 21 日至 23 日，2020 年河南省中小学校教育科研普及培训班在济源一中举行，来自全省各中小学的分管领导、科研骨干教师百余人参会。济源一中韩玉奎校长做了《科研引领学校多样化发展》报告，报告全面深刻，意蕴深远，为学员做了有关科研实践的全面而深入的引领。本次培训由河南省教育科学研究院主办，济源教体局、济源一中承办。培训内容丰富、形式多样，兼具理论深度与实践价值，是一次"专家讲座＋观摩考察"、理论与实践的有机融合，也是一次深度的情境体验式的科研观摩学习，为广大教师的教育科研工作提供了实用的方法指导，指明了努力的方向，进一步推动了全省教育科研工作更为规范、扎实、有效地开展。

培训班开班仪式

(三) 2019—2020 中国高中篮球联赛在济源一中开赛

12 月 24 日 8：00，2019—2020 中国高中篮球联赛在济源一中篮球馆正式拉开帷幕，来自全国 20 个省市的 48 支队伍在为期 3 天的时间里展开激烈的球场大比拼。本次比赛由中国中学生体育协会、中国篮球协会主办，中国中学生体育协会篮球分会、康湃思（北京）体育管理有限公司协办，济源产城融合示范区教育体育局、河南省济源第一中学承办，参赛队伍由 2019—2020 耐克中国高中篮球联赛第一阶段的东、西、南、北四个赛区的男子前八名、女子前四名组成，累计共开展 40 场比赛。最后，济源一中女篮荣获全国第五名的好成绩。

篮球比赛

经过多年的努力和建设，济源一中无论是软硬件建设、教学质量，还是课堂教学改革、育人方式转变等方面，各项工作都走在全省前列，学校领导和教师频频受邀到全国各地进行讲座、报告，省内外兄弟学校也多次到校参观交流，其影响力、美誉度日益提升，已成为济源教育对外展示的重要窗口，也成为河南普通高中多样化发展的示范学校。

第二节 新闻报道和荣誉奖励

多年来，济源一中贯彻落实习近平总书记系列重要讲话精神，坚持"德智体美劳全面发展"的办学理念，围绕创建"全国文明校园"的奋斗目标，以构建社会主义核心价值体系为重点，五育并举，守正创新，牢牢把握正确舆论导向，为创建全国一流名校、推动学校多样化特色发展提供了有力的思想保证、舆论支持。

发展至上，宣传先行。济源一中整合宣传资源，建成融媒体中心，招募专业人员，利用校报、校园网、微信、抖音等新媒体，通过微信、校园网、校园广播电视等发布信息，拍摄专题片、宣传片等多渠道宣传学校多样化发展成果。同时，加大宣传力度，积极对接《河南日报》《东方今报》《济源日报》等主流媒体，及时宣传多样化办学成果，展示了学校的良好形象。例如，2020年疫情发生后，学校师生录制《云合唱》以艺抗疫，新华网客户端以《济源一群"00后"云合唱录制抗疫歌曲》为题予以刊发，阅读量突破100万，央视频APP、光明网、中国日报网等媒体转载；《河南济源：学生们把广播操玩出新花样》《河南济源：千名师生告白伟大的祖国》《信仰》等宣传作品，在"学习强国"上发布；复课复学新闻系列展播、成人礼、美育节等学校重大事件在《河南日报》、猛犸新闻客户端、《济源晨报》、济源电视台等媒体上发布。一系列重大宣传活动，为学校多样化发展营造了良好氛围。

以点带面，持续开展先进典型宣传活动。学校多样化特色发展需要一批高素质的教师队伍。多年来，学校坚持树立教师典型榜样，大力营造"比学赶帮超"的发展环境。例如，2020年学校重点宣传电影工作室的课程教师王晓琳老师，相关报道有：《教育时报》以《致敬！2019河南年度教育新闻人物（王晓琳）》为题进行的专题宣传；9月11日《河南日报》第4版以《2020"最美教师"揭晓 14位优秀教师上榜》为题的相关报道；"学习强国"9月21日《河南济源："2020最美教师"用痴心探索照亮学习和生活的那一道光》；11月6日《教育时报》第4版《光影为媒，打开别样教育世界》等都对王老师的先进事迹进行了重点宣传。一系列专题重点宣传，有效助推王晓琳老师评选为"河南省最美教师"。2020年，王晓琳老师顺利被评为学校第一位正高级教师，她也成为学校通过"电影课程研发"而实现专业成长的学习榜样。

五育并举，擦亮学校品牌。学校篮球、田径等体育队在全省、全国参加比赛获得突出成绩后，我们及时通过各种媒体进行宣传。开展课题研究以来，在《河南日报》《河南科技报》《教育时报》《济源日报》以及《大河报》、猛犸新闻客户端等媒体上均持续跟进，持续发布我们课题研究的理论和实践成果。主流媒体大篇幅报道学校多样化特色发展成果，有力提升了学校的美誉度、知名度，为学校第三次腾飞营造了良好的舆论氛围。

一直以来，济源一中以办人民满意的学校为目标，以立德树人为根本任务，坚持高质量发展理念，五育并举，特色发展，在党的建设、德育研究、高考成绩、教育科研、竞技体育等方面取得全方位进展。

开展课题研究以来，主流媒体对学校多样化发展成果多次进行专题报道，其中，2019年4月5日《教育时报》第四版以《河南省济源第一中学：守正创新 以课程建设引领学校多样化发展》为题进行报道；2020年8月11日《河南日报》以《五育并举育英才　愚公故里花满枝》为题进行专题报道；2021年4月6日《河南日报》以《文明让每个师生都拥有独特魅力——河南省济源第一中学全国文明校园巡礼》为题再次进行报道；2021年4月29日《济源日报》以《打造体艺品牌　多样化特色办学再绽芬芳》为题对学校体艺特色工作进行报道；等等，不一一枚举。

2019年以来，济源一中先后获得了"全国文明校园""全国公共机构节能先进单位""全国家庭教育创新实践基地""中国学生营养与健康示范学校""河南教育名片""河南省党建示范校""省级平安校园"等58项省级以上（含省级）荣誉，被清华大学、武汉大学等"双一流"高校确定为"优质生源基地"，受到了学生、家长和社会各界的肯定和认可，成为享誉全省的普通高中多样化发展示范学校。

后 记

《普通高中高质量发展——济源一中多样化特色办学的校本实践》，经过多方的努力，现在正式面世了。我可以欣慰地说：现在摆在读者面前的是一本有特色、有内涵、有品质的工具书、参考书。

写这本书源于学校申报的课题"新时代普通高中多样化特色办学实践研究"，此课题是河南省教育科学规划2019年度重点专项课题，成功立项极其不易。我们期望以此次课题研究为载体，优化学校各个体系，特别是课堂教学的优化和课程建设的构建与完善，梳理、总结学校多样化特色办学的经验，推动学校各方面工作再上新台阶，助推学校实现第三次腾飞，成为名副其实的河南乃至全国普通高中多样化特色发展的示范学校。

学校迅速抽调精干科研力量组成课题组，汤初胜副校长负责课题的具体组织与实施，秦望、余维民、魏俊起、王晓琳、崔小胜等为课题组成员，分工合作，统筹推进，开展了一系列的课题实践和研究。课题组成员都各自承担有教学任务，课题研究各项工作大多是利用课余时间以及节假日完成的。两年来，他们任劳任怨、默默奉献、不求回报，统计数据，搜集资料，组织各种协调会、研讨会、碰头会三十余次，通报课题进展，研讨课题内容，安排下一步工作，撰写课题论文，扎扎实实地开展课题研究。主管领导汤初胜副校长身先士卒，积极协调组织，扎实推动课题的实践与研究。学校教科研处主任秦望老师带领课题组成员加班加点，有序推进课题研究。他放下自己的书稿，优先保证完成学校课题任务。王晓琳老师组织打磨结题报告，余维民主任协调会议，魏俊起主任赴各地征集专家意见，学校办公室崔小胜主任在政策文字上把关，我负责整体推进和书稿统筹撰写。学校的各个教研组、各个处室积极配合，主动作为，搜集资料，形成大量的高质量、高品质校本资料，为课题研究顺利进行做出了积极贡献。

这本书与其说是课题组的成果，不如说是所有济源一中人集体智慧的结晶。在整个编撰过程中，学校的一线老师热烈响应，纷纷投稿，积极参与，提供了大量的优秀案例和校本资料。入选本书的案例，仅是极少部分。因篇幅所限，只好忍痛割爱，未能一一选用，望有关作者给予谅解和支持。

本书在写作和修改过程中，得到了河南省教育科学院以及济源示范区教体局教研室、教科所的大力支持。河南省教科院教育发展研究室主任徐宏昇教授，河南省教育科学规划领导小组办公室常务副主任、河南省陶行知研究会秘书长徐万山教授多次到校指导课题研究。李雪颖、杨保健、崔建平等示范区教体局教育教学专家为本书提出了指导性意见，学校的领导班子对该书的形成和修改都给予了大力支持和热心帮助。大象出版社为该书的编辑、审核付出了艰辛的劳动。在此，我一并表示感谢。

由于时间仓促加之水平有限，本书会有错误和纰漏之处，敬请广大读者指正。

韩玉奎
2021 年 6 月 16 日于济源